Sie wollte finanziell ein bisschen unabhängiger sein. Mehr dürfen, weniger müssen. Deshalb hat Meike Winnemuth überhaupt nur bei »Wer wird Millionär« mitgemacht. Zu ihrer Verblüffung räumt sie groß ab: 500.000 Euro. Und nun? Sie entscheidet sich, ein Jahr frei zu nehmen und um die Welt zu reisen. Wie ist es, wenn man das Leben führt, von dem alle träumen? Sie erzählt von einer unglaublichen Reise in 12 Städte auf allen Kontinenten: Sydney, Buenos Aires, Mumbai, Shanghai, Honolulu, San Francisco, London, Kopenhagen, Barcelona, Tel Aviv, Addis Abeba, Havanna. Und davon, dass man definitiv keine halbe Million braucht, um glücklich zu werden …

MEIKE WINNEMUTH, 1960 in Schleswig-Holstein geboren und in Hamburg und München lebend, ist freie Journalistin. Bei »Stern«, »Geo Saison«, »SZ Magazin« und in vielen anderen Zeitschriften sowie im Netz erschrieb sie sich eine große und begeisterte Anhängerschaft. Ihrem Reise-Blog »Vor mir die Welt« folgten mehr als 200.000 Leser, er wurde für den Grimme Online-Award 2012 nominiert und bei den Lead Awards 2012 ausgezeichnet.

Meike Winnemuth

DAS GROSSE LOS

Wie ich bei Günther Jauch
eine halbe Million gewann
und einfach losfuhr

btb

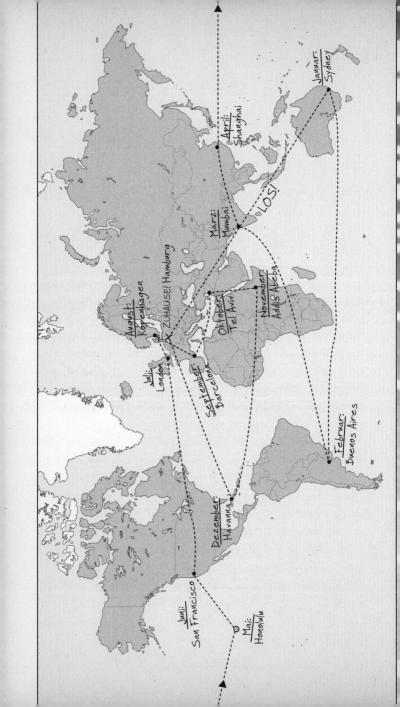

Vorwort

Ich habe gerade 500 000 Euro bei *Wer wird Millionär?* gewonnen. Glaube ich jedenfalls.

»Da geht's raus«, sagt Günther Jauch, und im Abgehen stolpere ich, geblendet von den Scheinwerfern, fast in die Kulisse. Wirklich ungemein realistisch, dieser Traum.

Ein Mädchen mit Klemmbrett führt mich zu einer schwarzen Ledercouch unterhalb der Zuschauerränge. »Herzlichen Glückwunsch. Hier können Sie sich den Rest der Sendung ansehen.«

Auf dem Monitor vor mir: fünf neue Kandidaten, Auswahlfrage, eine junge Frau schafft es auf den Stuhl – hundertmal gesehen. Habe ich da wirklich selbst gerade gesessen? Unmöglich. Absurd.

Ein anderes Mädchen kommt mit einem weiteren Klemmbrett, reicht es mir und sagt betont sachlich: »Können Sie hier mal bitte Ihre Kontonummer draufschreiben?«

Da habe ich es dann wirklich geglaubt.

Wenn einem so etwas passiert, ist es erst mal gar nicht das große Glücksgefühl, wie man immer denkt, sondern eine einzige Überforderung. Das Hirn ist Matsch, der Magen ein Knoten, ich schwanke zwischen angestrengter Coolness, hysterischem Kichern und stummem Kopfschütteln. Eine Stunde später, im von RTL gebuchten Bahnhofshotel, hocke ich wie betäubt auf dem Bett, zu Tode erschöpft von diesem Emotionsgewitter.

»Was mache ich denn jetzt bloß?«, frage ich meine mitgereiste Freundin Katharina. »Was bedeutet das alles? Was will das Geld von mir?«

Sie sagt, was alle besten Freundinnen in solchen Situationen sagen sollten: »Wir gehen jetzt erst mal Spaghetti essen. Der Rest ergibt sich.«

Dabei war die Antwort auf meine Frage eigentlich ganz leicht, ich hatte sie ja sogar schon während der Sendung gegeben, als Jauch mich fragte, was ich mit einem Gewinn machen würde. Ein Jahr lang raus aus Deutschland, hatte ich gesagt, und jeden Monat in einer anderen Stadt wohnen. Zwölf Monate in zwölf Städten, die ich mir schon immer mal angucken wollte. Städte, in die ich es nie geschafft hatte, obwohl anscheinend sonst schon jeder da war (Barcelona, San Francisco), Städte, in denen ich nur kurz war und die ich besser kennenlernen wollte (Sydney, Kopenhagen), und Städte, die immer in Hans-Albers-Liedern vorkommen und die allein deshalb schon Pflichtprogramm für eine Hamburgerin sind (»einmal noch nach Bombay, einmal nach Shanghai«). Zwölf Städte, immer am Ersten hin und am Einunddreißigsten weg und zwischendurch nicht nach Hause kommen: Das würde ich machen, lieber Herr Jauch.

Aber so was sagt sich leicht in einer Sendung; es dann auch wirklich zu tun, ist eine ganz andere Geschichte. Ich wüsste zu gern, wie viele Jauch-Gewinner ihre Pläne tatsächlich in die Tat umsetzen. Man träumt laut von einer Neuseeland-Reise oder einer Fesselballonfahrt und steckt die Kohle dann doch in etwas Vernünftiges wie eine Hypotheken-Sondertilgung oder neue Vorhänge. Darüber habe ich natürlich auch nachgedacht. Und trotzdem entschieden: Eine solche Summe hat einen gewissen Aufforderungscharakter. Die verpflichtet dazu, mit ihr etwas Großes anfangen, etwas Unvergessliches. (Die Vorhänge habe ich aber trotzdem gekauft.)

Zudem war ich neugierig: Wie wäre es, ein Jahr lang genau das Leben zu führen, das ich mir selbst ausgesucht habe? Ohne Verpflichtungen, ohne Routinen, ohne Kompromisse? Ein Jahr lang nur tun, was ich will?

In Musils *Mann ohne Eigenschaften* ist an einer Stelle die Rede vom Staat Kakanien, »der sich selbst irgendwie nur noch mitmachte, man war negativ frei darin, ständig im Gefühl der unzureichenden Gründe der eigenen Existenz.« Sich selbst irgendwie nur noch mitzumachen, aus purer Gewohnheit und ohne Ahnung, wie es anders ginge, dieses Gefühl kannte ich so gut wie jeder andere, obwohl ich als Journalistin natürlich den schönsten, abwechslungsreichsten Beruf der Welt habe. Das Glück, so scheint es oft, findet im Konjunktiv statt: *Man müsste mal. Wie wäre es wohl, wenn.* Man trottet so durchs Leben, das sich manchmal anfühlt, als ob's ein anderer für einen geplant hätte. Kein schlechtes Leben, überhaupt nicht. Aber diese leise Stimme, die sagt: Da geht noch was, das war noch nicht alles – die ist immer da. Wie wäre es wohl, der einfach mal zu folgen?

»In 20 Jahren wirst du dich mehr über die Dinge ärgern, die du nicht getan hast, als über die, die du getan hast«, so beginnt ein berühmtes Zitat von Mark Twain. In 20 Jahren werde ich über 70 sein und ein großer Teil des Ärgers würde dann darin bestehen, viele Dinge nicht mehr tun zu können, weil ich als alte Schachtel schlichtweg nicht mehr die Treppen hochkäme. »Also wirf die Leinen los und segle fort aus deinem sicheren Hafen. Fange den Wind in deinen Segeln. Forsche. Träume. Entdecke«, schreibt Twain weiter.

Genau das wollte ich tun. Wegfahren, um mir ein paar Fragen zu stellen: Wer bin ich, was will ich, was soll das alles hier überhaupt? Nichts, was man nicht auch zuhause versuchen könnte zu beantworten, aber in der Ferne weitet sich der Blick, dort kriegt man, je nach Bedarf, eine neue Lupe oder ein neues Fernglas in die Hand gedrückt und damit auch ein paar andere Perspektiven serviert.

Wie plant man nun so eine Reise? Indem man es lässt. Am Tag nach der Sendung habe ich die Namen von zwölf Städten auf einen gelben Post-it-Zettel geschrieben; in neun davon bin ich dann auch tatsächlich gelandet, der Rest hat sich ergeben. Die Wahl der Städte war spontan, instinktiv, zufällig. Nicht viel nachdenken, nicht lange planen, nicht vernünftig sein: Auch das war eine Form von Freiheit, die ich mir gönnen wollte.

Warum nicht New York, warum nicht Paris, wurde ich oft gefragt: weil ich die schon kenne, recht gut sogar. Auf die Liste sollten mir unbekannte Orte, die mich einfach angesaugt haben – Sehnsuchtsorte, nie gesehene Lieblingsstädte. Ich wollte, wo immer es ging, in möblierten Wohnungen leben, um ein möglichst alltägliches Leben zu führen; Unterkünfte für die ersten drei Monate waren schnell über das Internet gefunden.

Weitere Vorbereitungen? Keine. Einen zweiten Pass beantragt, meine Wohnung untervermietet, einen handtaschenkleinen Laptop und einen Fotoapparat gekauft, wie verrückt meinen Schreibtisch leergearbeitet, ein Reise-Weblog eingerichtet. Das war's. Keine drei Monate nach der Sendung, am 1. Januar 2011 – gibt es ein besseres Datum als den 1.1.11 für den Start in so ein Jahr? –, saß ich im Flugzeug nach Sydney. Mit einem kleinen Koffer und einem großen Bibbern.

In diesem Buch soll es darum gehen, wie man aus einem unglaublichen Glücksfall – dem großen Los, das ich plötzlich gezogen hatte – einen noch größeren Glücksfall macht: das große *Los!,* das Mark Twain empfiehlt. Losfahren, sich vom Gewohnten lösen und dann schauen, was passiert. Mir hat gut gefallen, was mir gegen Ende des Jahres eine Psychologin sagte, die zufällig neben mir im Flugzeug nach Havanna saß: »Glückwunsch. Das Wichtigste, was Sie getan haben: Sie haben sich selbst die Erlaubnis zu dieser Reise gegeben.«

So ist es. Ich habe mir die Erlaubnis gegeben, streunen zu gehen und für ein Jahr den ewigen sehnsüchtigen Konjunktiv – *Ich würd' so gern* – in einen ganz simplen Indikativ zu verwandeln: *Das mache ich jetzt einfach.* Und dabei die verblüffendsten Entdeckungen zu machen, zum Beispiel: Das Geld von Jauch hätte ich gar nicht gebraucht.

Ein Wort noch zur Form dieses Buchs: Reisen ist eine schrecklich subjektive Sache. Wie man eine Stadt erlebt, hängt von derart vielen Zufällen ab, dass es eigentlich verboten sein müsste, ein Buch darüber zu schreiben. Denn links und rechts des Weges hätte es eine Million anderer Pfade gegeben, andere Versionen desselben Orts.

Noch schlimmer wird es, wenn man Weltreiseheimkehrers Lieblingsfrage beantworten soll: »Na, wie war's?«

Wie es war und wie es ist, das ändert sich schon während des Reisens oft von Tag zu Tag, von Laune zu Laune und nicht zuletzt von Frager zu Frager – jedem erzählt man eine etwas andere Variante dessen, was man erlebt hat. Deshalb besteht dieses Buch aus zwölf Briefen aus zwölf Städten an zwölf verschiedene Menschen in meinem Leben. Wer allein reist, braucht umso dringender ein Gegenüber bei dem Bemühen, die Flut der Eindrücke zumindest ein bisschen zu kanalisieren – wobei es nichts Schöneres gibt, als dabei hin und wieder unterzugehen. (Wer der Reise live auf meinem Weblog www.vormirdiewelt.de gefolgt ist, wird einiges wiedererkennen, anderes nicht.)

Unter den Empfängern der Briefe sind alte Freunde, neue Freunde, Ex-Lover, meine Eltern. Aber auch Menschen, die mir unterwegs begegnet sind, wie Professor Carl Djerassi, der 89-jährige Vater der Antibabypille, in dessen Londoner Wohnung ich einen Monat lang gelebt habe. Einer dieser vielen Zufälle, die … ach, das sehen Sie dann schon. Natürlich geht auch ein Brief an denjenigen, dem ich diese Reise zu verdanken habe: an Jonas, meinen Publikumsjoker bei der 500 000-Euro-Frage, der all die Zufälle überhaupt erst ins Rollen brachte.

Und jetzt los.

Liebe Rose,

eigentlich könnte ich meine Koffer gleich wieder packen und nach Hause kommen, denn besser kann es gar nicht werden. Mir Sydney als erste Station auszusuchen, war das Beste und das Blödeste, was ich tun konnte. Wie leicht die Stadt es einem macht, sich in sie zu verlieben! Und wie verdammt schwer es sein wird, hier wirklich nur einen Monat lang zu bleiben.

Das mit der Liebe ging ganz schnell, das passierte gleich in den ersten Minuten, auf der Taxifahrt vom Flughafen in die Stadt. Mich wunderten die leeren Straßen an einem Montagmorgen, und der Fahrer sagte: »Heute ist Feiertag.«

»Der 3. Januar, ein Feiertag?«

»Ja, weil der 1. auf einen Samstag gefallen ist«, sagte er. »Wir lassen uns doch nicht einfach um einen arbeitsfreien Tag bringen, wo kämen wir denn da hin?«

Also wird der einfach nachgeholt. Schon mal gut, fand ich, schon mal sehr entspannt.

Zweiter Moment der Liebe: dieses Schild am Eingang des Botanischen Gartens.

Please walk on the grass. Rasen betreten erbeten, und das in einem der schönsten botanischen

Gärten der Welt. Unglaublich, oder? In diesem Moment wurde mir klar, dass ich wirklich zehn Zeitzonen von Deutschland entfernt war. »Außerdem sind Sie herzlich eingeladen, an den Rosen zu riechen, die Bäume zu umarmen, mit den Vögeln zu reden und auf der Wiese zu picknicken« – genau so ist die ganze Stadt, eine ständige Aufforderung zum Genuss bei gleichzeitigem Pfeifen auf die Gepflogenheiten. Sie wissen genau, dass sie's schön haben hier, und sie teilen es gern, diesen Eindruck habe ich an jeder Straßenecke. In der Oxford Street ist neben einem Kosmetikladen ein Handcreme-Spender an die Hauswand gedübelt, zur freundlichen Bedienung im Vorübergehen und ohne jeden Pröbchenterror von Beautytussis – solche Ideen findest Du hier überall.

Auf den Rasen des Botanischen Gartens sollte man übrigens wirklich ganz unbedingt gehen, er ist weich wie Moos, stellenweise sinkt man knöcheltief ein. Eine riesige grüne Matratze. Kein Wunder, dass so viele aus den umliegenden Büros ihr Mittagsschläfchen im Park machen: Wann immer ich hier liege, schnarcht es gemütlich links und rechts neben mir, während die wilden Ibisse um uns herumspazieren. Du musst Dir Sydney wie ein gigantisches Freiluftgehege vorstellen: Was man sonst nur aus dem Zoo kennt, läuft hier einfach über die Straße. Kreischbunte Papageien sitzen auf meinem Balkongeländer, in den Bäumen hängen kopfüber Flughunde, die abends auf der Suche nach Beute in die Vororte fliegen, und Spinnennetze von eineinhalb Metern Durchmesser, deren Urheber man lieber nicht kennenlernen möchte. Großstadtdschungel, aber wie! Bestimmt gewöhne ich mich an den Anblick so schnell wie an den von Tauben und Spatzen zuhause, aber vorerst habe ich das überhaupt nicht vor.

War es also ein Fehler, mit dieser Stadt zu beginnen? Auf keinen Fall. Ich halte es für eine gute Idee, ein Langzeitprojekt wie dieses mit einem Ort zu beginnen, der einem wie ein Schuhlöffel den Einstieg erleichtert. Ein Ort, wo man die Sprache versteht, das Klima verträgt, die Mentalität mag. Es wird noch anstrengend genug werden, sicher in Shanghai, wo ich kein Wort sprechen und kein Zeichen lesen kann. So schwer wollte ich es mir nicht gleich am Anfang machen. Dann lieber erst mal in das Nichtschwimmerbecken des Weltreisenden: nach Sydney. Um den Preis, dass ich hier nicht wieder weg will.

Egal. Das Problem löse ich am Ende dieses Monats.

Aber ich fange lieber vorne an.

Silvester in Istanbul mit Dir und den anderen, das war die beste Art, in dieses Abenteuer zu starten. Das war entspannt und familiär und lustig, gleichzeitig schon mal ein Vorgeschmack auf die weite Welt. Wie schön, dass Ihr mich auf die Abschussrampe geschoben habt! Doch je länger der Countdown lief und je näher meine Abreise rückte, desto klammer wurde mir. Am Neujahrstag war es ganz schlimm. Silvesterkater mischte sich mit Abschiedskater, ich packte mit dicker Birne meinen Koffer und wusste: Ich sehe Euch ein Jahr nicht wieder, ab jetzt muss ich allein für den Spaß sorgen. Auf dem Weg zum Flughafen wurde mir mulmig und immer mulmiger. Jetzt geht es wirklich los. Allein. Ein Jahr. Verdammt.

Was ich nicht bedacht hatte: Losfahren hat auch mit Loslassen zu tun. Vor einem dreiwöchigen Sommerurlaub muss man sich nicht groß verabschieden; man ist ja gleich wieder da. Ein Jahr hingegen ist eine lange Zeit, die mir plötzlich eine Nummer zu groß erschien. Wie würde es sein, eine ganze Runde auszusetzen? Was würde ich zuhause verpassen, was vermissen? Kann ich danach einfach so weitermachen oder würde alles anders sein?

20 Flugstunden später war es immer noch nicht besser. Ich stand morgens um neun auf dem Balkon meiner angemieteten Wohnung, vor mir den traumhaften Blick über die glitzernde Elizabeth Bay, links die Oper, rechts der Ozean, in der Hand ein Glas eiskalten Rotwein aus der angebrochenen Flasche, die meine Vormieterin im Kühlschrank gelassen hatte.

Ja, um neun Uhr morgens. Nein, es ging nicht anders.

Ich stand da und trank und guckte und dachte: Dies ist phantastisch, dies ist wunderschön. Aber was zum Teufel will ich hier eigentlich? Ich fühlte mich wie ein Zootier, das in der Savanne ausgewildert werden soll und sich aus Furcht vor der Freiheit nicht aus der Transportkiste traut.

Habe ich mich einfach zu schnell und zu schlecht vorbereitet in diese Reise gestürzt? So ganz ohne Anlauf, einfach aus dem Stand losgesprungen: Wie weit würde ich damit kommen? Reicht es für den großen Satz oder nicht doch nur für einen kleinen Hopser?

Jetlag, wirst Du sagen. Ja, klar. Aber vor allem emotionaler Jetlag. Meine Gefühle kamen einfach nicht hinterher, aus der Vorfreude der letzten Monate war noch keine Freude geworden. Die hing vermutlich noch über dem Indischen Ozean fest.

Nachts war ich hellwach, aß ein Pfund Kirschen (im Januar! Aber hier ist Hochsommer, auch die Jahreszeit hat Jetlag), kochte mir einen Becher australischen Billy Tea und tat dann etwas entsetzlich Heimwehkrankes. Lach nicht: Ich habe die Silvesterfolge vom »Traumschiff« in der ZDF-Mediathek geguckt. Ich sagte, lach nicht.

Am nächsten Tag habe ich erst mal Inventur gemacht.

»Meike Winnemuth aus Hamburg, 50, ledig, Single, keine Kinder«, so hatte mich Jauch in der Sendung vorgestellt. 50, ledig, Single, keine Kinder – wie trostlos das klingt, habe ich damals gedacht. Bin ich das, beschreibt mich das? So was wäre mir nie eingefallen, wenn ich mich Leuten vorstellen müsste. Vielleicht eher so: Meike Winnemuth, 50, deutlich jünger aussehend und sich auch so fühlend, neugierig, mutig, tendenziell faul mit Energieschüben und dem Talent zu schnellen Entschlüssen, unneurotisch, verspielt, verlässlich. Einzelgängerin mit hoher Sozialkompetenz. Bockig, wenn sie etwas wollen soll, das ihr nicht einleuchtet. Experimentierfreudig. Hat sich noch nie im Leben gelangweilt.

Das sind ziemlich gute Voraussetzungen für das Reisen, finde ich. Und natürlich ist auch singleledigkeinekinder eine Spitzenvoraussetzung dafür, wenn man es übersetzt mit: frei. Unabhängig. Kann machen, was sie will.

Das war nicht immer so, wie Du weißt. Fester Job, feste Beziehung – und dann halt doch nicht so fest wie gedacht. Nichts ist für immer – manchmal leider, manchmal Gott sei Dank. Deshalb weiß ich auch, dass meine momentane Freiheit möglicherweise ebenfalls endlich ist. Also nichts wie weg, jetzt oder nie – wer weiß, wann es noch mal so schön passt.

Unsere langzeitreiseerfahrene Freundin Sabine hatte mir geweissagt, dass sich die ersten Wochen noch anfühlen würden wie ganz normaler Urlaub. Erst nach ein paar Monaten würde ich verstehen, dass ich ein ganzes Jahr Zeit hätte. Wahrscheinlich hat sie recht, und vielleicht habe ich mir deshalb am Anfang die Tage so vollgeballert. Einerseits, weil mein innerer Duracell-Hase nicht so schnell zum Stillstand zu bringen ist, andererseits aus unbändiger Lust auf nie Getanes.

Gleich an meinem ersten Samstag bin ich um 3 Uhr morgens aufgestanden und im Stockdunkeln zur Harbour Bridge gefahren. Von den Bridge Climbs hast Du bestimmt schon gehört: Man kann den Stahlbogen hochklettern und hat dann von ganz oben einen unglaublichen Blick auf die Oper und die Stadt. Einmal im Monat geht das auch im Morgengrauen. Musste ich mitnehmen, klar.

Der Bridge Climb ist zunächst mal kein Vergnügen. Man wird in einen merkwürdigen Strampelanzug gesteckt und mit einem Sicherungsgürtel versehen, bekommt Stirnlampe, zusammengefaltete Regenjacke und Kopfhörer für die Anweisungen des Guides angeklippt, muss in ein Alkoholtestgerät pusten, unterschreiben, dass man selbst schuld ist an allem, was ab sofort passiert, und sein gesamtes Leben in einem Schränkchen verschließen: Handys, Fotoapparate, Uhren, Schmuck, alles muss am Boden bleiben. Weil es sonst vermutlich sowieso dorthin fiele. Schluck.

Dann schlängelt man sich hintereinander über schmale Stege durch das Stahlgerüst, steigt steile Stufen hinauf, hoch und immer höher. Bis wir endlich den eigentlichen Brückenbogen erreichten, waren schon gut zwei Stunden vergangen, und inzwischen verstand ich auch die Startzeit in der Dunkelheit. Denn jetzt passierte plötzlich etwas Unerhörtes: Es ward Licht.

Ich musste an meinen alten Kumpel Clemens denken. Der hatte mal während unseres Thailand-Trips die Theorie entwickelt, dass in den Urlaubsorten jemand von der Tourismusbehörde hinterm Baum steht, *Uuund Action!* in ein Walkie-Talkie spricht und damit Fischerboote in genau dem richtigen Moment von links nach rechts durch die orangerote Sonne fahren lässt. Ich glaube, wir dümpelten gerade im lauwarmen Meer vor Ko Phangan, jeder ein eiskaltes Chang-Bier in der Hand (es könnte auch das zweite gewesen sein), da kommt man schon mal auf solche Theorien. Jedenfalls: In der Morgendämmerung auf die Harbour Bridge zu steigen, sehr weit unter mir die Oper und dahinter die Stadt zu sehen, plötzlich von einem heftigen Regenschauer begossen zu werden, fünf Minuten später im Trockenen die Sonne aufgehen zu sehen – und mich dann umzudrehen und den größten Regenbogen aller Zeiten über mir zu erblicken, das war einer der besten *Uuund Action!*-Momente meines bisherigen Lebens. Ich habe ja ohnehin gerade den Eindruck, jemand hat mir die Hauptrolle in einem ziemlich tollen Blockbuster gegeben, und Mannomann, der versteht was von Special Effects.

Dies ist das offizielle Bridge-Climb-Foto, das der Guide von mir gemacht hat. Siehst Du die Oper da unten zwischen den Streben? Und den Regenbogen in meinen Augen?

Gefrühstückt habe ich danach bei Harry's Café de Wheels, nach Oper und Brücke drittwichtigste Sydneysider Sehenswürdigkeit. Eine rollende Imbissbude am Hafen, die es seit 1945 gibt und die inzwischen unter Denkmalschutz steht. Hier hat schon jeder gegessen: Frank Sinatra, Marlene Dietrich, Robert Mitchum, dokumentiert durch Fotos, die an die Seitenwand genagelt sind. Das Menü ist seit Jahrzehnten unverändert: Pies, darauf einen Schlag Erbsenpüree und Bratensauce. Seit 1970 gibt es außerdem Hot Dogs – eine Revolution damals! –, unter anderem in Form der Hausspezialität *Hot Dog de Wheels* mit Chili con carne, Erbsenpüree, Knoblauch-Zwiebeln, Käsesauce und Chili-Sauce. Ganz recht, alles zusammen oben drauf. Man kriegt das Ding formlos auf einem Stück Pergamentpapier in die Hand gedrückt und setzt sich damit an die Mole, umkreist von Möwen. Danach war ich erstens satt, zweitens wach und drittens noch glücklicher.

Inzwischen war es später Vormittag. Jetzt schnell nach Hause, um eine letzte Trainingseinheit an der Ukulele zu absolvieren, denn am Nachmittag war mein großer Auftritt im Hyde Park.

Ich sehe schon, dieser Satz wirft gleich mehrere Fragen auf. Erstens: Hyde Park? Ja, gibt es auch in Sydney. Viel kleiner als der in London, aber mindestens so idyllisch. Zweitens: Ukulele? Auftritt? Jawohl. Zum Start des Sydney Festivals sollten Hobby-Ukulelespieler zusammen mit der Aborigine-Sängerin Ali Mills und den Ukeladies die inoffizielle australische Nationalhymne »Waltzing Matilda« spielen. Jeder konnte mitmachen, die Veranstaltung heißt »You can Ukulele«. Super, bin ich natürlich dabei. Eine Ukulele aufzutreiben war gar nicht so schwer, die hat mir der sechsjährige Sohn von Nataschas Großcousin geliehen. Dessen Nummer hatte sie mir noch schnell in Istanbul zugesteckt, grüß sie mal bitte von mir!

Auf der Kinderukulele habe ich dann tagelang den Song geübt. Vier Saiten, drei Akkorde, C, G, F, was kann daran so schwer sein? Alles. Für eine unmusikalische Stümperin wie mich war das wie Gehenlernen. Stolpern, auf die Nase fallen, aufstehen, ein paar Schritte machen, wieder hinfallen. Es war, mit einem Wort, großartig. Ich kann mich nicht erinnern, wann ich zuletzt mit so viel Hingabe bei der Sache war. Denn das Wunderbare daran, von etwas überhaupt keine Ahnung zu haben: Du machst rasend schnell Fortschritte. Von *geht überhaupt nicht* zu *geht schon ein bisschen* ist es nur ein winziger Schritt, aber ein riesiges Glücksgefühl.

Nachmittags um vier war es so weit. Vor der Bühne im Hyde Park stand neben dem Erste-Hilfe-Zelt ein zweites für Ukulele-Anfänger, die sich von Profis das Instrument stimmen lassen konnten. Ein bärtiger Herr mühte sich mit meiner ab (»she's a bit touchy«), eine Dame in Hawaii-Hemd wies mich in die Philosophie der Ukulele ein (»such a happy little instrument, isn't it?«) und erklärte mir, dass Waltzing nichts mit Walzer zu tun hat, sondern damit, auf der Walz zu sein, und dass Matilda ein zusammengerollter Schlafsack ist. Könnte doch glatt meine eigene Hymne für dieses Jahr werden, oder?

Ich stellte mich neben Clarence, einen 70-jährigen Maori aus Neuseeland mit gelbgrüner Perücke und Blumenkette, der mir noch eine Runde Last-Minute-Unterricht gab. »C, dann G. G!«

Und dann ging es los. Hunderte von Ukulele-Spielern standen auf dem Rasen und spielten »Waltzing Matilda«, und ich mittendrin. Ich habe ein bisschen geheult, ist es zu fassen? Pure Rührung. Es war für mich so ultimativ australisch: Leute kommen an einem entspannten Samstagnachmittag zusammen, um mit hoher Ernsthaftigkeit etwas hinreißend Albernes zu machen. *Please play your ukulele on the grass.*

Hinterher habe ich noch ein bisschen mit Clarence geplaudert. Er drückte mir einen Zettel mit der Überschrift »Grandparents on tour« in die Hand: Er bricht im April mit seiner Frau zu einer achtmonatigen Wohnmobil-Reise durch Australien auf und spielt auf der Ukulele Charity-Konzerte für Opfer des Entlaubungsmittels Agent Orange, das eine geschätzte halbe Million Vietnamesen mit Dioxin vergiftet hat.

»Ich bin Vietnam-Veteran«, sagte er. »Das ist das Wenigste, was ich tun kann.«

Und damit war der Tag immer noch nicht zu Ende. Ich erspare Dir den Rest, ich will nur sagen: Der Ankommensblues hat sich in Luft aufgelöst, gehört aber vermutlich dazu bei so einem Projekt: »Jedem Anfang wohnt ein Zaudern inne«, wie mir jemand so hübsch schrieb. Doch auch jeder zauderhafte Anfang hat ein Ende, und inzwischen liebe ich jede Minute hier.

Zwischendurch habe ich mich ein paar Tage an den Schreibtisch gesetzt, um meine Aufträge abzuarbeiten und meine Kolumnen zu schreiben. Du weißt ja: Urlaub ist dies nicht, ich arbeite weiter. Ich schätze, es wird pro Monat auf zehn bis zwölf Tage Schreibtisch und 20 Tage Herumstromern hinauslaufen – der Goldene Schnitt von Angenehmem und Nützlichem. Viele haben sich gewundert, dass ich den Stift nicht einfach für ein Jahr fallen lasse. Aber es geht mir ja nicht darum, nichts zu tun. Es geht mir darum, das, was ich tue, woanders zu tun. Letztlich ist, was ich hier mache, ein einjähriger Laborversuch: Ich tauche in zwölf unterschiedliche Umgebungen ein und schaue, was die Städte mit mir machen. Wie sie mich verändern oder nicht, wie sie vielleicht auch meine Arbeit inspirieren.

Hinzu kommt mein Reiseblog, das ich fast täglich schreibe. Geplant hatte ich es eigentlich nur als Postkartenersatz für meine Lieben daheim, aber auch als … wie soll ich das sagen – Rückzahlung? Begleichung meines Karma-Kontos? Ich hatte so ein unverschämtes Glück, da ist es nur fair, andere auf diese Weise teilnehmen zu lassen. Außerdem kennst Du ja mein legendär schlechtes Gedächtnis: Ich hoffe, ein öffentliches Weblog wird mich unter Druck setzen, die Reise halbwegs regelmäßig zu dokumentieren. Damit ich nicht schon im Juni vergessen habe, wo ich im Januar war.

Womit ich nicht gerechnet hatte: dass so ein Blog in zwei Richtungen funktioniert. Ich bekomme zuhauf Ausflugs- und Restauranttipps von Leuten, die schon mal in Sydney waren, das Blog entwickelt sich zum interaktiven Reiseführer – für mich. Eine Petra schrieb mir etwa: »Du bist sicher schon am *Coolest Butcher Shop in Australia* in der Queen Street vorbeigekommen.«

Nein, bin ich nicht. Aber jetzt natürlich sofort. Rose! Du wärest in Ohnmacht gefallen, wenn Du das gesehen hättest! Victor Churchill ist die mit Abstand schönste Metzgerei, die ich je gesehen habe. Metzgerei? Quatsch, eine Fleisch-Boutique, eine Steak-Galerie, ein Rollbraten-Museum aus Marmor, Zebranoholz, Leder und Kupfer, mit einem verglasten Kühlraum, in dem feinstes grasgefüttertes Rind vor einer golden schimmernden Wand aus Himalayasalz abhängt. Der Laden hat schon alle Designpreise abgeräumt, man möchte auf der Stelle einziehen.

Aber das Beste: Freitagabends nach Feierabend bieten sie Metzgerkurse für Laien an. Vier Männer und ich – David, Spezialist für Gefäßerkrankungen, Stuart, Medizintechniker, Mark, Hotelier, Luke, Weißichnicht – wurden in der hohen Kunst des Fleischhauens angelernt, praktisch erklärt von einem der Victor-Churchill-Metzger. Roastbeef, T-Bone-Steak: Wo sitzt das, wie kriegt man das aus einem Hinterviertel geschnitten? Wir haben Messerschleifen und Schlachterknoten gelernt, damit der Braten schön in Form bleibt. Und auch, wie lange ein Steak nach dem Braten ruhen muss, damit sich die Säfte setzen. Nämlich laaaaaange. So lange, dass man denkt, es wird kalt. Wird es nicht, es wird nur gut.

Mein plötzliches Interesse am Fleisch, das mir in Buenos Aires bestimmt noch nützlich wird, habe ich übrigens ebenfalls meinem

Blog zu verdanken. Ich hatte neulich meinen ersten kleinen Shit-storm nach einem Eintrag darüber, dass ich mir ein Kängurufilet aus dem Supermarkt gebraten habe (in Kräuterbutter, begleitet von einem kleinen Cabernet Sauvignon aus dem Barossa Valley). Im Kühlregal gibt es hier nämlich tatsächlich eine eigene Känguru-Sektion, gleich neben den Rindersteaks. Der Beitrag hat mir 53 Kommentare beschert, teils von wutschnaubenden Vegetariern, die mich dafür beschimpften, etwas so Niedliches wie Skippy in die Pfanne zu hauen. »Grässlich! Widerlich! Würden Sie denn auch Hunde essen? Ich schäme mich für Sie!«

Alles Argumentieren half nicht, dabei finde ich Kängurufleisch wirklich eine erstklassige Alternative zu Rind: Anders als Kühe oder Schafe zerstören Kängurus nicht die Böden, sie brauchen weniger Futter und produzieren kein Methan, vergrößern also nicht das Ozonloch. Kängurufleisch hat nur zwei Prozent Fett, ist BSE-frei und stammt nicht aus Massentierhaltung. Im Gegenteil, das Vieh hüpft hier als Landplage durch die Gegend und schadet den Ernten der Bauern. Die Regierung hat Abschussquoten festgelegt, aber längst nicht alle Tiere landen dann auch auf dem Teller, die Nachfrage ist noch zu gering. Was ich aus genannten Gründen schade finde.

Ich muss zugeben: Durch die Känguru-Affäre hatte ich erst richtig Lust bekommen, mich mit dem Thema Fleisch zu beschäftigen. Nicht um die Vegetarier zu ärgern, warum auch? Sondern um herauszufinden, was herauszufinden ist. Das ist für mich bisher das Schönste an diesem Monat und hoffentlich diesem Jahr: Es mag Dir furchtbar erratisch vorkommen, was ich gerade so treibe – Ukulele spielen, metzgern lernen –, aber ich genieße ganz unglaublich, einfach mal meiner Neugier folgen zu dürfen. Klar kann ich das als Journalistin ohnehin leichter als andere (deshalb bin ich es ja auch geworden), aber so völlig verwertungsfrei und absichtslos eben doch nicht.

Ich fühle mich wie von der Leine gelassen, ich darf frei über die große Hundewiese sausen und an allem mal schnüffeln, was interessant riecht – was für ein Luxus! Und das, ohne einem Herrchen darüber Rechenschaft ablegen zu müssen! Das unzensierte, unkommentierte Leben (es sei denn, ich schreibe über Känguruschnitzel), das liebe ich gerade wirklich sehr.

Wohin es mich treibt, ist dabei komplett zufallsgesteuert, und auch das mag ich gern. Ich lebe mein Leben mit Genuss als kleine Flipperkugel, die – ding-ding-ding-ding! – durch eine blinkende Welt geschossen wird. Wer weiß, wohin als Nächstes. Das Gefühl, oft beim Aufwachen noch nicht zu wissen, wohin es mich an diesem Tag verschlagen wird, ist für mich derzeit das Größte.

Theoretisch könnte ich natürlich vieles von dem, was ich in Sydney mache, auch zuhause tun. Ich falle mir hier nur nicht so oft in den Arm. Das große »Ja, aber«: weg damit. Gestern zum Beispiel war ich bei einem gastronomischen Buchclub, über den ich in einem Stadtmagazin gestolpert bin. Zuhause hätte ich gesagt »Das wäre mal ganz nett, nur …« und hätte es auf den großen Irgendwann-mal-Stapel gepackt, der, wie die Lebenserfahrung lehrt, in Wahrheit ein Niemals-Stapel ist.

Hier habe ich sofort zum Telefon gegriffen und mir damit einen todschicken Abend beschert. Fünfzehn lustige Frauen von der Psychiaterin bis zur Weinvermarkterin saßen auf den tiefen Sofas der Präsidentensuite im feinen Observatory Hotel und debattierten über den neuesten Roman einer hiesigen Bestsellerautorin, der uns vorab hübsch verpackt nach Hause geschickt worden war. Wir tranken Lychee-Martinis und aßen Canapés, zwischendrin verpassten uns zwei extra angeheuerte Kosmetikerinnen eine Maniküre oder eine Armmassage. Mit anderen Worten: Es war göttlich. Und hinterher hatte ich wieder ein paar Visitenkarten mehr in der Tasche.

Denn eines, meine Liebe, bin ich als Alleinreisende nicht: allein. Es sei denn, ich will es. Es ist ja unfassbar leicht, neue Leute kennenzulernen: Tu, was dir gefällt, und du wirst dabei auf Menschen treffen, die dir gefallen.

Zudem sind gerade Hamburger Bekannte in der Stadt, die ich schon in meiner Wohnung bekocht habe, ich werde zu Freunden von Freunden geschickt (»Wenn Du in Sydney bist, musst Du unbedingt Alan treffen«) – und ich traue mich auch einfach mehr, wildfremde Leute anzuhauen. Sehr unhamburgisch, aber ich war ja losgezogen, um mir von den Städten ein paar neue Tricks abzugucken.

Oft kommt es mir auch so vor, als ob ein gut gelaunter Gott genau die richtigen Leute vorbeischickt: Bei einem Theaterabend in einem Pub kam ich mit meiner Sitznachbarin ins Plaudern und lud sie kurzentschlossen hinterher zu einem Drink ein. Spannende Frau – Michelle hat zwei Staatsbürgerschaften, pendelt zwischen London und Sydney und arbeitet sowohl als Rechtsanwältin wie auch als Schauspielerin.

»Nicht, weil ich das eine mit dem anderen finanziere, sondern weil ich beides gern mag und beides gut kann«, sagte sie. »Die zwei Pole bringen mich ins Gleichgewicht.«

Was sie von ihrem Leben erzählte, beginnt in mir zu arbeiten. Früher habe ich immer geglaubt, dass eine Entscheidung für etwas eine Entscheidung gegen alle anderen Optionen ist. Nicht notwendigerweise, stelle ich inzwischen fest. Ich kann reisen und arbeiten, ich kann woanders sein und dank Skype und E-Mails trotzdem Kontakt zu meinem alten Leben halten. Ich stelle fest: Es ist gar nicht so schwer, alles unter einen Hut zu bekommen.

Und noch eine Begegnung mit Folgen: Mein Ex und ich haben doch vor elf Jahren mal diesen kleinen doofen Sommerroman »Auf und davon« geschrieben. Für den hatte ich eine Nebenfigur namens Terry Durack erfunden, einen fetten Wiener Kochbuchautor. Terry Durack gibt es wirklich, nur ist er Restaurantkritiker beim *Sydney Morning Herald.* Ich hatte mich damals in sein Kochbuch *Yum* verguckt, eine Ode an die Verfressenheit und der

Grund für meinen Namensraub: Sein Autorenfoto zeigte ihn mit vollem Mund. Jetzt rief ich beim *Herald* an, ließ mir seine Mailadresse geben, schrieb ihm, beichtete die Geschichte und lud ihn zum Essen ein – ich fand, ich schuldete ihm eins. Er antwortete sofort, fand's gottlob lustig und nahm die Einladung an (»an offer I can't refuse«).

Das Essen in seinem Lieblingsrestaurant Universal war köstlich. In jeder Hinsicht. Tolle Gerichte (ich sage nur: Lakritzmousse mit Aperol-Gelee, karamellisiertem Fenchel und rosa Grapefruit), und der Typ ist so klasse, wie ich ihn mir ausgedacht habe – immer schön, wenn die Wirklichkeit die Phantasie bestätigt. Später setzte sich noch die Küchenchefin, Christine Manfield, zu uns. Stellt sich heraus: Erstens fliegt sie nächsten Monat nach Mumbai, um dort für ihr nächstes Kochbuch zu recherchieren, und selbstverständlich hat sie tausend Tipps für mich, wenn ich im März dort bin. Und zweitens wohnen wir in derselben Straße.

Im selben Haus.

Im selben Stockwerk.

Genau nebeneinander. Sie in Apartment 7C, ich in 7B.

Irrer Zufall. Und schon habe ich ein Date für einen Feierabendwein in den nächsten Tagen. Kaum war ich zuhause, kam schon eine Mail von Christine mit Restauranttipps für Mumbai und einem Artikel, den sie mal über Buenos Aires geschrieben hat – mein nächstes Ziel. Man muss sie lieben, die Australier: Sie quatschen nicht nur, sie machen auch gleich.

Ich erzähle Dir diese Geschichte deshalb so ausführlich, weil sie ziemlich typisch dafür ist, wie ich mich durch diesen Monat bewegt habe: Ich treffe jemanden, der gibt mir gute Tipps oder einen Kontakt, daraus ergibt sich das Nächste. Ich schwinge mich von Liane zu Liane, von Zufall zu Zufall, und finde es herrlich.

Es gibt im Englischen das hübsche Wort *serendipity,* glücklicher Zufall. Ich spüre schon nach diesem ersten Monat, dass *serendipity* ganz wichtig werden wird in diesem Jahr. Überraschend auf etwas Unbekanntes zu stoßen und die Zeit und Muße zu haben, diesem Unbekannten neugierig zu folgen, das ist der große Luxus, den ich mir gönnen darf. Zuhause habe ich mich oft in einem schulterbreiten Korridor des Funktionierenmüssens gefangen gefühlt, da gab es kein Ausscheren nach rechts oder links, kein Stolpern, kein Innehalten. Keine Zeit für Spielereien und Unsinn. Ich hab's am Ende nicht mal mehr vermisst, muss ich zugeben. Wat mutt, dat mutt, das kennst Du ja. Aber jetzt merke ich, dass sich gerade irgendwas in mir lockermacht und ganz zart die ersten Flausen zu blühen beginnen.

Meine Strategie für dieses Jahr lautet also »Ja, gern«. Die Welt macht mir Vorschläge und ich nehme sie dankend an. *Yes is more*, das ist mein neues Motto.

Als mich zum Beispiel meine Hamburger Ex-Kollegin Julica, die schon seit Jahren in Sydney arbeitet und nebenbei ehrenamtliche Rettungsschwimmerin ist, in den Bondi Icebergs Club zu einem Charity-Schwimmen zugunsten der Opfer einer Flutkatastrophe in Queensland einlud, war ich natürlich auch da. (Klassischer Aussie-Humor übrigens: Schwimmen für Flutopfer.) Das Icebergs ist der schönste Swimmingpool, den ich kenne: ein türkisgrüner Salzwasserpool, direkt ans Meer angrenzend, das gelegentlich dramatisch ins Becken brandet. Der legendäre Schwimmclub wurde 1929 von einigen Rettungsschwimmern gegründet, die auch im Winter trainieren wollten. Um Clubmitglied zu werden, musste man sich strengen Regeln unterwerfen: fünf Jahre hintereinander an drei von vier Sonntagen Rennen schwimmen, dann war man drin.

An diesem Tag aber durfte jeder ins Becken: Da trat eine Vierjährige gegen Mitglieder der Basketballmannschaft Sydney Kings an, alte Damen mit Dauerwelle gegen schrankförmige Brechertypen. Ich guckte den buntgemischten Schwimmern zu, die sich zusammen ins Wasser warfen, egal wie, nur zum Spaß. So wie ich mich in dieses Jahr geworfen habe, dachte ich. Ohne Plan, aber mit dem Urvertrauen, dass es mich schon tragen würde. Erinnerst Du Dich an die Szene in einem Indiana-Jones-Film, in der Harrison Ford an einem Abgrund steht, einen Schritt ins Nichts macht und unter seinen Füßen eine Brücke wächst? Ungefähr so fühle ich mich gerade. Der Weg entsteht beim Gehen. Mal sehen, wohin er führt.

So sehr ich mich zu Beginn dieses Monats noch gefürchtet habe, nichts mit mir und diesem Jahr anfangen zu können, so erleichtert bin ich über die schöne Räuberleiter, die mir Sydney gebaut hat. Freiheit ist erst mal eine Zumutung, niemand von uns hat gelernt, wie das geht. Wenn einem niemand die Entscheidung abnimmt, womit der Tag zu füllen ist – kein Boss, keine Familie, keine Institution –, und man völlig ohne Strukturen lebt, ist das ebenso berauschend wie beunruhigend. Man muss regelrecht trainieren, freihändig zu gehen. Denn man verlässt mit dem engen heimischen Gehege eben auch die stabilen Geländer, an denen man sich immer entlanggehangelt hat.

Ich beglückwünsche mich jedenfalls gerade dazu, kaum etwas vorbereitet zu haben. Es gibt die Liste meiner Städte, ich weiß, wo ich die nächsten beiden Monate unterkomme, der Rest wird sich finden. Vor Heimweh habe ich keine Angst: Es gibt Mails, es gibt Skype, und ein paar Leute haben jetzt schon angekündigt, mich unterwegs besuchen zu wollen. Katharina kommt nach Barcelona, eine Kollegin nach Havanna, meine Eltern für ein Wochenende nach Kopenhagen. Auf Dich und unsere zehn Tage in Rajasthan freue ich mich besonders, ich merke gerade, wie gut es tut, mal mit einer Freundin alles zu sortieren, was gerade auf mich einprasselt. Wir sehen uns im März, mein Herz, lass es Dir bis dahin gut gehen!

Liebe Grüße in die Heimat, Deine Meike

10 Dinge, die ich in Sydney gelernt habe

1. Ukulele spielen. Ein alter Kollege fragt in Interviews gern: »Wann war das letzte Mal, dass Sie etwas zum ersten Mal getan haben?« Etwas Neues ins Leben zu lassen, Anfänger in einer Sache zu sein, ist die schönste Form von Adrenalin, die ich kenne.

2. Ich muss überhaupt nichts in diesem Jahr, aber ich darf alles. Eben auch arbeiten. Und Arbeit verändert sich radikal, wenn man sie vom Müssen zum Wollen umdefiniert. Ich merke, dass ich leichter schreibe, unverkrampfter. Vielleicht ist dies am Ende das Wichtigste, was bei der Sache herauskommen kann: dass ich mich wieder in meinen Job verknalle nach mehr als 20 durchaus glücklichen Jahren Versorgungsehe, die uns beide verbindet.

3. Eine Frage, die ich mir in diesem Jahr noch öfter stellen werde: Wer bin ich, wenn keiner zuguckt? Tue ich vieles zuhause nicht einfach nur deshalb, weil man es von mir gewohnt ist und folglich erwartet? Wie verändert man sich, wenn man fern der Vorstellungen lebt, die die anderen von einem im Kopf haben?

4. Reden hilft. Mit Leuten zu sprechen, sie um etwas bitten, um Rat oder Empfehlungen, das fällt mir hier draußen leichter als zuhause und ich frage mich, wieso. Seltsamerweise sind es ja stets die einfachsten Sätze, die den größten Mut brauchen: *Ich brauche deine Hilfe. Mich ärgert etwas. Ich habe Angst davor. Ich weiß nicht, wie das geht. Ich möchte es gern anders.* Und gleichzeitig sind es genau diese Sätze, die etwas in Bewegung bringen. Die Klarheit schaffen, Erleichterung, Veränderung. Vielleicht lerne ich es in diesem Jahr wieder, diese Sätze öfter zu sagen.

5. Auf einer Einkaufstüte des Sportklamottenlabels Lululemon stand »Tue jeden Tag etwas, wovor du Angst hast«. Auch wenn ich mich normalerweise nicht nach Plastiktüten richte: Dies leuchtete mir irgendwie ein. Sozusagen als Mutmuskeltraining. Je öfter man sich kleine Dinge traut, desto leichter fallen die großen. Ich dachte mir: Warum fangen wir nicht gleich am Morgen damit an? Und dusche seitdem kalt.

6. Man muss sich nicht entscheiden, man kann einfach alles machen. Das hat mir meine Kneipenbekanntschaft Michelle beigebracht. Statt *Entweder/oder* lieber ein beherztes *Sowohl/als auch*, das könnte der Schlüssel zum Glück sein.

7. *No worries, mate* ist eine sehr brauchbare Weltanschauung. Das australische Mantra, das nur sehr unvollkommen je nach Kontext mit *Kein Problem/alles klar/gern geschehen/nur die Ruhe/macht doch nichts* übersetzt werden kann, hört man in Sydney circa zehnmal am Tag. Dass Dinge hier grundsätzlich kein Problem sind: schon mal fein. Das *mate* (ebenfalls sehr grob: Kumpel) ist aber fast noch interessanter. Vor elf Jahren gab es ein Referendum zur australischen Verfassung, und es wurde ernsthaft debattiert, ob man den Begriff *mateship* in die Präambel aufnehmen sollte. Es klappte dann doch nicht, aber egalitäre Freundlichkeit als Verfassungsgrundsatz: was für eine Idee!

8. Wasser ist ein Heilmittel. Besonders wenn man jeden Tag draufschaut. Mir fällt jetzt erst auf, dass mit einer Ausnahme (Addis Abeba) alle meine Städte am Meer oder zumindest an einem großen Fluss liegen – bestimmt kein Zufall. Nach einem

Monat Balkon zur Bucht bin ich sicherer denn je: Wenn ich mal groß bin, will ich ein Haus am Meer.

9. Den australischen Nationalsport Tim Tam Slam. Den hat mir eine ältere Dame vor dem Supermarktregal erklärt. Dazu beißt man von den hiesigen Lieblingsschokokeksen Tim Tams zwei gegenüberliegende Ecken ab und saugt Kaffee oder Tee durch den Keks. Dann schnell in den Mund damit, bevor er zerbröselt. Ich habe inzwischen Olympiareife darin.

10. Nie denken, man weiß schon alles. Die Oper ist innen brutalistisch roh, völlig anders als die elegante Segelform suggeriert. Plan für dieses Jahr: Alles mit eigenen Augen sehen, nichts voraussetzen, nichts mutmaßen. Sonst wird man ja doch nur widerlegt.

Buenos Aires,
Argentinien

Liebe Katharina, *querida, linda,*

¿cómo estás? ¿Todo bien? Ach, ich könnte den ganzen Tag nur diese umgekehrten spanischen Fragezeichen schreiben, sie bringen so gut auf den Punkt, wie mir gerade zumute ist. Mein Leben ist auf den Kopf gestellt und ich angle nach Antworten. (Ohne zu wissen, wie die aussehen sollten. Aber wenn sie mir nicht groß genug sind, die Antworten, kann ich sie ja einfach zurück ins Wasser schmeißen.)

Wie geht es Dir in meiner Wohnung? Kommst Du zurecht, findest Du alles? Ich bin so froh, dass Du einhütest. Ich freue mich, Dir damit aus der Patsche zu helfen und gleichzeitig zu wissen: Wenn alle Stricke reißen, wenn zwischendurch irgendetwas Blödes passiert oder ich plötzlich keine Lust mehr auf die Welt habe, könnte ich jederzeit wieder in mein Hamburger Bett fallen. Immer gut, einen Plan B zu haben – das Wissen um ihn ist die beste Garantie, ihn nie zu brauchen.

Zudem finde ich die Idee schön, dass mein emotionales Zuhause – nämlich Du als meine ältestebesteundüberhaupt Freundin – und mein physisches Zuhause am Hansaplatz gerade ein und dasselbe sind. Ich stelle mir vor, wie Du Dich vom Gästezimmer aus langsam über die Wohnung ausbreitest. Ich bin gespannt, welche Spuren Du hinterlässt, was Du umstellst, wie sich die Wohnung verändern wird. Vielleicht werde ich nach meiner Rückkehr eine dreizehnte neue Heimat vorfinden – ich hoffe fast darauf, dann hätte ich ein Reiseziel mehr.

Buenos Aires ist genau so, wie ich mir das vorgestellt habe: laut und lustig. Wahnsinnig laut, wahnsinnig lustig. Meine riesige Altbauwohnung, die ich von einem amerikanischen Collegeprofessor angemietet habe, liegt direkt an der vierspurigen Einbahnstraße Avenida Callao, der Verkehrslärm brandet Tag und Nacht in die Räume, in die Bibliothek mit dem langen Tisch und in den Salon mit den alten roten Ledersofas und dem kleinen Erker. Die Stadt ist ständig an, keiner knipst sie am Abend aus oder dimmt sie ein bisschen herunter. In den ersten Tagen hat mich der Lärm noch verrückt gemacht, inzwischen bin ich süchtig nach diesem Grundrauschen, dem Hupen und Motorengeheul, den Rufen von der Straße, dem ächzenden, kreischenden Drahtkäfigaufzug in meinem Treppenhaus und dem Frauenchor, der zweimal die Woche im Stock über mir probt.

Ich glaube, am Ende des Jahres werde ich die Städte mit verbundenen Augen erkennen können, an ihrem Sound und an meinem Puls. Denn der Unterschied zur tiefenentspannten Surfertown Sydney könnte nicht größer sein, und auch ich bin hier eine andere: mehr unter Strom, mehr in Bewegung. Ich laufe wie aufgezogen durch die Straßen, ich lasse mich treiben, ich gehe verloren. In diesem Monat beginnt die Reise erst wirklich: Sydney war zum Runterkommen, Buenos Aires ist zum Reinkommen.

Zunächst mal ist die Stadt eine phantastische Einstiegsdroge für Südamerika – auch wenn alle sagen: Argentinien ist anders als Südamerika und Buenos Aires anders als Argentinien. Für meine Zwecke ist es genau richtig: Man findet sich gut zurecht, die Straßen sind mit dem Lineal durchgerastert, die wunderschönen Häuser an den großen Boulevards erinnern an Madrid oder Paris. Auch die Leute sehen fast europäisch aus, man sieht viel Blond, viele blaue Augen. Die Männer, *puta madre!*, traumschön. Zwar mit einer unseligen Neigung zu Vokuhila und Nackenzöpfchen und zudem rund einen halben Meter zu kurz für mich, aber wenn man vor einem Café sitzt: ah, welche Pracht da an einem vorbeistolziert!

Ich mag schon jetzt, nach zwei Monaten, diesen Moment am spätestens dritten Tag, wenn aus dem Stadtplan eine Stadt wird. Wenn man genau weiß, an welcher Ecke man abbiegen muss, wie weit es zum Eisladen ist, wo der Bus hält und dass er oft nicht hält, dass Zebrastreifen hier amüsante, nicht weiter ernst genommene Straßendekorationen sind, wie die Choreographie des Bürgersteigs ist. Geht man links, geht man rechts, weicht man aus, guckt man sich in die Augen oder besser nicht, wie eng steht man an einer Ampel nebeneinander? Jede Stadt hat ihre eigenen Regeln, ihre eigene Sprache. Zuhause gucke ich oft nicht mehr genau hin, wenn ich durch die Straßen gehe, ich bin in Gedanken versunken und sehe gar nicht, was rundherum passiert. Hier draußen habe ich die Augen weit offen und finde alles sensationell. Das liegt sicher zum Teil an Buenos Aires, zum größeren Teil aber an meiner Aufmerksamkeit. Ich bin fast sicher, dass ich auch Hamburg spektakulär finden würde, wenn ich nur mal hinsehen würde.

Zwei Dinge werden also am Ende dieses Monats auf meiner Was-ich-gelernt-habe-Liste landen, das weiß ich jetzt schon: Spanisch & Spazierengehen. Das erste lerne ich in einem Sprachkurs, das zweite bringt mir die Stadt bei. Beides ist ganz neu für mich und doch sofort wahnsinnig einleuchtend. Und ein absolut kindisches Vergnügen. Nein, halt: ein erwachsenes Vergnügen; Kinder finden ja beides, Schule und Sonntagsspaziergänge, eher lästig. Angeblich stammt das Wort Schule vom altgriechischen Wort für Müßiggang ab. Für die Einwohner Athens war Lernen eine elitäre Freizeitbeschäftigung – quasi das Golfspielen der Antike. Das habe ich in meiner Schulzeit natürlich anders gesehen, aber es stimmt: Nichts ist spannender und entspannender als freiwilliges Lernen. Gerade eine neue Sprache biegt die Hirnwindungen in ganz andere Richtungen. Und eine neue Weltanschauung gibt's gratis dazu.

Ein Beispiel? Aber gern. Im Spanischen gibt es für unser harmloses Verb *sein* zwei Wörter, *ser* und *estar*. Grob gesagt wird *ser* verwendet, wenn es gilt, etwas Unabänderliches zu beschreiben, *estar* für einen vorübergehenden Zustand. Ich finde das eine philosophisch bezaubernde Vorstellung, schon per Wortwahl klarmachen zu können, dass die Dinge nicht immer so sind, wie sie sind, sondern halt nur zurzeit. Verliert man ja oft aus den Augen, dass es morgen schon wieder ganz anders sein kann.

Faszinierende Fußnote: Das Wort für Single, *soltero* beziehungsweise *soltera,* wird von Männern fast immer zusammen mit *ser* verwendet, von Frauen mit *estar. Estoy soltera:* Ich bin gerade Single (= aber habe nicht vor, das zu bleiben). Sagen die Frauen. Wie gesagt, ganz anders die Männer: *Soy soltero* (= macht auch nix, wenn für immer).

Was mich betrifft: *Soy soltera* und mache täglich drei Kreuze. Stell Dir vor, ich hätte jetzt einen Kerl am Hals! Der zuhause sitzt und sich mopst oder, schlimmer noch, mitreisen wollte. Nie hätte ich, da bin ich sicher, die Schnapsidee zu diesem Jahr gehabt, wenn ich noch in einer Beziehung wäre. So eine Reise funktioniert nur solo, dieses Jahr soll ganz mir gehören. Zwar freue ich mich darauf, den einen oder anderen von Euch im Lauf der nächsten Monate zu sehen, aber die Idee dieses Unternehmens ist nun mal, ohne Absprachen, ohne Kompromisse machen zu können, wonach mir gerade ist.

Den Spanischkurs zum Beispiel habe ich erst vor zwei Wochen spontan von Sydney aus gebucht. Jeden Morgen packe ich nun um halb neun meinen Ranzen, mache mich auf den Schulweg die Avenida Callao hinunter nach Recoleta und sitze vier Stunden lang mit Florian, einem Schweizer Volkswirt, und dem ehemaligen Alitalia-Piloten Pirro aus Rom in einem kleinen Klassenzimmer. Unser Lehrer Juan Manuel spricht ausschließlich spanisch mit uns. Und das Irre ist: Wir verstehen fast alles. Übrigens sehr erhellend, nach Jahrzehnten zum ersten Mal wieder auf der

Schulbank zu hocken und sich sofort bei den alten Reflexen zu ertappen: in meinem Fall immer noch leichte Tendenzen zu peinlichem »Herr Lehrer, ich weiß was«-Strebertum. Das ich jetzt allerdings besser tarne.

Aber es ist schon merkwürdig: In diesem Jahr der absoluten Freiheit könnte ich morgens noch bettwarm die erste Champagnerflasche köpfen oder mich jeden Tag ins Nirwana massieren lassen oder acht Stunden am Tag Schuhe anprobieren. Theoretisch. Und was mache ich? Ich gehe jeden Morgen in die Schule. *Aus Spaß.* Und am Nachmittag arbeite ich. *Aus Spaß.* Bin ich denn völlig bescheuert? Habe ich einfach zu wenig Phantasie für die Freiheit?

Mir fällt zu diesem Thema gerade die »Projekt Neustart«-Reportage ein, die ich vor zwei Jahren schrieb, nachdem das Magazin *Park Avenue* eingestellt und mir damit schon zum vierten Mal mein Arbeitsplatz unter dem Hintern weggeschossen worden war. Ich hatte damals ernsthaft überlegt, ob ich nicht auf eine andere Branche umsatteln sollte. Es macht auf Dauer einfach keinen Spaß, wenn du deinen Job zwar innig liebst, aber von ihm einfach nicht zurückgeliebt wirst.

In der Reportage habe ich verschiedene Methoden getestet, mit denen man herausfinden soll, welche möglicherweise ungenutzten Talente in einem stecken. Vielleicht bin ich ja nur aus Zufall und dummer Gewohnheit Journalist, vielleicht hätte ich das Potential zu einer begnadeten Landschaftsgärtnerin oder Arbeitsrechtlerin oder Käsemacherin, woher soll man das wissen, wenn man es nie probiert hat? Als Kind wollte ich erst Ornithologin, dann Lateinlehrerin und dann Innenarchitektin werden – wie sähe mein Leben aus, wenn ich eins davon tatsächlich geworden wäre? Erfüllt? Langweilig? Was für ein Mensch wäre aus mir geworden?

Aber ich schweife ab. Was ich eigentlich erzählen wollte, weil es mir hier wieder in den Sinn gekommen ist: die Paradies-Übung.

Die war Teil einer Session, die eine Psychologin auf Basis von Barbara Shers Buch »Wishcraft« mit mir für den Artikel gemacht hat. »Was würden Sie tun, wenn alles, wirklich absolut alles möglich wäre, ohne Rücksicht auf Zeit, Raum, Geld oder Logik? Wie würden Sie leben? Was würden Sie den ganzen Tag tun?«

Ich musste ihr in allen Einzelheiten meinen perfekten paradiesischen Tag ausmalen. Mach das mal, das bringt unglaublich viel Spaß! Meiner ging, stark verkürzt, so: Aufwachen neben George Clooney oder besser noch Alan Rickman in einem Haus am Meer bei 23 Grad Lufttemperatur und leichtem Ostwind, mit circa fünf Kilo und 15 Jahren weniger auf den Rippen. Auf der Terrasse ist schon eingedeckt. Ich esse vollreife Mangostan und Ananas, während mir Christian Brückner live am Frühstückstisch Raymond Chandler vorliest. Strandspaziergang mit einem aufs Wort gehorchenden Saluki. Mittags mit zehn Freunden aus allen möglichen Bereichen an einem langen Tisch unterm Sonnenschirm hinter dem Haus sitzen, unvernünftig viel Riesling zum gegrillten Fisch trinken und sensationelle Projekte austüfteln. Mein Vorschlag, ein transportables Haus zu bauen, dessen Wände sich anstrengungslos verschieben lassen und auf Knopfdruck von Stein in Glas verwandeln, stößt auf allgemeine Begeisterung. Nachmittags sitze ich an meinem Schreibtisch, einem Prototyp von Maarten van Severen (okay, ich habe mich ein bisschen in die Details reingesteigert …), und schreibe anstrengungslos in zwei Stunden ein halbes Buch. Abends fliege ich nach New York zur Premiere meines neuen Films (George hat eine kleine Nebenrolle), bei dem ich nicht nur das Drehbuch geschrieben, sondern auch erstmals Regie geführt habe.

»Sehr nett«, sagte die Psychologin. »Und wie sieht der Tag danach aus?«

Und wie, fragte sie weiter, die ganze Woche, der Monat, das Jahr? Das Spannende war: Je länger der Zeitraum wurde, desto realistischer wurden meine Spinnereien. Immer noch weit genug entfernt von meinem Leben, aber gleichzeitig auch eine Essenz treffend von dem, was ich liebe: Freiheit, das gemeinsame Nachdenken mit anderen, das Neue, das Querverbinden. An einem gewissen Punkt habe ich gesagt: Ich will eigentlich gar nichts Bestimmtes, vergessen Sie Clooney und Rickman. Aber ich will, dass mir was passiert. Ich will, dass mich das Leben überrascht.

»Dafür können Sie was tun«, sagte die Psychologin.

Und das ist wahr.

Dieses Jahr ist eine einzige lange Paradies-Übung, ich kann mir lauter perfekte Tage basteln. Aber passieren wird mir nur etwas, wenn ich dafür sorge und mich darauf einlasse. Im Englischen gibt es den schönen Ausdruck »to push one's luck«, es darauf ankommen lassen. Dem Glück einen Schubs geben, daran habe ich schon immer geglaubt (wieso hätte ich mich sonst beim Jauch beworben?), gern um den Preis, dass das Glück durch die Schubserei auch mal ins Stolpern gerät. *No risk, no fun.*

Beim Reisen kann man sich natürlich besonders gut und einfach in ungewohnte Situationen bringen. Kennst Du Joel Henry? Ein sehr lustiger Franzose, Erfinder des experimentellen Tourismus. Er empfiehlt zum Beispiel, in einer Stadt einfach loszumarschieren und abwechselnd rechts und links abzubiegen, bis es nicht mehr weiter geht. Oder im Stadtplan die erste Straße mit A und die letzte mit Z nachzuschlagen und dann vom einen zum anderen Ort zu spazieren. Henry empfiehlt einen Weg, nicht ein Ziel – schon weil einem auf diese Weise deutlich mehr passiert.

Dazu muss man nicht mal verreisen, das geht alles auch zuhause. Einen meiner lustigsten Hamburger Abende habe ich in einer Rockerkneipe verbracht, in die ich geschickt wurde, nachdem ich einen Mann am Hauptbahnhof als angeblich Ortsfremde nach seiner Lieblingskneipe gefragt habe. Dem provozierten Zufall zu folgen – ich glaube, das ist mein größter Glückskick. Oder Glücks-Trick. Ich mag einen Begriff des Philosophen Odo Marquard sehr gern: »Einwilligung in das Zufällige«. Er meint es etwas anders als ich, ihm geht es darum zu akzeptieren, dass »wir

Menschen stets mehr unsere Zufälle als unsere Wahl« sind. So ist es natürlich, aber ich denke darüber hinaus, dass man den Zufall regelrecht heraufbeschwören kann.

Für dieses Jahr habe ich mir deshalb eine Aktion ausgedacht, die mein *luck* aufs Wunderbarste *pushen* wird: Leser des *Süddeutsche Zeitung Magazins* können mir per E-Mail einen Auftrag erteilen, den ich in der jeweiligen Stadt für sie erledigen soll. Ich werde für sie Dinge recherchieren oder besorgen oder ausprobieren, Schulden begleichen, ehemalige Geliebte auftreiben, notfalls sogar Praktikumsplätze organisieren.

Die Resonanz ist verblüffend, ich werde mit Aufträgen überschüttet. »Können Sie bitte ein Paar Herren-Tangoschuhe in weißem Lackleder, Größe 42, für mich besorgen?«

»Irgendwo auf dem Friedhof Chacarita müsste das Grab meines Großonkels liegen, finden Sie es bitte.«

»Wir sind begeisterte Schwimmer und kommen im Herbst nach Buenos Aires. Welcher ist der beste Pool?«

»Gibt es den alten japanischen Bandoneonspieler in der Bar Casa Blanca noch?«

Es war auch wunderbarer Blödsinn dabei, gestern zum Beispiel sollte ich jemanden zum Essen treffen und ihm hinterher Salz in den Kaffee streuen. Frag nicht. Kleine Racheaktion. Das und mehr habe ich erledigt – und dadurch Orte und Menschen kennengelernt, die mir ansonsten todsicher entgangen wären.

Ich erzähle mal eine der Geschichten, damit Du Dir besser vorstellen kannst, wie so was läuft: Eine Berliner Grafikerin, Martina Wember, schreibt, dass sie während eines Stipendiums in Buenos Aires ein Buch über die Gemeinsamkeiten von Berlin und Buenos Aires gezeichnet habe. Sie möchte gern, dass ich dieses Buch dem vielbeschäftigten Verleger Guido Indij zeige und ihn dazu bewege, es zu veröffentlichen. Indij betreibt die angesehenen Kunstbuchverlage Asunto Preso und La Marca Editora, die besten Adressen Argentiniens für so ein Buch.

Kein Problem: Ich schreibe ihm eine E-Mail und erzähle meine Geschichte. Er antwortet: »Das war eine der merkwürdigsten Mails, die ich je bekommen habe. Wollen Sie nicht auf einen Drink vorbeikommen?«

Martina Wember schafft es, mir das Buch rechtzeitig aus Berlin in meine Sprachschule zu schicken, ich klemme es mir unter den Arm und mache mich auf den Weg. Und lande auf dem Sofa einer wunderschönen Belle-Epoque-Wohnung, wo ich mit Guido, einem glatzköpfigen Hünen, und seiner Lebensgefährtin Constanza Brunet, ebenfalls Verlegerin, teuflische Cocktails trinke.

Guido blättert im mitgebrachten Buch: »Der Strich gefällt mir, das Thema allerdings – schwierig zu verkaufen. Aber könnte sie nicht einfach was nur über Buenos Aires machen?«

Er will mit ihr Kontakt aufnehmen. Noch ein Drink, dann gehen wir essen: siebeneinhalb Stunden lang geschmortes patagonisches Lamm mit Kartoffelbrei. Für mich sind die Dinner hier übrigens Extremsport, in dieser Stadt isst man frühestens um 22 Uhr zu Abend. Wir hatten es allerdings so lustig, dass Constanza mich fürs Wochenende zum Asado in ihren Garten einlädt.

Gottlob war ich bestens vorbereitet. Mein Vermieter Jeff Tobin ist ein Kulturanthropologe mit Schwerpunkt Lateinamerika, aktuelles Themenfeld: Männlichkeitsforschung am Beispiel von argentinischem Fußball, Tango und Asado. Asado ist ein Grillfest, bei dem auf bettgestellgroßen Rosten stundenlang über schwacher Glut Fleisch, Chorizos, Fleisch, wieder Fleisch und noch mal Fleisch gegrillt wird. Nicht so sehr ein Essen als ein fünfgängiger Gottesdienst zu Füßen der heiligen Kuh. Gegen die kraftmeierische Hillbilly-Hopserei eines amerikanischen Barbecue ist argentinisches Asado wie Ballett: die präzise Choreographie des Glutanschiebens, die Auf- und Abtritte von *choripan* (Chorizo im Brot), *morcilla* (Blutwurst), *tira de asado* (flache Rippe), *tapa de asado* (Hüftdeckel) und *lomo* (Filet), alle lässigerweise gleichzeitig auf den Grill gelegt, aber nacheinander serviert und trotzdem genau zum richtigen Zeitpunkt perfekt gegart – wie, wissen nur der Himmel und der *asadero,* der Grillmeister. In diesem Fall Guido.

Über das Essen hier könnte ich übrigens ein ganzes Buch schreiben, über die spottbilligen, butterweichen Steaks, über die kleinen Gebäckstücke, die man hier morgens oder am späten Nachmittag isst, die *medialunas, rosquitas, palmeritas, tortitas negras, churros, cañoncitos* … alle warm aus dem Ofen, Stücker einen Peso, also 20 Cent – himmlisch. Und das Eis! Das *sambayòn granizada* (Zabaglione mit dunklen Schokosplittern) und *dulce de leche volta* (das argentinische Milchkaramell mit karamellisierten Haselnussstücken) bei Un' altra volta! Die Empanadas von Romario's! Die Pizza im Cuartito! Es ist eigentlich die perfekte Kinderstadt, stelle ich fest: erstklassiges Junkfood an allen Ecken. Und das Beste: Die Eisläden liefern sogar nach Hause. Ich habe es sofort ausprobiert. Ein Mopedbote brauchte eine halbe Stunde, um mit einem Styroporbehälter voll *chocolate con almendras* vor der Tür zu stehen. Es ist mein Untergang hier: pro Woche ein Kilo plus, mindestens.

Aber zurück zum Asado. Neben mir am Tisch saß ein Mann mit grauem Schnauzbart: Gérard Aimé, ein französischer Verleger und Autor. Gérard ist gerade einen Monat lang als Passagier eines Frachtschiffs von Frankreich über Senegal und Sierra Leone (dort wurden europäische Schrottautos für den afrikanischen Markt abgeladen) nach Buenos Aires gefahren. Er macht so eine Fahrt jedes Jahr, »da habe ich endlich mal meine Ruhe«, sagt er. An Bord gibt es kein Handy, kein Internet, kein Fernsehen, gar nichts. »Es ist genau die Monotonie, die ich zum Schreiben brauche, ich sitze gerade an einem Polizeiroman.«

Fasziniert habe ich mir alles über die Schiffspassage erzählen lassen. Wie geht das, wo bucht man? Kann da jeder mitfahren? Es wäre doch eigentlich die perfekte Art für mich, am Ende des Jahres nach Hause zu kommen, nicht? Mit einem Frachter über den Atlantik heim nach Hamburg? Die Idee gefällt mir, die kommt auf Wiedervorlage.

Dann war da noch Paola, eine französisch-argentinische Produktionsassistentin beim Film, die Spanisch, Französisch, Englisch und Mandarin spricht, weil sie schon überall auf der Welt gelebt hat, und die auf meine Frage, wo sie sich zuhause fühle, lange zögerte. Und dann mit den Achseln zuckte. »Die Frage stelle ich mir nicht mehr. Zuhause ist immer da, wo ich gerade bin.«

Ich fragte sie über Tango aus. Sie ist eine der wenigen jüngeren Einheimischen, die ihn regelmäßig tanzt, sonst scheint der Tango eher ein Rentnervergnügen zu sein.

»Auch der Tango«, sagte sie, »ist eine Fremdsprache, von der man oft nicht mal wusste, dass man sie spricht. Aber es gibt immer wieder Momente, in denen einem zehn Minuten perfekte Kommunikation mit einem Fremden gelingt, den man wahrscheinlich nie wiedersehen wird.«

Es wurde spät und immer später, vom nahen Fußballstadion wehten Jubelschreie herüber, die Kohlen in der *parilla,* dem Asado-Grill, verglühten, die Gespräche wurden leiser – kein Wunder, jeder von uns hatte mehr als ein Pfund Fleisch im Bauch, die Würste nicht mitgerechnet. Und dann holte Constanza ihre Gitarre aus dem Haus und begann, Bossa Nova zu singen. Es war … mein Gott, war es schön. Spielfilmschön. Ich saß da, ganz still, und machte in der Dunkelheit Fotos, von denen ich wusste, dass später nichts darauf zu erkennen sein würde. Einfach weil ich festhalten wollte, was nicht festzuhalten war. So wird es mir noch oft gehen in diesem Jahr.

Tango. Ich wusste, dass Du fragen würdest. Natürlich habe ich es probiert. Alles wird probiert, ist doch klar, vor allem wenn es mir so auf dem Silbertablett serviert wird wie hier. Teil meines

Sprachkurses sind nämlich vier Tangostunden pro Woche, zweimal Gruppen-, zweimal Privatunterricht. Der Klassenraum liegt im ersten Stock eines hübschen Palais aus dem 19. Jahrhundert, ein Spiegelsaal mit Parkett und Kronleuchtern. Geleitet wird die Schule von dem mächtig in die Jahre gekommenen, aber kunstvoll restaurierten Paar Mayoral und Elsa Maria, das laut Eigenwerbung schon etlichen Prominenten von Liza Minnelli bis Julio Iglesias den Tango beigebracht hat.

Elsa Maria, mit hennarotem Pagenkopf, versammelt die Frauen hinter sich, tanzt vor und scheucht dann eine Schar von Eintänzern auf uns, die uns durch den Saal schieben. In einer Pause setzt sich Mayoral zu mir, der nach mehreren Schönheits-OPs ein Gesicht so stramm wie ein Wasserball hat. Er erzählt von seinem Schäferhund (»Ich gebe ihm immer Befehle auf Deutsch«) und von seiner Erfindung »Health Tango«, einem medizinischen Präventivprogramm (»Das müssen Sie dringend in Deutschland einführen!«). Es ist alles so bezaubernd.

Am Tag darauf: die erste Privatstunde. Mein Lehrer Pablo erscheint mit schwarzem Hemd und handelsüblichem Pferdeschwanz, auf den ich von oben einen schönen Blick habe. Ein klassischer Buenos-Aires-Ken, aber mit Sonderausstattung: einem Brilli in der linken Augenbraue. Was ich schon in der Gruppenstunde verstanden habe: Argentinischer Tango ist im wesentlichen Gehen. Und man muss sich komplett in die Hände des Mannes begeben. Hirn ausschalten, mit dem Körper zuhören, den Kerl nicht zu erraten versuchen, dann klappt das schon. Mit anderen Worten: nicht. Nicht bei mir.

Liegt es daran, dass ich zu viel denke? Oder zu viel lache? (Innerlich! Beim Tango darf man nicht lachen.) Dass mir das Pathos abgeht, der Sinn fürs Drama und die etwas angestrengte Melancholie? Dass Pablo mir bis zur Unterlippe reicht und ich eher geneigt bin, ihn zu führen? Es müssen jedenfalls erst mal völlig neue Nervenbahnen zwischen seinem sanften Druck in meinem Rücken und meinen Füßen verlegt werden, Tanzen gehört nicht zu meiner Werkseinstellung. Hinterher bin ich völlig geschlaucht.

Eine Woche später: die zweite Privatstunde, diesmal mit Cesar. Und diesmal werfe ich hinterher das Handtuch. Vielleicht zu schnell, aber ich habe nun mal beschlossen, meine Zeit nur auf das zu verwenden, was ich mag, und nicht das, was ich gern mögen würde. Wie toll es wäre, Tango toll zu finden, aber … Braucht es mehr Beweise als dieses Bild?

»Daphne, Sie führen schon wieder.«

Die Tangoszene ist mir ohnehin etwas suspekt. Deutsche und japanische Tango-Touristinnen fliegen scharenweise nach Buenos Aires, darunter viele gut verdienende Singlefrauen auf der Suche nach der wahren Leidenschaft. Aber bei den Milongas, den Tanznächten, die nach Mitternacht beginnen und im Morgengrauen enden, werden sie als ausgemachte Stümperinnen zu Recht sitzen gelassen. Damit sie überhaupt mal zum Tanzen kommen, müssen sie sich Begleiter mieten, sogenannte *taxi dancers,* die sie für 20 Euro die Stunde begleiten und betanzen.

Tagsüber wandern sie durch die auf Tangoschuhe spezialisierten Fachgeschäfte auf der Suche nach der nächsten Demütigung. Eine Deutsche namens Sharon, die ich zufällig auf der Straße kennengelernt habe, nahm mich mit in den Tangoschuhtempel Comme il faut, einen winzigen Verkaufsraum im ersten Stock eines Hauses, an dem ein unscheinbares Firmenschild signalisiert: Ich bin eine Geheimadresse, bleibt mir bloß vom Leib, ihr Touris. Die Verkäuferinnen sind Meisterinnen der Kunst, gelangweilt in die andere Richtung zu gucken, wenn man Beratung braucht.

Hat man endlich ihre Aufmerksamkeit, schaffen sie ein zweites Kunststück: vor einem zu knien und trotzdem auf einen herabzublicken. Ein masochistisches Ritual, hier etwas kaufen zu wollen – aber ich habe sowieso noch nie den Kick verstanden, der für manche Frauen darin besteht, sich von Verkäuferinnen oder Friseuren schlecht behandeln zu lassen.

Nein, dann lieber eine Expedition in eine deutlich entspanntere Szene: die der *puertas cerradas*. Das sind Privatrestaurants hinter – so die wörtliche Übersetzung – geschlossenen Türen, die es in Buenos Aires zu Dutzenden gibt. So geheimnisvoll und klandestin, wie es klingt, ist es gar nicht. Man meldet sich auf einer Website an und hofft auf einen lustigen Abend im Kreis von Menschen, die man noch nie gesehen hat. Du weißt ja, dass ich nicht die geringsten Probleme damit habe, auf eine Party zu gehen, auf der ich keinen kenne. Im Gegenteil: keine Erwartungen = keine Enttäuschungen, aber immer mal wieder die angenehmsten Überraschungen.

So war es auch hier: Der New Yorker Dan Perlman schmeißt in seiner *puerta cerrada* Casa Saltshaker immer freitags und samstags Dinnerpartys für bis zu zwölf Leute. Das fünfgängige Menü mit Begrüßungsdrink, Wasser und passenden Weinen zu jedem Gang kostet 35 Euro, was in Buenos Aires schon am oberen Ende der Preisskala liegt.

Schauplatz war der Esstisch einer gemütlichen Wohnung in Recoleta. Die anderen Gäste: eine bunte Mischung von entspannten Kosmopoliten, wie man sie in Buenos Aires öfter trifft; Engländer, Amerikaner, Venezuelaner. In Nullkommanichts hatten die Werbefilmschauspielerin Ruta, ursprünglich aus Litauen, jetzt in Los Angeles lebend, und ich herausgefunden, dass wir eine gemeinsame Freundin in Hamburg haben: Kornelia! Kannst Du es glauben? Klitzekleine Welt. Sie schickt mir jetzt den Namen einer Bollywood-Schauspielerin in Mumbai, die soll ich unbedingt treffen. Genau das ist es, was ich am Reisen so liebe: dieses

Schneeballsystem, das den Planeten zu einer Dorfgemeinschaft schrumpft.

Schon während des Essens dachte ich: Das könnte ich auch. Das wäre eine Superidee für zuhause. Einmal im Monat ein Dinner für Unbekannte geben, fremde Menschen an meiner Tafel versammeln, mir die Welt ins Haus holen. Auch das kommt auf meine innere Wiedervorlage-Liste, ebenso wie die Idee aus Sydney, ich habe Dir schon davon erzählt: einen hedonistischen Buchclub gründen, mit Essen, Trinken und Fußmassagen. Hättest Du nicht Lust, so was mit mir auf die Beine zu stellen? Wäre das nicht ein Riesenspaß?

Nach dem Dinner ging ich selig nach Hause (übrigens kein Problem, hier als Frau nachts zu Fuß unterwegs zu sein, ich bin noch nie blöd angequatscht worden) und kam an einem noch geöffneten Musikgeschäft in meiner Straße, der Avenida Callao, vorbei. Im Fenster lag eine CD von Astor Piazzolla und Gerry Mulligan, die mich interessierte. Also rein, gekauft. Musik wiegt ja nichts, wenn man sie auf den Laptop zieht. Wieso sind hier um Mitternacht überhaupt noch so viele Leute?

Der Kassierer: »Wir haben hinten gleich noch eine Jam Session. Bleiben Sie doch.«

Klar bleibe ich. Das Hinterzimmer entpuppt sich als ausgewachsener Jazzclub mit weißgedeckten Tischen. Ich höre mir das Trio auf eine Whiskylänge an (und die ist hier lang, es wird gerecht eingeschenkt) und will gerade gehen, als ein älterer Herr auf die Bühne springt und mit brüchiger Stimme »Let's get lost« singt, einen meiner ewigen Lieblingssongs. Und in diesem Jahr meine heimliche Hymne: *Let's get crossed off everybody's list …* Er singt mich direkt an, es ist völlig wahnsinnig. Ich schlucke nur mühsam die Tränen herunter.

Das Glück des Reisens ist der Zufall. Nein, mehr als der Zufall: das Gefühl, die Welt meint dich. Sie blinzelt dir zu, sie schickt dir kleine Nachrichten per Spickzettel, die nur du verstehst. In dieser

43

kurzen Zeit hat es schon so viele unglaubliche Zufälle und Synchronizitäten gegeben, dass ... ach, ich weiß auch nicht. Wenn
ich das Gefühl beschreiben müsste, würde ich sagen: Weltgebor-
genheit. Fern der Heimat lauter kleine Bedeutungsheimaten zu
finden, Vertrautheiten, Muster, Zusammenhänge, das ist in jeder
Hinsicht ein Trip.

Natürlich schaut man den Sinn in die Dinge hinein. Reisen ist
wie ein Rorschach-Test. Ich sehe das Bekannte im Unbekannten, weil ich gar nichts anderes sehen kann. Ich sehe, was meiner
Wahrnehmungsfähigkeit entspricht und was ich sehen will, weil
ich mir vom Fremden eine Bestätigung oder eine Bereicherung
meines Weltbilds verspreche. Aber wie du in die Welt hinein-
schaust, schaut sie zurück. Und bisher winkt mir alles um mich
herum freundlich zu und sagt: Schön, dass du da bist.

Und noch eine Sache, die mich hier draußen zutiefst rührt: die
Freundlichkeit von Fremden. Denn ich schreibe Dir dies nicht aus
meiner eigentlichen Wohnung, ich bin innerhalb der Stadt noch
mal für ein paar Tage umgezogen. Vor zwei Wochen bekam ich
nämlich diese Mail von einem Leser:

»Sehr geehrte Frau Winnemuth,
ich bin in Buenos Aires geboren und habe dort meine Kindheit
verbracht – eine Stadt, die ich liebe und die mir immer wieder
Spaß macht, wenn ich sie besuche. Ich lebe seit 1985 in Deutschland.

Ich möchte Sie ganz herzlich einladen, für eine Woche in unserem Apartment in San Telmo zu wohnen. Die Einladung ist wirklich frei von irgendeiner Gegenleistung, Sie sollen weder drüber
schreiben noch es irgendwo erwähnen, wir werden es auch nicht
machen.

Ein Hintergedanke ist aber selbstverständlich dabei: Ich möchte, dass Sie San Telmo eine Woche lang so erleben, wie San Telmo

wirklich ist, ohne Klischees, ohne den Druck, dahin fahren zu müssen, einfach sich mit den Menschen dort wohl fühlen und sie kennenlernen. Von San Telmo ist viel geschrieben worden und es steht in jedem Reiseführer, aber dort zu wohnen ist noch mal etwas anderes. Die Menschen dort sind sehr freundlich und hilfsbereit.

Ich würde mich freuen, wenn Sie mein Angebot annehmen.

Beste Grüße, Andrès Semsey«

Unglaublich, oder? Unglaublich nett, und deshalb habe ich das Angebot auch angenommen. Auf San Telmo, den ältesten Stadtteil von Buenos Aires, war ich sowieso neugierig, ich hatte es bislang noch nicht so richtig dorthin geschafft. Was für ein Geschenk also, mittendrin wohnen zu dürfen.

Die Wohnung entpuppte sich als kleines Apartment mit einer Wendeltreppe in die obere Etage, in der Schlafzimmer und Bad liegen, und einem schmalen Balkon mit gusseisernem Gitter hinaus auf die ruhige Pasaje Giuffra. Das Schönste aber ist das Haus selbst: um einen verwunschenen Innenhof herum gebaut, auf dessen warmen Steinen Katzen dösen.

Abends und am Sonntag, wenn der große Antiquitätenmarkt stattfindet, wird San Telmo zu einer Art Tango-Disneyworld, tagsüber und unter der Woche ist es ein verschlafenes kleines Kopfsteinpflaster-Idyll. Die Stadt kommt hier wirklich zum Stillstand. Im Mercado kann man Rinderzunge und Perlmuttknöpfe kaufen, im Fenster der Bar Sur hängt ein vergilbtes Foto, das den Besitzer stolz mit »Frank Beckembaüer« zeigt (und mit Liza Minnelli, die übrigens in jedem Fenster der Stadt hängt, die hat hier wirklich nichts ausgelassen). Im Eckcafé La Poesìa, in das ich jeden Tag mit meinem Laptop ziehe, sitze ich immer an einem Fenstertisch mit einer verkratzten Messingplakette, fast nicht mehr zu entziffern: »An diesem Tisch hat der Dichter Horacio Ferrer 1982 Lucia Michelli kennengelernt. *El mismo amor los une desde entonces«*, steht da: Seit damals vereint sie die gleiche Liebe. Wie wunderschön. Wenn ich noch dazu komme, versuche ich die beiden mal aufzutreiben.

Aber die Zeit wird langsam knapp, nächste Woche fliege ich schon weiter nach Mumbai. Mir ist etwas flau bei dem Gedanken, ehrlich gesagt. Die ersten beiden Monate habe ich in nahezu heimischer Umgebung verbracht. Auch wenn ich noch nie zuvor in Buenos Aires war: Die Stadt habe ich auf Anhieb wiedererkannt, das war wie eine Heimkehr. Eine Heimkehr in ein gefühltes Europa zumindest, das mir hier draußen in der Welt plötzlich tatsächlich wie die Einheit erscheint, die man uns immer einzureden versucht und die ich in den engen Grenzen Deutschlands nie spüre. Mumbai dagegen und danach Tokyo und Shanghai, das sind Städte für Fortgeschrittene. Moloche. Da kann man auch emotional leicht mal verloren gehen.

Vielleicht wollte ich mir deshalb eine Erinnerung zum Anfassen und Festhalten in den Koffer packen: In einem der Antiquitätengeschäfte von San Telmo habe ich ganz hinten links in einer Ecke eine einsame kleine versilberte Teekanne mit der Gravur »Pension Callao« entdeckt. Und weil ich doch diesen Monat so glücklich in meinem Palast in der Avenida Callao verbracht habe, musste ich einfach … klar, oder?

Mein Spanischkurs hat sich sofort bezahlt gemacht. »Esta teteria mi gusta, cuànto cuesta?«

Ich hab sie sogar von 45 auf 25 Euro heruntergehandelt (langes grübelndes Drehen in den Händen, Stirnrunzeln, Zurückstel-

len, bedauerndes Seufzen – »demasiado« –, huldvolles Nachdenken über einen Gegenvorschlag, Zaudernzaudernzaudern: alles von meiner Mutter gelernt). Vielleicht bescheuert, aber mir gefällt die Idee, mit einer versilberten Teekanne um die Welt zu reisen. Es hat was von Phileas Fogg.

Ich glaube, so seltsam das klingt, dass dieses Kännchen noch ganz wichtig für mich werden könnte. Es könnte ein ambulantes Zuhause für mich werden, ein kleiner wärmender Trost, wenn ich einen Durchhänger habe. Und der wird kommen, da mache ich mir keine Illusionen. Früher oder später wird mich der Reisekater erwischen. Besser also, ich bin gerüstet. Und das bin ich jetzt: Es gibt nichts, was eine Kanne Tee nicht reparieren könnte.

Ich habe außerdem die etwas meschuggene Idee, die Städte per Tee miteinander zu verbinden. Aus Buenos Aires nehme ich mir eine Packung Mate mit und trinke den dann morgens in Mumbai. Und indischen Tee in Tokyo. Und japanischen Tee in Shanghai. Und so weiter. Ein Reigen aus Tee, einmal um die Welt.

Wie gesagt, ein bisschen albern. Aber ich glaube auch, dass ich ganz ohne Rituale und Gewohnheiten nicht durch dieses Jahr kommen werde. Dafür sind die Städte einfach zu verschieden, der stete Wechsel wird mir noch einiges abverlangen. Da ist es schön, das Zuhause schon im Koffer zu haben.

Ich koche mir gleich schon mal die erste Kanne und proste Dir innerlich zu. Wie schön wäre es, wenn Du hier wärest. Aber wie viel schöner ist es, dass Du immer da bist, egal wo ich mich gerade herumtreibe. Fühl Dich umarmt, meine liebste Haushofmeisterin, fühl Dich ganz wie zuhause bei mir und grüß mir mein altes Hamburg.

Besos und ein dreifaches ¿¿¿, Deine Meike

PS: Die Stehlampe neben dem Sofa hat einen Wackelkontakt; wenn man sie langsam einschaltet, geht's.

10 Dinge, die ich in Buenos Aires gelernt habe

1. Spanisch. *Un poquito.* Und dass ein großes Latinum doch zu etwas gut ist.

2. Das Vorübergehende zu lieben. Mehr *estar,* weniger *ser.*

3. Das Flanieren zu lieben. Das ziellose Herumspazieren, ohne etwas Bestimmtes vorzuhaben, dem Zufall in die Arme laufen.

4. Mein Alter zu lieben. Ebenfalls ein Abfallprodukt des Sprachunterrichts: Im Spanischen gibt man sein Alter mit dem Verb *tener* an – haben, besitzen. *Tengo cincuenta años.* Nicht: Ich *bin* 50, sondern: Ich *besitze* diese 50 Jahre. Sie gehören mir. Das finde ich ein prima Konzept, mit dem Altern umzugehen: indem man es als Eigentum betrachtet. Als Vermögen, nicht als Mangel.

5. Tango ist von der ewigen To-Do-Liste gestrichen. Ausprobiert, abgehakt. Man kann nicht alles lieben. (Aber man sollte zumindest alles mal versucht haben.)

6. Die Freundlichkeit von Fremden anzunehmen. Ganz schwierige Übung für mich. Ich bin so erzogen worden, niemandem etwas schuldig zu sein. Kaufmannsfamilie, quid pro quo, das kriegt man nicht so schnell aus dem System. Hier draußen in der Welt hingegen gelingt es mir, ein Geschenk einfach mal als Geschenk zu akzeptieren, dankbar und ohne zwanghafte Wiedergutmachung, sei es eine Essenseinladung oder das Angebot, mal eben in eine fremde Wohnung zu ziehen.

7. Und dabei gleichzeitig: was für einen Gefallen man sich selbst tut, indem man anderen einen Gefallen tut. Eines der größten Vergnügen in diesem Jahr dürfte meine Idee werden, Aufträge Wildfremder zu erfüllen. Bereichernd, erhellend. Und manchmal auch nur kindischer Pfadfinder-Spaß.

8. Es gibt tatsächlich eine Stadt auf der Welt mit noch mehr Hundehaufen auf der Straße als Berlin.

9. Man kann es schaffen, einen ganzen Tag lang nichts anderes als Eis zu essen. Und das Beste daran: Niemand kann mir da reinquatschen.

10. Glück ist ein Gefühl von Möglichkeit. Sich ein anderes Leben vorstellen zu können, in einer anderen Stadt, mit einem anderen Beruf. Heißt ja nicht, dass man's macht. Aber die reine *Möglichkeit* …

Lieber Clemens, alter Sack,

hol mich hier bitte raus. Es geht nicht mehr, ich halte es nicht mehr aus. Nicht mehr in Mumbai, nicht mehr mit meinem Reiseblues. Du würdest mich nicht wiedererkennen: Ich bin dünnhäutig, erschöpft, dauergenervt, dauerwütend. Alles nur wegen Indien.

Ich verzweifle an diesem Land. Ich kann Indien nicht. Ich habe das Gefühl, wieder und wieder gegen eine große bunte Wand anzurennen und mir dabei eine Beule nach der anderen zu holen. Ich dachte immer, ich bin gut in solchen Umgebungen, ich floriere im Chaos von Megacities. Je größer, desto besser. Als wir vor zwei Jahren in Bangkok waren, hatte ich nicht die geringsten Probleme mit der Stadt, im Gegenteil. Ich dachte: hier mal für drei Monate herziehen, das wär's. Wie kann es sein, dass ich an Mumbai so sehr scheitere? Kann man für einige Städte ein Talent haben, für andere nicht?

Vorher hatten ja schon einige die Brauen gehoben, vor allem die Indienkenner: Mumbai, wirklich? Nicht lieber erst mal Indien light, Goa oder Kerala, das Erleuchtistan der Althippies und Yoga-Tussis? Ich habe es ignoriert, ich blöde Kuh.

Mumbai schafft mich. Ist es zu stark, bist du zu schwach.

Okay, Herr Doktor, ich leg mich mal kurz auf Deine Couch, ja? Versuchen wir eine Diagnose. Oder vielleicht erst mal eine Krankengeschichte. Was ist mit mir los?

Es fing schon beschissen an: 14 Flugstunden Buenos Aires – Sao

Paulo – London (mit vier Kleinkindern in meiner Sitzreihe und einem kaputten Entertainment-System = 14 Stunden unverdünnte Hölle), drei Stunden Aufenthalt, 10 Stunden London – Mumbai. Ein Mörderritt. Ich habe mich zum ersten Mal dafür in den Hintern gebissen, dass ich immer nur Economy fliege, aber ich sehe es nun mal nicht ein, für die paar Stunden Bequemlichkeit absurdes First-Class-Geld hinzulegen. Ich muss am Zielort ja keine Millionendeals verhandeln oder Hirn-OPs durchführen, da ist es egal, in welchem Zustand ich ankomme.

In Mumbai dagegen zunächst: Karma, Baby! Das Four Seasons hatte von meiner Weltreise erfahren und mich eingeladen, zwei Nächte lang meinen Jetlag in einem Fünf-Sterne-Bett auszuschlafen. Ein livrierter Fahrer holte mich nachts um halb zwei vom Flughafen ab, die Fahrt führte durch eine Geisterstadt. Es ist sehr, sehr dunkel in der Mumbaier Nacht, kaum Straßenbeleuchtung. Man ahnt mehr, als man sieht. Liegt da wirklich jemand am Straßenrand und schläft? Oh Gott, er schläft doch hoffentlich nur? Kilometerlang führte die Stadtautobahn an Slums vorbei, der Fahrer schwieg, ich auch. Hotel, eingecheckt, der Länge nach ins Bett gekippt. Wieder aufgestanden und mit letzter Kraft das *Do not disturb*-Schild rausgehängt.

Um 16 Uhr aufgewacht. Frühstück geordert. Vorhänge aufgezogen. Und sofort gewusst: Mumbai wird eine Nagelprobe für mich. Aus dem wohl klimatisierten 28. Stock des Four Seasons blickt man durch den Smog auf das, was hier als Innenstadt gilt: eine apokalyptische graubraune Masse aus Wellblechhüttensiedlungen, Bauruinen, Hochhausskeletten, Dreck. In der Ferne mattgrau das Arabische Meer. Ich habe nie gewusst, dass sogar Meer trostlos aussehen kann.

Ich saß da oben frisch geduscht in meiner luxuriösen kleinen Seifenblase und starrte auf die Wirklichkeit hinunter. Und dachte: *fuck. Fuckfuckfuck*. Ich will da nicht raus. Ich habe hier nichts zu suchen. Ich habe mich komplett und total und mit jeder Faser fehl am Platz gefühlt, das war eine fast physische Reaktion, so was habe ich noch nie erlebt.

Okay, erst mal tief durchatmen. Frühstücken. Halb betäubt einen Text fertig schreiben. (Ich hatte durch den Flug eine Deadline gekillt.) Zwischendurch mal wieder aus dem Fenster gucken. *Fuck.* Sah immer noch schlimm aus.

Am nächsten Tag mit einem Taxi in meine eigentliche Bleibe, das Krishna Palace Hotel am krakenförmigen Verkehrsknotenpunkt Nana Chowk. Diesen Monat lohnt sich keine Wohnung, ich werde ja die letzten zehn Tage mit Rose durch Rajasthan fahren. Das Hotel: saubere Mittelklasse, hauptsächlich indische und asiatische Geschäftsreisende. Nebenan Geschäfte für Linoleum, Holz und Kloschüsseln, um die Ecke ein Gemüsemarkt.

Die Fahrt dahin: quälend langsam, die Stadt ist ein einziger Stau. 18 Millionen Einwohner auf einer Halbinsel, die höchstens für drei reicht; vielleicht sind es auch 20 Millionen oder 24, keiner weiß das so genau. Die Stadt erstickt an sich selbst. Hier die Luft zu atmen, entspricht dem Äquivalent von zweieinhalb Päckchen Zigaretten pro Tag, las ich. Und dass die Durchschnittsgeschwindigkeit einer Autofahrt bei 20 Stundenkilometern liegt.

Umso besser, denn ich klebte mit der Nase an der Scheibe: Eine Frau in einem neonpinken Glitzersari, zwei Männer ziehen einen Karren mit Zementsäcken, einem Mann werden auf dem Bürgersteig die Haare geschnitten, einem anderen ein Zahn gezogen (so sah es jedenfalls aus), Leute verkaufen undefinierbares Grünzeug auf einer Plane knapp unterhalb der Auspuffe – unmöglich, all das aufzunehmen, abzuspeichern, in die zuständigen Hirnregionen einzusortieren. Erst mal zugucken, zuhören, Witterung aufnehmen. Verstehen kommt später, wenn überhaupt. Das wäre vermutlich schon mal die erste wichtige Lektion für mich, die ewige Verstehenwollerin.

Die zweite folgt am Nachmittag, als ich, wie immer an einem neuen Ort, in konzentrischen Kreisen um mein Zuhause spazierte: Ich bin ein Alien. Hier geht kein Westler außer mir zu Fuß. Ich werde angestarrt, als ob ich irgendwo entsprungen wäre. Gehen ist für Arme, die sich nichts anderes leisten können. Zum Vergnügen spazieren gehen, mir die Stadt erlaufen, wie ich das bisher immer gemacht habe: gehört sich nicht.

Du weißt ja: So was macht mich nur bockig. Jetzt erst recht, pah. Am nächsten Tag, einem Samstag, fuhr ich mit der S-Bahn ins Zentrum. Während der Rushhour muss sie unerträglich voll sein, immer wieder kommt es zu Unfällen, weil Leute aus den über-füllten Wagen fallen, Türen gibt es keine. Doch Samstag um die Mittagszeit: kein Problem. Ich wollte schlau sein und habe gleich zehn Tickets gekauft – schön blöd, denn auf Vorrat geht hier in Indien schon mal gar nichts. Eine Fahrkarte ist eine Stunde gül-tig, dann verfällt sie. Der Schaden hält sich allerdings in Grenzen: Ein Ticket kostet 4 Rupien, 6 Cent. 6 Cent! Es gibt eigene Wa-gen nur für Frauen, die man aber nicht nehmen muss, es ist nicht Verbannung, sondern Schutz. All das erklärte mir ein netter Herr auf der Sitzbank gegenüber, als ich bemerkte, dass ich mal wie-der die einzige Westlerin hier war. Offensichtlich wird erwartet, dass Europäer und erst recht Frauen 1. Klasse reisen. Okay, beim nächsten Mal. Vielleicht.

Endstation Churchgate ausgestiegen, einfach losgegangen ohne Stadtplan. Gegenüber der Station liegt ein Cricketfeld, dahinter mehrere alte Gebäude: der dem Big Ben nachempfundene Rajabai Tower und der Oberste Gerichtshof, bewacht von Maschinenge-wehrsoldaten, die auf der Straße regelrechte Schützenstände auf-gebaut haben. Fotografieren der Gebäude ist verboten, ich wurde mit knappem Gewehrwinken vertrieben. Weiter die Straße hin-unter, irgendwo hier muss das Meer kommen.

Kam aber nicht. Stattdessen erst Trümmergeröll vor toten Häusern, dann der Slum von Colaba. Ich bin nicht durchgegan-gen, ich habe mich nicht getraut und ich hätt's auch nicht ge-konnt. Noch nie zuvor habe ich meine Neugier unanständig gefunden, ich gehe immer überall rein und gucke und frage, Du kennst mich. Hier: unmöglich. Mit welcher Berechtigung hätte ich dort durchwandern dürfen? Nur um mal zu gucken, wie groß genau das Elend ist? Wie erbärmlich die Leute hausen? Es ging einfach nicht. Es reichte auch so. Genau gegenüber lagen Apartmenthäuser mit Namen wie *Lovely Home*, gut in Schuss, mit teuren Wagen vor der Tür. Auf meiner Straßenseite, der Slumseite, parkte ungerührt ein schwarzer Mercedes mit getönten Scheiben neben einem bestialisch stinkenden Müllcontainer ein, den ein Slumbewohner gerade nach ein paar Essensresten durchwühlte.

Im Four Seasons dachte ich noch, es gäbe ein Oben und Unten. Jetzt sehe ich, dass es nur ein Nebeneinander gibt. Die Welten kollidieren geräuschlos. Nein, sie koexistieren. Und es ist nur mein westlicher Blick, gewohnt daran, dass die Gegensätze hübsch sauber in unterschiedliche Kisten sortiert werden, der das so unfassbar findet.

Nach ein paar Tagen wurde es besser. Ich habe mich gewöhnt, ich habe mich ergeben. Ich habe gelernt, nicht auf die Arme von Kindern zu treten, die auf dem Bürgersteig schlafen, oder über Schuster und Handyreparierer zu stolpern, die ihre Werkstätten jeden Morgen auf einer Plastikplane auf dem Bürgersteig eröffnen. Ich habe gelernt, im Windschatten anderer die Straße am Nana Chowk zu überqueren, im Strom einer Masse, die sich todesmutig zwischen die rollenden Autos gießt. Irgendwann werde ich auch lernen, angestarrt, angebettelt, angefasst zu werden. Ich habe mir den Rat einer Blogkommentatorin zu Herzen genommen: »Es funktioniert nur, wenn man einfach ›mitfließt‹ und nicht permanent versucht, alles, was einem dort begegnet, zu verstehen oder einzuordnen.« Eine andere schrieb: »Reisen heißt auch: die und das Fremde aushalten.«

So ist es. Was aber weit anstrengender ist: auszuhalten, wie man sich selbst allmählich fremd wird. Ich bin hier eine andere, und zwar eine, die ich nicht mag. Die ich nicht ausstehen kann. Um heil durch die Straßen zu kommen, muss ich zum Arschloch werden. Zu jemandem, der Bettler missachtet und Händler ignoriert, der einen starren Blick hat, eine kalte Miene und ein gepanzertes Herz. Der nichts an sich heranlässt, ein Teflon-Roboter. Ich hasse diese Person, zu der mich Mumbai macht. Ich schaue den Leuten, besonders den Männern, nicht mehr direkt in die Augen. Ich lächle nicht mehr. Ich habe mir ein gewisses Tempo zugelegt, wenn ich durch die Stadt gehe. Ich bin ein bewegliches Ziel, schlage Haken, mache mich unkalkulierbar. Bleibe ich irgendwo stehen, an einer Ampel zum Beispiel oder um etwas zu fotografieren, werde ich mit Sicherheit angesprochen, weil mich einer zu den Sehenswürdigkeiten der Stadt führen will, insbesondere der größten: seinem Cousin, der wahnsinnig billige Handys hat. Bettlerinnen ziehen so lange an einem, bis man ihnen einmal entnervt etwas gibt, damit sie verschwinden. Straßenhändler schmeißen sich einem so lange mit *Ma'am, look, ma'am, hello, hello, look, ma'am, look, hello, ma'am* in den Weg, bis man einmal stehen bleibt. Indien ist wie Spam: Dieses Nerven klappt vielleicht in einem von 100 Versuchen, aber das reicht. Und deshalb wird es gemacht. Es ist ein täglicher Kleinkrieg, den ich je nach Laune mal besser, mal schlechter ertrage, aber nie gut.

Und genau das, mein Lieber, ist es, was mich hier so zermürbt: der Selbstverteidigungskurs, zu dem ich genötigt werde. Die Rüstung gegen das Elend, die ich mit mir herumschleppe. Es ist kein Ankommen hier, es ist eher ein ständiges Entkommen. Ich bin natürlich selbst schuld: Ich bestehe darauf, mich hier zu Fuß zu bewegen, statt mir, wie es von Besserverdienern und Touristen erwartet wird, einen Wagen mit Fahrer zu nehmen oder zumindest ein Taxi.

Kann schon sein, dass ich das Spazierengehen irgendwann aufgeben werde, doch mir würde einfach zu viel entgehen. Nicht weit von mir liegt zum Beispiel das Nobelviertel Malabar Hill, mittendrin ein Park und darin etwas, was auf meinem Stadtplan

Towers of Silence hieß. Also hin. Ich wurde gleich am Eingang von einer Wache abgefangen: »Sorry, ma'am. Nur für Parsen.«

Zuhause googelte ich nach, was es damit auf sich hatte – und machte mich sofort ein zweites Mal auf den Weg, nur um möglicherweise doch einen Blick auf die ominösen Türme zu erhaschen. Denn die Geschichte ist einfach zu toll, pass auf:

Parsen sind eine religiöse Minderheit, Anhänger der Lehre von Zarathustra und deshalb im 9. Jahrhundert aus Persien – daher ihr Name – vertrieben worden. Kaum 90 000 gibt es heute weltweit noch; sie sterben aus, denn sie dürfen nur untereinander heiraten, akzeptieren keine Kinder aus Mischehen und auch keine Konvertiten. Parsen gehören zu den einflussreichsten Familien hier in der Stadt, der Großindustrielle Ratan Tata gehört zu ihnen, der Dirigent Zubin Mehta – und auch Freddie Mercury, geborener Farrokh Bulsara, war Mitglied einer strenggläubigen Parsenfamilie auf Sansibar.

Weil für die Parsen Erde, Wasser und Feuer heilig sind, dürfen diese Elemente nicht durch Beerdigungen verunreinigt werden. Also legen sie ihre Toten auf die Dächer der *Towers of Silence,* sechs stadionartigen Bauwerken, und überlassen sie den Geiern und Raben zum Fraß. Tatsächlich sieht man die Vögel ständig an dieser Stelle kreisen. Weil allerdings die Geierbevölkerung von Mumbai durch diverse Umweltgifte stark dezimiert ist, funktioniert dieses Ritual nicht mehr sonderlich gut. Eine Zeit lang versuchte man sogar, Bengalgeier zu züchten – nicht nur für die Parsen, auch für die Beseitigung von verendeten heiligen Kühen in den Straßen.

Derzeit gibt es Überlegungen, Sonnenkollektoren zu installieren, um den Verwesungsprozess zu beschleunigen – es kann inzwischen bis zu einem Jahr dauern, bis eine Leiche »dekarniert«, also entfleischt ist. Die Knochen werden anschließend in der Mitte des Turms gesammelt, dort in Säure aufgelöst und durch verschiedene Sand- und Kohlefilter geleitet. Und schließlich dem

Meer zugeführt. (Freddie Mercury wurde übrigens feuerbestattet, elektrische Krematorien gelten als akzeptable Notlösung.) Noch mal, weil's so schön ist: feines Viertel, zentrale Lage – und kreisende Geier, die die Leichen der oberen Zehntausend abnagen. Sehn 'se, det is' Mumbai.

Oder das hier: der größte *dhobi ghat* von Mumbai, eine Open-Air-Wäscherei mitten in der Stadt, in die Hotels ihre Wäsche und die der Gäste liefern. Ich wollte mir mal anschauen, wo meine Klamotten landen, die ich morgens weggebe und abends zurückbekomme, die T-Shirts akkurat um Pappe herumgefaltet. Und der Anblick ist unglaublich, wie eine Szene aus dem Mittelalter. 200 *dhobis* – Waschmänner – und ihre Familien arbeiten hier, das Geschäft ist erblich. Die Wäsche wird in Betonwannen eingeweicht, geschrubbt, geschlagen, gespült, in Kessel mit Stärke geworfen, aufgehängt oder auf Dächern zum Trocknen ausgelegt, akkurat zusammengefaltet. Keine Ahnung, wie sie das Zeug unter diesen Umständen sauber kriegen, auseinanderhalten und wieder an die richtige Stelle zurückbringen, aber irgendwie funktioniert es.

Abends esse ich, müde von meinen Ausflügen, oft im Hotelrestaurant, als einzige Europäerin und Einzige, die unter all den Großfamilien und Geschäftsfreunden allein am Tisch sitzt. Das Essen ist phantastisch: Murgh Angara (Huhn, mittelscharf mit Koriander und Minze), Paneer (der typisch indische ricottaeske Käse) mit Paprika und Kokosmilch, Naan mit extra viel Chili und Wassermelonen-Gurken-Saft. Im Fernseher läuft die Cricket-WM, die derzeit im Land ausgetragen wird. Die Zeitungen sind voll davon, die Sache wird hier ähnlich hingebungsvoll zelebriert wie eine Fußball-WM bei uns. Die Kellner bringen mir die Cricket-Regeln bei, bis zum Ende meines Indien-Monats will ich zumindest eines geschafft haben: zu verstehen, worum es bei diesem Spiel geht.

Ziemlich einsam klingt das alles? Stimmt. Es ist wie verhext, aber ich komme einfach nicht in diese Stadt rein. Mein übliches Freund-eines-Freundes-Netzwerk versagt, und wenn es dann mal eine Verabredung mit Einheimischen gibt, kann ich sicher sein, dass sie im letzten Moment abgesagt wird oder ich ohne Erklärung versetzt werde.

Gestern zum Beispiel sollte ich Kashmera Shah treffen, ein Bollywood-Starlet, deren Adresse ich von einer litauischen Werbefilmschauspielerin in Buenos Aires bekommen hatte.

Man muss sich Kashmera als eine indische Daniela Katzenberger vorstellen: eine kleine Skandalnudel, die gerade versucht, mit einem erotischen Kalender Aufmerksamkeit zu erringen. Könnte klappen in einem Land, in dem Filmküsse der Gipfel der Obszönität sind – ich erinnere mich noch gern an den Haftbefehl, der vor ein paar Jahren gegen Richard Gere erlassen wurde, als er eine indische Kollegin bei einer Wohltätigkeitsveranstaltung auf die Wange geküsst hatte. Der Austausch von Körperflüssigkeiten, selbst das Trinken aus demselben Glas, gilt als zutiefst ekelerregend, das Tragen eines schulterfreien Tops als indiskutabel obszön. Auftritt Fräulein Shah:

Doch, das ist allen Ernstes ihre Idee von einem erotischen Kalen-

der. Mit anderen Worten, ich freute mich wirklich auf sie. Sie schlug als Treffpunkt das Marriott Hotel in Juhu Beach vor, eine etwa einstündige Taxifahrt Richtung Norden. Na schön. Erst die rituelle Taxi-Abzocke: Der Fahrer wollte nicht den Zähler einschalten, mir dann zusätzliche 100 statt 50 Rupien für die Route über den schnelleren *Sea Link* abknöpfen und mich schließlich auf halbem Weg ganz rauswerfen, ich solle mir doch eine Motorrikscha für den Rest des Weges nehmen, er bekomme hier oben kein Benzin (Tank war halbvoll). Ich bin das Spiel inzwischen gewohnt; jede Fahrt muss zäh verhandelt werden.

Im Marriott die seit den Anschlägen übliche Flughafenschleuse und Körperkontrolle am Eingang, hier netterweise durch eine Frau. Ich war früh dran, ich wollte noch an den Hotelstrand gehen: »Sorry, ma'am, nur für Gäste« – natürlich, seid bloß nicht zu freundlich. Im Café ein Kännchen Beuteltee. Und warten. Und warten. Und warten. SMS geschickt, keine Antwort. Nach einer Stunde aufgegeben, zurück in die Stadt. Nur war da schon Rush hour, keine Chance auf ein Taxi auf der Straße. Der Portier besorgte mir ein Pre-Paid-Taxi, natürlich für den dreifachen Preis. Rückfahrt: zwei Stunden. Vier Stunden Sinnlosigkeit, ein typischer Nachmittag in Mumbai.

All das ist, so anstrengend es ist, natürlich zu etwas gut. Ich möchte fast wetten, dass Mumbai, die verdammte Nervensäge, am Ende dieses Jahres die tiefsten Spuren in mich hineingefräst haben wird. Ich habe es schon immer gemocht, aus meiner Komfortzone gestoßen zu werden und so lange den Kopf über die Dinge zu schütteln, bis mir schwindlig wird. Verunsicherung, Herausforderung, Desorientierung, Staunen: Warum reist man sonst? Um genau so unberührt wieder abzufahren, wie man gekommen ist? Um seine Langeweile mal in einer anderen Umgebung Gassi zu führen?

Und doch, ich gerate hier immer wieder an meine Grenzen. Ich laufe mit der Faust in der Tasche durch die Stadt, ich habe einen heiligen Zorn auf alles und jeden. Auf die Backpacker am Colaba Causeway, die schon morgens beim Bier im Café Leopold sitzen, elend schlechte Pizza und Spaghetti bestellen (in Indien, Herrgott!) und damit angeben, dass sie nebenan eben ein Paar Ledersandalen von 2 Euro auf 1,50 Euro runtergehandelt haben.

Auf die Konditoren, die ihr Gebäck mit Blattsilber belegen, jedes Jahr werden auf diese Weise 275 Tonnen Silber gegessen.

Auf die weiblichen Bettelbanden, die Babys von den ärmsten Einwanderern aus dem Südosten mieten, um mehr Mitleid zu erregen. Ein drei Monate altes Baby kriegt man für 100 Rupien am Tag (rund 1,60 Euro), ein einjähriges Kind für 50, ein dreijähriges für 30 Rupien. Durch die Zeitung ging auch diese Geschichte: Ein Ehepaar findet zufällig heraus, dass ihre Nanny ihr Baby ebenfalls tagsüber zum Betteln vermietet hat. Das Kind war durch Sedativa ruhiggestellt worden.

Auf den Erdölmagnaten Mukesh Ambani, der gerade für 750 Millionen Dollar das größte Privathaus der Welt in die Stadt geklotzt hat. Ich habe es mir von außen angesehen: 27 Stockwerke, 173 hässliche Meter hoch, 37 000 Quadratmeter nur für sich, die Frau Gemahlin, die drei lieben Kinderlein und die Frau Mama (plus die 600 Angestellten, ohne die es nun wirklich nicht geht). Sechs Etagen allein für den Fuhrpark samt eigener Werkstatt. Im 9. Stock liegt die hauseigene Notfallklinik, im 11. Stock das Schwimmbad und der Fitnessclub, ferner gibt es einen Krishna-Tempel, ein Kino, einen Ballsaal und eine Diskothek, drei Gärten und einen Vogelpark. Auf dem Dach drei Hubschrauberlandeplätze, damit es beim An- und Abflug der Gäste nicht zu Staus kommt.

Und am allermeisten bin ich wütend auf meine Wut und meine Ohnmachtsgefühle. Ich muss hier nicht leben, ich habe die Gnade der europäischen Geburt, ich kann jeden Morgen dem Herrgott auf Knien danken für mein Leben. Ich war schon vor meinem Gewinn im Vergleich zu einer Milliarde Inder stinkreich, jeder von uns ist das. Und ich habe ein Weiterflugticket in der Tasche. Also warum bin ich bloß so aufgebracht? Weil ich so elend versage bei dem Versuch, mich diesem Ort zu nähern? Weil Mumbai es geschafft hat, mich mürbe zu machen?

Meine bisherige Erfahrung beim Reisen war immer, dass man in eine Art Dialog mit einem Ort tritt. Wie man auf eine Stadt zugeht, so antwortet sie auch. Wenn einem die Stadt allerdings wiederholt in die Hand beißt, obwohl man versucht, sie zu streicheln, dann hat man irgendwann keine Lust mehr. Und das ist genau das, was hier gerade passiert: die berüchtigte Reise-Todesspirale. Die bisher eher freudlosen Erlebnisse führen dazu, dass ich dichtmache – und dass mir folglich kaum noch etwas Gutes widerfährt. Ich rechne mit dem Schlimmsten, und genau darum passiert es mir auch. Das mit Mumbai und mir wird nichts mehr, fürchte ich, die Beziehung ist zerrüttet. Wir haben alles probiert, wir waren in Paartherapie, es hat nichts genützt. Das Scheidungsverfahren läuft. Ein Schuldprinzip gibt es auch hier nicht: Es gehören immer zwei zum Scheitern einer Beziehung.

Du ahnst gar nicht, wie froh ich unter diesen Umständen über das Internet bin. Was für eine Erleichterung das oft war, mich im Blog ausheulen zu können oder beim Skypen mit Katharina. In der Ferne ist das Internet eine Nähemaschine, es liefert Unterstützung, Ermunterung, Halt, Trost. Hätte ich vorher nie gedacht, dass ich einmal so darauf angewiesen sein würde.

Und zwar nicht nur in den schwarzen Momenten: Ohne E-Mails, Facebook, Google wäre diese Reise eine völlig andere, nie hätte ich am Ende der Welt ohne jede Vorplanung die Leute getroffen und die Orte gefunden, die ich bisher schon gesehen habe. Nichts ist mir derzeit kostbarer als mein Laptop, meine Verbindung zu einer Welt, die freundlicher ist als meine direkte Umgebung. Ich zahle jeden noch so übertriebenen Preis für Onlinezugang, sollen sie mich im Hotel doch ausnehmen, mir egal. Und wenn Du mich fragst, was ich aus meinem Hotelzimmer retten würde, wenn es brennt: Pass, Macbook Air und meine silberne Teekanne aus Buenos Aires, an der ich mich gerade festklammere wie an einem Rettungsring.

Ich habe ernsthaft überlegt, ob ich abhaue aus der Stadt, bis Rose kommt, ob ich mich in so einem blöden Ayurveda-Spa einmiete und mir wie die anderen Westtouristen meine Verspannungen von einer miserabel bezahlten analphabetischen Masseuse mit Öl beträufeln lasse (oh, da wächst sie wieder, die Faust in der Tasche). Stattdessen konzentrierte ich mich lieber auf mein nächstes Ziel Tokyo, machte ein Apartment klar, kontaktierte die ersten Leute.

Und dann passierte Fukushima. Und plötzlich wurde alles anders.

Ich sitze seit Tagen in meinem Hotelzimmer vor dem Laptop, lese die Nachrichten, sehe, wie der Tsunami ganze Dörfer wegschwemmt, sehe die Explosionen in den Kernreaktoren, versuche zu begreifen, was da passiert ist und immer noch passiert. Ich weiß, ich muss bald eine Entscheidung treffen, aber ich bin wie gelähmt. Was mache ich? Fahre ich trotzdem nach Japan, jetzt erst recht? Oder jetzt auf keinen Fall, weil noch keiner eine Ahnung hat von Nachbeben, Kernschmelzen, radioaktiver Belastung? Aber man muss doch jetzt nach Tokyo, man kann die doch nicht einfach im Stich lassen! Blödsinn, ich weiß, aber bei mir regiert gerade ausschließlich das Stammhirn. Ich brauche sicher noch ein paar Tage, bis sich die Vernunft wieder einschaltet. Ich bin gerade völlig durcheinander.

Oder soll ich ganz abbrechen? Die Reise hat – auch durch Mumbai – alles Spielerische verloren, alle Leichtigkeit. Mein Plan, lustig über den Erdball zu hopsen und überall mal meinen großen Zeh reinzuhalten, kommt mir gerade seltsam unanständig vor. Die Lage ist ernst, die Welt ist aus der Bahn geworfen. Darf ich da einfach weiter mein Ding durchziehen? Oder ist das nur wieder so eine typisch deutsche Frage? Was würdest Du an meiner Stelle tun? Sattel Dein Motorrad und rette mich, großer Reiseguru!

Nein, tu's nicht. Ich warte jetzt auf Rose, die landet hier am Wochenende. Dann werden wir uns betrinken, dann werden wir nach Rajasthan reisen, und dann wird alles gut. Und Du kriegst aus jedem Ort eine Postkarten-E-Mail, versprochen. Schon allein, weil Du mein Gequengel hier aushalten musstest.

Fette Umarmung von Deiner M

PS: Dies wollte ich Dir doch noch zeigen, weil es mich gerade so gerührt hat; gefunden im kleinen Ghandi-Museum hier um die Ecke.

Im obersten Stock finden sich lauter fernsehergroße Schaukästen mit Szenen aus Ghandis Leben. Der Augsburger-Puppen-kisten-Charme ist an sich schon mal bezaubernd, aber ganz wunderbar tränentreibend ist die Todesszene von Kasturba, mit der Ghandi 62 Jahre lang verheiratet war: er im Schneidersitz, sie mit dem Kopf in seinem Schoß. Sie wurden mit sieben Jahren miteinander verlobt,

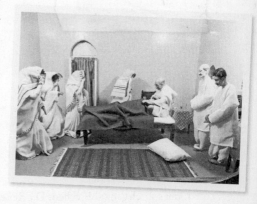

bei der Hochzeit waren sie 13 und 12. Angeblich sind arrangierte Ehen nach einigen Jahren Zusammenleben ja so glücklich wie unsere westlichen Liebesheiraten. Für uns gilt: Entweder die Liebe bleibt oder sie bleibt nicht. Für arrangierte Ehen: Entweder die Liebe kommt oder sie kommt nicht.

Und dann hängt da noch, nicht minder tränentreibend, ein fotokopierter Brief. Adressiert ist er an »Herr Hitler, Berlin, Germany«, datiert auf Juli 1939, kurz vor Beginn des 2. Weltkriegs. »Dear friend«, so beginnt er. Er, Ghandi, habe bisher trotz der Bitten seiner Freunde nicht schreiben wollen, weil er befürchtet habe, ein Brief werde als Impertinenz empfunden. »Es ist offensichtlich, dass Sie heute der einzige Mensch auf der Welt sind, der einen Krieg verhindern kann, der die Menschheit vielleicht in den Zustand der Barbarei zurückwirft. Ich erhoffe Ihre Vergebung, sollte ich mich geirrt haben. Ihr aufrichtiger Freund, M. K. Ghandi«.

Tja. Einen Versuch war es wert.

Von Mumbai nach Rajasthan:

- Udaipur
- Ranakpur
- Nargador
- Jaipur
- Jodhpur
- Agra

19. März, Mumbai, Crawford Market.

Rose ist da, und die Sonne geht auf.
Gin Tonics in einer Dachbar, Girls Talk,
Gegacker — und auf einmal ist alles so
mango. Vielleicht schlägt man dieses Land
nur im Doppel? Big hug, M

21. März, Udaipur.

Erster Tag Rajasthan.
Kaum raus aus Mumbai,
atme ich leichter.
Indien packt all seine
Bildband-Tricks aus und
stellt uns Fotomotiv
um Fotomotiv in den
Weg. Unfair, wo ich
doch schon beschlossen
hatte, alles blöd zu
finden. Namaste, M

22. März, Udaipur, Stadtpalast.

Die größte Maharana-Palastanlage von ganz Indien,
elf verschiedene Paläste, einer prächtiger als der
andere. Der derzeitige Maharana ist der 76., was
die Familie Sisodia zur ältesten ununterbrochen
herrschenden Dynastie der Welt macht. Fühlt sich
plötzlich so jung: M

23. März, Udaipur, Sahelion-ki-Bari.

Ein Lustgarten etwas außerhalb des
Zentrums, den der soundsovielte
Maharana von Mewar im 18. Jahrhundert
für die Hofdamen anlegen ließ. Eine
Oase mit einigen sehr lustigen
hochzeitstortenähnlichen Brunnen.
Jedenfalls wenn man sich Hochzeitstorten
mit Tigern und Elefanten vorstellt. Womit
ab sofort keine Schwierigkeiten mehr hat:
M

23. März, Nargador, abseits der Straße.

Selten, dass hier mal einer anhält, die
Ruinen liegen nicht auf der üblichen
Touristenstrecke. Von den schönen Figuren
am Vishnu-Tempel sind alle Gesichter
abgeschlagen. Warum? Unser Fahrer Surendra
erklärt: Das haben die Einwohner des nahen
Dorfs getan, um Antiquitätenschmuggler
auszuhebeln. Ohne Gesicht sind die Figuren
wertlos. Zerstören, um zu bewahren, was für
eine Entscheidung.

25. März, Jodhpur.

Die blaue Stadt. Warum heißt die bloß so?
Rätselt: M

23. März, Jain-Tempel von Ranakpur,
gut 1000 Jahre alt.

1400 weiße Marmorsäulen, jede mit
eigenem Muster, keine wie die andere.
Der schönste Tempel, den ich je gesehen
habe, ein Ort tiefster Stille. So schnell
kann's gehen: Schon nach wenigen Tagen
scheint dieses Indien das richtige
zu sein, Mumbai wie auf einem fernen
Planeten. Auf Knien: M

26. März, Jodhpur,
Markt.

Nur falls Du Bedarf
an Sari-Borten
hast: Ich wüsste da
einen Laden. Ich
weiß auch einen für
Plastikarmreifen
in allen
Regenbogenfarben.
Ich sag's ja nur.
Kann sich gar nicht
entscheiden: M

29. März, Samode.

Leichte Ermüdungserscheinungen. Nochn Fort,
nochn Palast, nochn Tempel — zu viele, zu
überwältigende Eindrücke. Wir müssen mal einen
Tag auf Entzug gehen. Gottlob sind wir am
richtigen Ort dafür: Samode Palace, in einer
Suite mit gigantischen Ausmaßen, von Bett zu
Bett könnte man Tennis spielen. Ein Pool nur
für uns allein, eine zweistündige Pediküre.
Im Mädchenhimmel: M

28. März: Jaipur.

Größte Stadt Rajasthans, Zentrum der
Touristeneinflugschneise. Mit Folgen.
Zum Beispiel der obligatorische
Elefantenritt hoch zum Amber Fort.
Die armen Viecher warten in einer
Art Taxischlange auf die Kundschaft
und schaukeln sie zum Fort hoch.
Okay, dann hat man das auch mal gemacht.
Dickhäutig: M

30. März, Agra, Taj Mahal.

„Och nö, Rose. Muss ich echt nicht
haben, das Taj Mahal. Tausendmal
gesehen. Totfotografiert. Und
bestimmt proppevoll. Können wir
nicht gleich bis Delhi durchfahren?"
Manchmal muss ich zu meinem Glück
gezwungen werden. Deine Lady Di: M

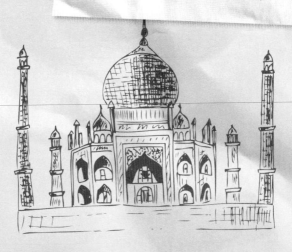

Lieber Clemens,

ich sitze am Flughafen Delhi und warte auf meinen Flug nach Shanghai. Denn das ist die Entscheidung, schweren Herzens: nicht nach Tokyo, es ist mir einfach noch zu brenzlig dort. Zwei Wochen nach Fukushima weiß immer noch keiner etwas über die Folgen, ich lese mich quer durchs Internet und bin täglich verwirrter. Ich habe lange hin und her überlegt, aber es hätte was von Katastrophenvoyeurismus, jetzt ins Land zu reisen. Also: alles anders, die Städte werden neu gemischt. Ich ziehe Shanghai um einen Monat vor. Und danach? Muss ich sehen. Wird mir schon einfallen.

Ich ahne, dass in Deutschland wegen Japan gerade mal wieder die Welt untergeht, und bin froh, nicht da zu sein. Während die Japaner, soweit ich das hier draußen mitbekomme, gelassen und völlig unhysterisch die Lage meistern, bevorratet man sich im fernen Deutschland mit Jodtabletten. German Angst. Etwas, das ich definitiv nicht vermisse.

Es war mir klar, dass man ein Jahr nicht einfach so durchplanen kann, dass mich große und kleine Ereignisse, weltpolitische und private Katastrophen aus der Bahn werfen könnten. Dass es so früh in meiner Reise passieren würde, finde ich, wenn es angesichts der Umstände nicht so zynisch klingen würde, beinahe gut. Früher haben die Seeleute gesagt, sie segeln von A *gen* B, nicht *nach* B. Die grobe Richtung muss man schon wissen beim Aufbruch, der Weg dahin kann sich aber im Lauf der Reise immer wieder ändern durch wechselnde Winde und andere Unwägbarkeiten. Und am Ende landet man vielleicht, wer weiß, in C und ist dort genau am richtigen Ort. (Den man nie gefunden hätte, wenn man nicht gen B aufgebrochen wäre.)

Und auch durch mein Indienbild ist ein Wind gegangen. Rajasthan hat mich versöhnt mit dem Land. Natürlich ist das ein touristentaugliches Vorzeige-Indien, die Pracht und die Herrlichkeit von Palästen und Tempeln. Das ändert nichts daran, dass es existiert. Ich betrachte meine Mumbai-Erfahrung jetzt nur noch als Puzzlestein in einem möglichen Indien-Bild. Rajasthan ist der zweite Stein, und ich habe die leise Ahnung, dass das Ganze ein 10 000-Teile-Kasten ist.

Eines hat dieses Land auf jeden Fall geschafft: mich einen Monat lang durch die große Gefühlsschleuder zu drehen. Ich glaube, ich hatte noch nie so viele starke, widersprüchliche Emotionen auf einmal. Zorn, Mitleid, Bewunderung, Verachtung, Andacht, Scham, helle Freude, tiefe Ergriffenheit lagen immer nur einen Wimpernschlag voneinander entfernt. Und alles in XL, kleiner haben sie's hier nicht.

Wenn ich eines gelernt habe in diesem Monat, dann Geduld. Mit mir, mit dem Land, mit der Kollision von beidem. Indien war der größte Kulturschock, den ich je erlebt habe. Nach drei Tagen wollte ich nur noch weg. Und bin unglaublich froh, geblieben zu sein. Ich war zwar bis zum Ende fassungslos, aber diese Fassungslosigkeit hat mir von Tag zu Tag besser gefallen. Sie hat sich auch verändert: Anfangs war ich verstört vom Elend, dem Dreck, der himmelschreienden Schere zwischen Arm und Reich und dass sie niemand hier für ungerecht hält, dem Chaos, dem Lärm, dem Wahnsinn. Am Ende von der Schönheit, der Beharrlichkeit, der Vielfalt und immer noch dem Wahnsinn.

Jedenfalls: Namaste, mein Freund. Ich hab das Reisen wieder lieb.

Wie immer: die Deine

10 Dinge, die ich in Indien gelernt habe

1. Durchhalten.

2. Neue Verkehrsregeln akzeptieren. Erstens: Verkehr wird per Lautstärke geregelt. Größte Hupe = Vorfahrt. Fußgänger ohne Hupe = rennen. Und: Lastwagen haben immer recht. Zweitens: Optimale Ausnutzung der Straße: Auf zwei Fahrspuren passen drei Autos nebeneinander, auf ein Motorrad vier Leute, in einen Jeep 20. Man muss nur wollen. Drittens: Es herrscht Linksverkehr. Und zusätzlich Rechtsverkehr, wo es sich anbietet. Es kommt immer drauf an.

3. Bei der Gelegenheit habe ich auch gleich eine der wichtigsten Reiseregeln überhaupt gelernt: akzeptieren, was ist. Die eigenen Werte zuhause lassen, die gelten hier nicht. Stattdessen: zuschauen, zulassen, hinnehmen.

4. *Bas!* heißt *Schluss jetzt!* Nützlichste Vokabel in fast allen Situationen.

5. Den *indian head wobble*. Ein seitlich wiegendes Kopfwackeln, das je nach Kontext völlig unterschiedliche Bedeutungen haben kann. Entweder: ja. Oder: okay, habe ich verstanden, glaube ich. Oder: macht doch nichts. Oder: keine Ahnung, aber das werde ich nicht zugeben. Oder: vielleicht, aber eher übermorgen. Oder: kommt überhaupt nicht infrage, aber das werde ich dir nicht auf die Nase binden. Oder: nein, aber das darf ich nicht sagen, denn das ist unhöflich. Je schneller der Kopf wackelt, desto größer die Wahrscheinlichkeit, dass etwas verstanden und positiv beschieden wurde. Und dass möglicherweise sogar eine Aktion erfolgt. Die Geste ist so nützlich und so ansteckend, dass ich sie sofort selbst ins Repertoire aufgenommen habe. Reagieren und das Spiel vorantreiben, ohne sich festzulegen – so geht das also.

6. Fladenbrot mit der rechten Hand zu zerteilen, ohne es mit der Linken festzuhalten.

7. Wasser aus einer Flasche zu trinken, ohne die Lippen an den Rand zu setzen. Die Inder gießen sich das Wasser aus ein paar Zentimetern Entfernung in den Mund, um die Flasche teilen zu können, denn aus demselben Gefäß zu trinken hat hier in etwa den Ekelfaktor, wie bei uns dieselbe Zahnbürste zu teilen. Diese Trinktechnik musste ich natürlich unbedingt ausprobieren. Und eines Tages, viele nasse Hemden später …

8. Dass man jede Sache immer auch aus einer anderen Perspektive sehen kann. Außen an Restaurants und auf Speisekarten steht oft »non-veg«, nicht-vegetarisch: Fleisch ist die Abweichung, nicht die Regel. Genau dieses Prinzip gilt für vieles, vieles andere mehr. Lohnt sich, immer mal wieder die Definitionshoheit infrage zu stellen.

9. Dass man anders ist, als man denkt, lernt man nicht nur auf Reisen, sondern auch von Freunden.

10. Am allerbesten natürlich, indem man mit ihnen reist.

Shanghai,
China

Liebe Eltern,

vor 40, 45 Jahren habt Ihr eine Sache richtig gut gemacht und eine
Sache eher schlecht, glaube ich. Die gute: Ihr habt mich ziehen
lassen, und zwar ziemlich früh. Euer Aufzuchtsprinzip war konsequente Freilandhaltung. Mit sieben oder acht war ich jeden Tag
für ein paar Stunden verschwunden, und Ihr hattet keine Ahnung,
wo ich war. Vielleicht bei Pfaus auf der anderen Straßenseite oder
in der Backstube von Dörner für warme Kuchenkanten oder hinten im Lager oder bei den Stachelbeerbüschen oder heimlich im
Nachbarsgarten, keine Ahnung – das Kind würde schon wieder
auftauchen, wenn es Hunger hat.

Ihr habt mich Pfeil und Bogen schnitzen und damit schießen
lassen, Ihr habt mich sieben Kilometer zur Schule radeln lassen,
Ihr habt nicht mal gezuckt, als ich im letzten Schuljahr ganz allein mit dem Rad durch Südengland fahren wollte – Ihr habt mich
einfach nach Hamburg zur Englandfähre gebracht und hinterher-
gewinkt. Dass Ihr Euch um mich nie gesorgt habt (oder es Euch
zumindest nicht habt anmerken lassen), habe ich nie als achtlos
empfunden, ganz im Gegenteil: Es war der größte Liebes- und
Vertrauensbeweis, den ich mir wünschen konnte. *Lass sie nur machen.* Ihr wart mein Rückenwind. Kann einem etwas Besseres
passieren als Kind, als Teenager, als Erwachsene?

Und das, obwohl ich damals wie heute jede Menge merkwürdiges Zeug gemacht habe, das Euch garantiert oft in Verständ-

nis- und Erklärungsnöte gebracht hat. Irrlichternde Interessen, brotlose Studien, problematische Lieben, bauchgetriebene Karrierestrategien (und von der Reportage im Swingerclub fangen wir besser gar nicht erst wieder an). Ich glaube, ich war für Euch immer wie ein seltsames Tierchen, das man am besten an der sehr langen Leine führt. Oder noch besser: ganz ohne Leine laufen lässt, denn die wird sowieso nur durchgenagt. Dafür liebe ich Euch sehr, denn ich glaube, nichts hat mich mehr geprägt als dieses gelassene Zutrauen von Euch, dass alles schon irgendwie gut gehen wird.

Wieso komme ich gerade darauf? Weil ich gestern in einer Situation war, die Euch vermutlich in den Wahnsinn getrieben hätte. Denn das wirklich Bemerkenswerte an Eurer Lange-Leine-Erziehung war, dass Ihr selbst Euch diese lange Leine nie gegönnt habt. Keine Ausbruchversuche, keine Risiken, keine Sehnsucht nach dem Unbekannten. Seit 45 Jahren im selben Ferienort, im selben Hotel, im selben Zimmer. Genau wissen, wie dort der Schrank aussieht und in welche Schublade die Socken kommen. Die Fremde nur zu lieben, wenn man sie so gut kennt, dass sie alles Fremde verloren hat – das war Euer einziger Fehler, glaube ich. Was Euch entgangen ist! Was Ihr verpasst habt an Erlebnissen, Entdeckungen, Erkenntnissen! So schade.

Natürlich ist es immer sinnlos, andere zur eigenen Version von Glück bekehren zu wollen, das gilt für Eltern ebenso wie für Kinder. Ihr wolltet es nie anders. Und ich immer. Umso wunderbarer, dass Ihr mir stets erlaubt habt, so weit zu laufen, wie ich wollte.

Aber jetzt zu der Situation von gestern: Ich wollte einen Leserauftrag erfüllen. Ein Landschaftsarchitekt hatte mich angeschrieben, der am Bau des Neuen Botanischen Gartens Chenshan beteiligt war. Der liegt etwa 30 Kilometer südwestlich des Zentrums von Shanghai: »Könnten Sie bitte mal rausfahren und nachschauen, wie es den Pflanzen geht?«

Aber gern! Ich wollte sowieso mal Grün sehen. Von der S-Bahn-Station Sheshan sollte man angeblich mit kostenlosen

Leihrädern in den Park fahren können. Nach einstündiger Fahrt stieg ich aus und stellte fest: keine Räder. Ich stand ratlos da. Ein junger Chinese, der mit mir ausgestiegen war, sprach mich radebrechend auf Englisch an: »Wo wollen Sie denn hin?«

Er bot an, mich in seinem Wagen zum Park mitzunehmen. (Ich sehe Euch schon blass werden, aber er war ein Spätzchen, ich hätte ihn zwischen Daumen und Zeigefinger zerquetschen können.) Nach einer viertelstündigen Fahrt ließ er mich vor einem Tor aussteigen, wir verabschiedeten uns. Es brauchte ein bisschen, bis ich gemerkt habe: Das ist ein ganz anderer Park als der gesuchte.

Super.

Wenn ich mal zusammenfassen darf: Ich bin irgendwo im Nirgendwo an einer schwach befahrenen Straße. Ich habe nicht die geringste Ahnung, wo ich eigentlich bin und wie ich wieder wegkomme. Ich habe keinen Handyempfang, also kein GPS, und keine Landkarte. Es ist Nachmittag, in zwei, drei Stunden würde es dunkel werden. Ich spreche außer *ni hao* (Guten Tag) und *xie xie* (danke) kein Wort Mandarin, und 99,9 Prozent aller Chinesen sprechen kein Wort Englisch. In diesem Fall egal, denn weit und breit ist sowieso kein Mensch zu sehen.

Ich gehe ein paar Hundert Meter die Straße entlang zu einer einsamen Bushaltestelle: Wohin fährt der Bus? Keine Ahnung, nur Schriftzeichen. Und wenn ich die lesen könnte, wäre ich auch nicht schlauer.

Und jetzt?

Jetzt überkommt mich zum ersten Mal auf dieser Reise wirklich das Gefühl, ganz weit weg zu sein. Ich weiß nicht, wo ich bin, niemand weiß, wo ich bin, ich bin nur ein Mensch in einer Landschaft (schön grün übrigens) und sonst nichts. Ich kann Euch das vermutlich nur schwer begreiflich machen, aber es war ein absoluter Glücksrausch, als mir das klar wurde. Ein Gefühl von purer Freiheit und Leichtigkeit. In mir keine Angst, keine Panik, sondern einfach nur die helle, existentielle Freude am Dasein.

Ich stehe irgendwo auf diesem Planeten, und alles ist gut. Ich höre die Vögel singen und die Bäume rauschen, und alles ist genau richtig so. Ich bin, glaube ich, zum ersten Mal auf dieser Reise wirklich ganz bei mir. Endlich angekommen: ich, jetzt, hier. Kein Nachdenken über das Bevorstehende oder das gerade Passierte, sondern einfach nur Jetztjetztjetzt. Alle Leinen gekappt.

Es war absolut großartig. Und zwar vor allem, weil ich wusste, dass es irgendwie weitergehen würde. Was ich Euch zu verdanken habe, glaube ich, ist diese unerschütterliche Überzeugung, dass ich mir immer selbst zu helfen weiß. Dass ich mich in jede beliebige Situation hineinbegeben kann und wieder herauskomme.

Ein Münchner Arzt sagte mir mal seine Definition von Fitness: »Sich selbst managen zu können.« Er meinte es körperlich: dass man sich zum Beispiel am Dach entlanghangeln könnte, wenn es mal brennt. Ich meine es seelisch: dass man ohne Angst durch die Welt geht. Und dass man weiß: Et hätt noch immer jot jejange.

So war es natürlich auch dieses Mal. Nach einer halben Stunde erschien in der Ferne ein einsamer Rikschafahrer. Es war wie im Film. Ich winkte ihm, er hielt an. Er sprach kein Englisch, aber egal. Ich habe in mein Notizbuch einen krakeligen S-Bahn-Zug gemalt und die Zahl 9, denn mit der Linie 9 war ich gekommen.

Er nickte, ich stieg in die Rikscha. Hat er mich verstanden?

Wird schon klappen, dachte ich. Und wenn nicht, dann klappt was anderes.

Meine New Yorker Freundin Ruth sagt immer: »Everything is okay in the end. If it's not okay it's not the end.« Eine blöde Situation ist immer nur ein Zwischenschritt, und am Ende ist alles gut.

In diesem Fall war das Ende: die S-Bahn erreicht, den Rikschafahrer fürstlich entlohnt, zwei Stunden später in Shanghai auf dem Heimweg eine Suppe mit handgezogenen Nudeln gegessen und ein Bier getrunken und den Tag rot im Kalender markiert. *Oh happy day*.

Und zwar einer von sehr vielen, denn zu meiner großen Verblüffung finde ich es sensationell hier. Shanghai hat mir, obwohl es von Indien kommend keinen großen Zeitzonensprung gab, den vermutlich größten und willkommensten Jetlag dieses Jahres beschert. Mumbai ist Deutschland viereinhalb Stunden voraus (vorher wusste ich nicht, dass es auch halbe Zeitzonen gibt), Shanghai sieben, aber in Wirklichkeit war der Transit eine Zeitreise vom tiefsten Mittelalter in eine gleißende Science-Fiction-Zukunft.

Ich fühlte mich in die Anfangsszenen von *Blade Runner* versetzt: Wälder von futuristischen Hochhäusern mit gigantischen Werbevideoschirmen, fliegende Autos, unten in den Straßen wuselndes Chaos, flackernde Neonzeichen, 24-Stunden-Straßenimbisse … Es ist, als ob Shanghais Stadtplaner den Film gesehen und gesagt haben: Schick, genau so bauen wir das nach. Und das mit den fliegenden Autos kriegen sie in den nächsten paar Jahren (die Story spielt im Jahr 2019) auch noch hin.

Und die Geschwindigkeit, meine Güte! Shanghai wächst wie Bambus, man kann fast dabei zugucken. An meinem zweiten Tag stand ich am Bund, der berühmten Uferpromenade mit prächtigen Bank- und Versicherungspalästen aus den Goldenen Zwanzigern, blickte über den Huangpu-Fluss nach Pudong hinüber, das Manhattan von Shanghai, und dachte: New York kann einpacken.

Neben mir stand Julia, eine mit einem Chinesen verheiratete deutsche Gitarrenlehrerin, die seit zwölf Jahren in der Stadt lebt und mir über mein Blog zugelaufen war, kramte in ihrer Tasche und sagte: »Moment, ich muss mal kurz fotografieren. Ich war ein paar Wochen nicht hier, und da drüben stehen schon wieder zwei neue Wolkenkratzer.«

Meinen Plan, jeden Monat woanders zu leben, könnte ich für den Rest des Jahres auch ganz einfach hier erledigen: Die Stadt wechselt sich praktisch ständig selbst aus.

Und trotzdem habe ich den Eindruck: Da ist ein unveränderbarer Kern. An meinem ersten Wochenende war Qing Ming Jie, der chinesische Totengedenktag. An diesem Tag werden traditionell die Gräber der Ahnen gefegt, aber die ganze Sache ist bei weitem lustiger als unser Totensonntag. Es ist eine Art Party an Opas Grab, man hockt lustig mit einem Picknickkorb und ein paar Six-packs rund um einen Ghettoblaster auf dem Friedhof und bringt den Toten die Dinge mit, die sie schon zu Lebzeiten gemocht ha-ben: Schnaps, Süßigkeiten, Spiele. Was ich persönlich eine Spit-zenidee finde. Habe ich je im Leben einen Kranz mit Schleife ha-ben wollen? Warum also sollte ich ihn als Leiche wollen?

Im Jing'an-Tempel wurden bündelweise Räucherstäb-chen abgebrannt, Äpfel vor der sechs Meter hohen Bodhisattva-Statue aus Kampferholz abgelegt, gemeinsam Alufolien-kistchen für die Grabga-ben gebastelt und Yuan-Münzen in den großen Bronzepott geworfen, zu Ehren Buddhas. Im-mer wenn es jemand schaffte, brandete bei den Umstehenden dezenter Tor-Jubel auf. Warum machen andere Religionen eigentlich immer mehr Spaß als unsere?

Ich musste wegen Fukushima ja schnell umdisponieren. Ich hätte erst im Mai hier sein wollen, mein Apartment war für die erste Zeit noch nicht frei. Ich zog also zunächst in ein kleines 26-Zimmer-Hotel in Jing'an, zentral, aber ruhig in einer idylli-schen Platanenallee. Das URBN könnte genauso gut in Europa stehen: ein Boutique-Ökohotel, gebaut aus recycelten dunklen Holzbalken und den Schieferböden abgerissener Shikumen-Häu-ser; sehr schlicht, sehr schön. Und für China eine absolute Ab-normität.

Als Jiangping, Julias Mann, mich einmal abholte, schüttelte er nur verächtlich den Kopf. »Das soll ein Hotel sein? Warum ziehst du nicht ins Hyatt, in ein Zimmer im 83. Stock? Warum nicht in eines der 680 Zimmer des Sheraton? *Das* ist toll, aber doch nicht so ein ... so ein ...« Er rang nach Worten.

Schon verstanden: Klein ist hier nicht fein.

Wir gingen zu dritt essen, Jiangping, Julia und ich. Wahnsinnig angenehm, denn Speisekarten sind in den meisten Restaurants natürlich auf Mandarin. Aber selbst gelegentliche englische Übersetzungsversuche helfen nicht wirklich weiter: *Old dopted mother eleusine* liest man da oder *Tile fish homesickness* oder *Acid cowpea flashy foam.* Was zum Teufel soll das sein? Meist stehen zwar Fotos in Technicolor-Farben dabei, aber auch die sind in der Regel wenig aufschlussreich. Giftgrünes makkaroniförmiges Gemüse und undefinierbar gelatinöse ochsenblutrote Würfel in einer braunen Flüssigkeit – das kann alles Mögliche sein.

Trotzdem mag ich das Gefühl der sprachlichen Orientierungslosigkeit bis jetzt sehr gern. Es sollte für mich als Schreibhandwerkerin ja eigentlich die Hölle sein, stattdessen empfinde ich es als angenehm befreiend, einfach mal nur mit dem Finger auf Dinge zeigen zu können und zu schauen, was man bekommt. *Trial and error,* ein schönes Spiel, ob im Restaurant oder im Supermarkt. Denn was sich in den Verpackungen befindet, kann ich nur raten. Ich kaufe auf gut Glück; mal mag ich, was drin ist, mal nicht. Mir gefällt dieser Zustand der Ahnungslosigkeit, der Unzuständigkeit. Endlich mal nicht Bescheid wissen müssen, blutiger Anfänger sein dürfen in einer brandneuen Welt: herrlich!

Probiert habe ich es natürlich trotzdem mit der Sprache. Nach dem großen Spaß, den ich mit Spanisch in Buenos Aires hatte, dachte ich: Mandarin wird schon nicht so schwer sein, wie alle immer behaupten. Ich habe mir eine Privatstunde bei einer Chinesin namens Emily organisiert. Emily? Fast alle jungen Chinesen, die mit Ausländern zu tun haben, geben sich westliche Namen, die so ähnlich klingen wie ihre chinesischen, um es den Langnasen einfacher zu machen. Aus Jie Song wird Jason, aus Hao Le Holly.

Ich habe mir immer etwas darauf eingebildet, einigermaßen sprachbegabt zu sein. Jetzt weiß ich: nö. Bin ich nicht. Zumindest nicht mandarinbegabt. Die Aussprache! Die Intonation! Gute Güte, was habe ich mir schon bei einfachen Sätzen wie *wǒ yě hěngao xìng rènshi nǐ* einen abgebrochen (»Freut mich, Sie kennenzulernen«). Intonation ist unabdingbar, weil Wörter je nach steigendem oder sinkendem Ton völlig unterschiedliche Bedeutungen haben. Beispiel: *wēn* heißt warm, *wén*: lächeln, *wèn*: fragen, *wěn*: küssen. Und das R! Das berühmte chinesische R! Von wegen, Chinesen können kein R sprechen, ich kann das nicht! Emily ließ nicht locker. Als ich schon längst wimmernd in der Ecke hockte, ließ sie mich wieder und wieder dieselben Laute aussprechen. Und ich kriegte es einfach nicht hin, die Zunge versagte, der Rachen, das Hirn. Noch nie war ich über das Ende einer Unterrichtsstunde so froh.

Aber zurück zum Essen mit Jiangping und Julia. Was ich nicht ahnte: Dinnereinladungen in China sind Beeindruckungsrituale. Allein die Bestellung war ein ausgedehntes Palaver über Herkunft, Frischegrad, genaue Zubereitungsweise, verwendete Gewürze. Mehrere Kellner waren involviert, dann musste der Koch antreten – ganz große Oper. Das Menü: ein kulinarisches und medizinisches Meisterwerk. Es gab Kugelfisch (»Du musst die Schuppen mitessen, das ist gesund!«), *dong chong xia cao* (Raupenpilz; antidepressiv und aphrodisierend zugleich) und andere sündteure Sachen. Von Abalone, einer Meeresschnecke, konnte ich Jiangping abhalten – eine Order für einen Tisch kann schnell mal in die Hunderte gehen, so viel wusste ich schon.

Zuvor hatte ich ein bisschen Schiss vor chinesischem Essen. Eine der besten Küchen der Welt, und man kommt sich immer wie ein Banause vor, wenn man vor den verwirrenden Zutaten und Zubereitungsarten in die Knie geht. Auf Speisekarten stehen Haifischflossen, Hühnerfüße, Entenzungen, Schweinedarm, Schwalbennester, Quallen, Schlange und Esel friedlich neben Rind und Huhn, als ob nichts dabei wäre. Hund habe ich noch nicht entdeckt, aber der wird auch eher im Winter gegessen, wiederum aus medizinischen Gründen, das Fleisch gilt als wärmend.

Doch auch bei vertrauteren Lebensmitteln sollte man sich nie zu sicher fühlen. Gerade erzählten mir neue Bekannte von ihrem Lieblingsgericht *drunken shrimp:* lebende Shrimps, eingelegt in *baijiu,* einen Schnaps aus Klebereis, und noch zappelnd zu essen.

Frische ist überhaupt Religion: Auf jedem Markt sieht man frisch geschlachtete, noch zuckende Fische und lebende Hühner, die in Käfigen auf die Suppe warten. Julia erzählte von einem sechsstöckigen Restaurant in ihrem Viertel, dessen Untergeschoss eine Art Stall ist. Angeblich wird dem Esser dort am Tisch die lebende Ziege vorgeführt, die gleich für ihn gebraten wird.

All das klingt Furcht einflößend, aber was sich dann auf dem Teller findet, ist fast durch die Bank essbar. Ich gebe zu, dass ich in diesem Monat eine gewisse Obsession für das Essen entwickelt habe. Ich lese mich ein, ich fresse mich durch, ich lasse mich mitnehmen in immer obskurere Läden.

Ihr wisst ja, ich bin kein großer Frühstücker, mir reicht morgens eine Kanne Tee und eine WLAN-Verbindung. Trotzdem bin ich neulich früh um acht mit ein paar Amerikanern, die in Shanghai arbeiten, drei Stunden lang durch die Straßen gelaufen, um dabei folgendes zu essen (in dieser Reihenfolge): *jidan bing* (Crepe mit rohem Ei, Frühlingszwiebeln, scharfer Sauce, Hoisin-Sauce), *jiang bing* (Beijing-Pizza), *guo tie* (*potstickers* – angebratene, mit Schweinefleisch gefüllte Teigtaschen), *cong you ban mian* (Nudeln mit Frühlingszwiebelöl), *qing jiao gansi* (Paprika mit festem Tofu), *qing jiao fuzhu* (Paprika mit aus der Haut von Sojamilch gerollten Tofu-Stäbchen), *rou jiamo* (chinesischer Hamburger) und *cong you bing* (dicke kleine Pfannkuchen mit Frühlingszwiebeln).

Mit zwei der Amerikaner, Kyle und Jamie, habe ich dann ein paar Tage später einen ausgesprochen lustigen Abend in Hinterhofrestaurants und Nachtmärkten verbracht. Auf dem Menü: fritierte Honigbienen und Libellen (»gut kauen, die Flügel können sonst beim Runterschlucken steckenbleiben«), Wasserwanzenlarven und Bambuswürmer. Es klingt alles schrecklich nach Dschungelcamp, schmeckt aber verblüffend lecker. Knusprig, wie Kartoffelchips oder Popcorn. Halt wie etwas, was man gedankenlos vor dem Fernseher isst, nicht weiter der Aufregung wert. Viel irrer fand ich, dass man dazu original Einbecker Doppelbock oder Erdinger Weiße bestellen konnte – vom Kellner fachmännisch schräg in ein Weißbierglas geschenkt.

Lasst sehen, damit sind doch schon mindestens zwei bis drei klassische Elternfragen beantwortet, oder?

Geht es Dir gut? Ja, Mama.

Isst Du auch immer regelmäßig? Ja. Siehe oben.

Hast Du Dir schon was Schönes gekauft? Nein. Shanghai ist Fake City. Jede zweite Frau trägt hier eine Tasche von Louis Vuitton oder Chanel oder Gucci. Gefälscht, klar. Man muss dafür nicht mal in geheime Hinterzimmer, es gibt ein eigenes Einkaufszentrum für Fälschungen, Han City Fashion & Accessories Plaza. Wer hier kaufen will, braucht vor allem starke Nerven. Es ist ein Spießrutenlaufen durch die Gänge, und jeder, wirklich jeder Standbesitzer, kobert einen an.

»Hello lady, want bag? Hi lady, watch? Rolex! Want sunglasses? Hey lady, beautiful bag? Lady, Louis Vuitton, Prada, Gucci? Hello lady, bag! Lady!«

Anfangs schüttelt man nur den Kopf, aber ziemlich schnell muss man es einfach nur ignorieren und gehen, gehen, gehen, sonst wird man aggressiv. Ich habe den Sinn von Fakes nie verstanden und in Shanghai verstehe ich ihn noch weniger. Glaubt wirklich irgendeiner, dass er durch Tragen von offenkundig nachgemachtem Schrott in der Achtung seiner Mitmenschen steigt? Gerade wenn Fälschungen so allgegenwärtig sind wie hier, welche Bedeutung haben die Labels dann noch? Als Statussymbol taugen sie nicht, ganz im Gegenteil. Nur als Zeichen dafür, dass man gern etwas hätte, was man sich nicht leisten kann.

Nein, ich habe tatsächlich gar nichts gekauft. Aber am Ende bin ich doch kurz stehengeblieben, bei »Hey lady, what do you want?« Ich musste lachen. Was ich will? Großartige Frage, die ich mir gerade selber oft stelle.

Ich hatte gedacht, dass diese Reise bereits die Antwort ist. Aber inzwischen habe ich begriffen, dass sie vielmehr die Gelegenheit bietet, mich mit dieser Frage endlich mal wirklich zu beschäftigen. Wie will ich leben, was will ich mit den plusminus 40 Jahren anfangen, die noch vor mir liegen? Es braucht ja meist eine Zäsur, um sein Leben mal aus der Vogelperspektive zu betrachten und Inventur zu machen – in meinem Fall waren es gleich zwei Einschnitte, mein 50. Geburtstag im letzten Sommer und jetzt diese Reise. Also: Was habe ich, was fehlt mir, was funktioniert, was nicht mehr, wovon möchte ich mich verabschieden, wovon brauche ich mehr in meinem Leben? Was also will ich?

Für Euch klingt vielleicht allein schon die Frage vermessen, vielleicht irritiert Euch die Unverschämtheit dieses einfachen Kindersatzes »Ich will«. Man findet seinen Platz im Leben, meist wird er einem zugewiesen, und den füllt man dann gefälligst aus, so gut es geht – so war das in Eurer Generation. Meine hingegen lebt mit dem Segen und dem Fluch, dass plötzlich viele grundverschiedene Lebensformen möglich sind, und das sogar in ein und derselben Biographie. Wir dürfen alles. Und wir können uns jederzeit umentscheiden. Das macht das Leben nicht etwa einfacher, sondern komplizierter. Ohne Leitplanken ist der Weg nun mal schwieriger zu finden.

Noch komplizierter wird es dadurch, dass das jahrhunderte-alte Rezept für ein gelungenes Leben (Ehe + Kinder + Eigen-heim + 45 Jahre im selben Beruf) ein Auslaufmodell ist und trotz-dem noch der heimliche Maßstab für das Lebensglück. Wir haben noch keinen anderen aufgestellt, wir wissen noch nicht, ob die Al-ternativen funktionieren. Macht es auf Dauer glücklich, als digita-ler Nomade durch die Welt zu vagabundieren oder Karriere und Kinder unter einen Hut zu bringen oder die Familie durch ein Freundesnetzwerk zu ersetzen oder sich die Arbeit immer wie-der selbst zuzuteilen oder – größte Frage von allen – ohne Kon-tinuität zu leben, sei es in Beruf oder Privatleben? Keine Ahnung. Wird man sehen. Es gibt noch keine Langzeitstudien, wir sind die Versuchskaninchen der ersten Generation.

Einfach ist das alles nicht. Auf jeden Fall kommt niemand mehr um die Notwendigkeit herum, seine jeweils eigene Definition von Glück und gutem Leben zu finden. Die Endlichkeit von Lebens-entwürfen – in Form von Scheidung oder Kündigung – ist längst nicht mehr die katastrophale Ausnahme wie bei Euch, sondern der Normalfall geworden, und Beweglichkeit, nicht Beharrlich-keit ist die Tugend der Stunde. In solchen Zeiten ist ein beherztes »Ich will« fast überlebenswichtig: Wenn alles wackelt, muss man halt selbst zum Pfeiler werden.

Reisen ist bei der Beantwortung von fundamentalen Fragen wie diesen natürlich wahnsinnig hilfreich. Zu sehen, wie es die anderen machen, welche Möglichkeiten und Ideen es noch so auf der Welt gibt und *dass* es noch andere Möglichkeiten gibt, sein Leben zu leben, ist jeden Schritt vor die Tür wert.

Spielst Du auch schön mit den anderen Kindern? Schon schwieri-ger. Kontakt zu Chinesen habe ich so gut wie keinen, die Sprach-probleme verhindern es. Seit ich umgezogen bin in mein kleines

Apartment in der Villengegend French Concession, ist es etwas besser. Mit meiner Vermieterin Shirley, einer chinesischen Dokumentarfilmerin, die mit einem Deutschen verheiratet ist und fünf Jahre in Berlin gelebt hat, gehe ich hin und wieder aus. Meist bewegen wir uns allerdings in der globalen Parallelgesellschaft, die viele Weltstädte von New York über Berlin bis eben auch Shanghai inzwischen beherbergen. Jüngst sind wir in der Bar El Coctel gelandet, die von einem Spanier namens Willy betrieben wird. Unser Bartender war Japaner, wir bestellten auf Englisch. Shirley erzählte mir von ihrem argentinischen Tangounterricht. Der Lehrer ist ein arabischstämmiger Deutscher, der mit einer Chinesin verheiratet ist.

Schon nach knapp vier Monaten Unterwegssein stelle ich fest, wie egal es ist, in welchem Land man zufällig geboren ist. Es geht darum, wo man sich zuhause fühlt. »Ein paar Monate, nachdem ich nach Berlin zog, hatte ich Geburtstag«, sagte Shirley. »Es kamen 80 Leute. Hier in Shanghai mag ich vielleicht acht.«

Ich weiß ziemlich genau, was sie meint. Das Gefühl, dass einem die eigene, doch eigentlich vertraute Kultur fremd geworden ist, kenne ich schon nach einem Vierteljahr ganz gut. Besonders heftig habe ich es bei einer PR-Veranstaltung mit Michael Schumacher erlebt, auf die ich eher zufällig geraten war.

Nachmittags hatte ich eine alte Kollegin zum Tee getroffen, die für das Formel-1-Rennen angereist war. »Komm doch heute abend einfach mit«, sagte sie, »ich lass dich auf die Gästeliste setzen.«

Ich bin lange genug in diesem Geschäft, um zu wissen, dass Partys mit Gästeliste nicht unbedingt die besten sind, aber diese klang unwiderstehlich bescheuert: der Launch von Michael Schumachers Turnschuh-Kollektion MS one. Es handelt sich um eine auf 888 Boxen limitierte »Trilogie« aus drei Schuhen namens Morning (weißes Straußenfußleder), Afternoon (graues Lachsleder) und Nightlife (schwarz mit Swarovski-Steinen) für 3000 Euro nebst dem auf 88 Paare limitierten Starboot aus rotem Wasserschlangenleder mit sieben goldenen Sternen (für Schumachers sieben WM-Siege) und Schnürsenkeln aus 18karätigem Gold. Preis: 5000 Euro. Die Schuhe sehen genauso grauenhaft aus, wie sie klingen, sind also maßgeschneidert für den chinesischen/russischen/arabischen Sammlermarkt. Wie sehr hier vor allem neureiche Chinesen anvisiert werden, denen das Geld aus den Ohren kommt, sieht man an der penetranten Verwendung der chinesischen Glückszahl 8.

Ich stand also inmitten einer Geisterbahn-Party aus fusselbärtigen Hipstern, hilflos kichernden Hostessen, gelangweilt auf ihre Blackberrys starrenden Minirock-Tussis samt ihren Sugardaddys – der globalen Ennui-Gesellschaft. Schumacher tauchte kurz auf, schüttelte die wichtigsten Hände, posierte für Fotos, verschwand. Und ich fühlte mich auf die wohligste Weise fremd und fehl am Platz. Zuhause musste ich ja öfter mal auf solche Events, hier draußen merke ich, dass mir schon nach drei Monaten jede Geduld für diese Bullshit-Kultur abhandengekommen ist – und freue mich von Herzen darüber. Das ist einfach nicht mehr meine Welt. Ich ließ ein halb getrunkenes Glas Champagner stehen und ging. Reisen macht angenehm radikal.

So schnell mir das Vertraute fremd geworden ist, so überrascht bin ich, wie viel Zugang man als Fremde trotz der Sprachproblematik zu dieser Stadt hat. Wie leicht es ist zu kommunizieren, ohne zu reden. Von dem Karatelehrer Jack habe ich mich gleich zu Beginn, noch auf dem Dach des URBN-Hotels, in Tai Chi anlernen lassen, und mit diesem Grundwissen pilgere ich nun fast jeden Morgen in

den Xiangyang-Park. Es ist noch frisch, die Temperaturen im April sind in etwa die gleichen wie in Deutschland. Auch das ist übrigens ganz schön zur Abwechslung: das Gefühl, wieder in derselben Jahreszeit unterwegs zu sein wie daheim. Ich stelle mich zu einer der vielen Gruppen im Park und taste mich durch die Bewegungen. Hin und wieder korrigiert mich jemand, eine alte Frau nimmt vielleicht mal meine Hand und biegt sie in die richtige Haltung, meist aber stümpere ich einfach stillvergnügt vor mich hin. Nebenan tanzt eine Frauengruppe in Winterjacken zum Radetzky-Marsch, weiter hinten spielen Männer Go auf einer Parkbank. Manchmal schaue ich danach noch den Wasserkalligraphen zu, die kunstvolle Segenssprüche und Redensarten mit Wasser und Pinsel auf das Pflaster schreiben, nur so zur Übung – sorgfältig, hingebungsvoll, hoch konzentriert. Nach wenigen Minuten sind die Schriftzeichen verschwunden, einfach weggetrocknet.

Letzte Woche fragte mich ein alter Kalligraph, ob er mich malen dürfe. Er sei ein pensionierter Arzt, erklärte mir ein junger Mann, der für uns übersetzte.

»Wieso trägt er eine Wäscheklammer am Ohr?«, fragte ich.

»Gegen seine Schlaflosigkeit.«

Natürlich.

Ich stelle mich also hin, um uns versammelt sich eine kleine Gruppe, die das Ganze fachmännisch kommentiert. Gemalt werden ist mal was anderes, in der Regel werde ich fotografiert. Ebenso wie in Indien bin ich hier beliebtes Fotoobjekt. 1,83 Meter, hellblond – klar. Exotenbonus. Rose hat sich in Rajasthan immer köstlich amüsiert und überschlagen, wie viel Geld sie mit mir verdienen könnte, wenn sie mich vermakeln würde. Hier in China fragen allerdings nur wenige um Erlaubnis, die meisten schießen heimlich mit dem Handy.

Der alte Mann malt ächzend, aber schwungvoll. Und schmeichelhaft, er malt mir Volumen in die Haare, wie ich es noch nie im Leben hatte. Dafür aber auch ein Kinn wie Schumacher. Anschließend schreibt er meinen Namen daneben, so wie er ihn verstanden hat: Me Ka.

Ich schüttele ihm die Hand, er macht eine kleine Verbeugung und geht davon. Und ich bleibe und schaue zu, wie mein Bild langsam auf dem Pflaster verdunstet. Am Ende bleiben nur die Haare und ein Rest vom Lächeln.

Es war einer meiner Lieblingsmomente der bisherigen vier Monate. Eine weitere Lektion darin, den Augenblick zu lieben.

Überhaupt genieße ich es, einfach mal nur Körper zu sein und sonst nichts. Zweimal die Woche gehe ich zu einer chinesischen Massage – etwas, das ich mir in Deutschland nie gönnen würde. Hier aber gehört es fast zur Grundversorgung. Der Massagesalon ist eine seltsame, einlullende Welt in permanentem Halbdunkel, in dem man nur gelegentlich ein Flüstern hört – ich glaube, er bedient irgendein verschüttetes Shanghai-Klischee in mir, denn ungefähr so habe ich mir immer die Opiumhöhlen der dreißiger Jahre vorgestellt. Für zwei Stunden – eine Stunde Ganzkörpermassage, eine Stunde Fußreflexzonen – versinke ich tief im Nirwana meiner Muskeln und Nervenstränge und torkele dann halb betäubt wieder ans Tageslicht. Oder auch in die Nacht: Mein Lieblingssalon Dragonfly hat bis 2 Uhr morgens geöffnet, notfalls auch länger. Man erzählte mir, dass sich mal ein gejetlagter Tourist nachts um eins massieren ließ und dabei einschlief. Sie haben ihn einfach liegen lassen, bis er gegen 5 Uhr wieder aufwachte.

Wie geht es mir also? Großartig, einfach großartig. Ich musste neulich lachen, als ich aus dem Hu-Xin-Ting-Teehaus auf die

Zickzackbrücke blickte, die zu ihm führt. Diese Form wird oft gewählt, weil Dämonen sich angeblich nur geradeaus bewegen können, man durch neun Biegungen also vor ihnen sicher ist. Genau so geht es mir mit meinem Zickzack-Kurs um die Welt: bislang frei von allen bösen Geistern.

Höchstens mit einem Dämon plage ich mich, dem Großen Zeitfresser: Ich fasse es nicht, dass fast schon ein Drittel des Jahres um ist – wie, bitte, konnte das passieren?

Gleichzeitig habe ich so ein schönes tiramisusattes Gefühl im Bauch, als ob sich die Sedimentschichten dessen, was ich bisher schon erlebt habe, dort hübsch übereinanderschichten. Heute morgen zum Beispiel saß ich in meinem seidenen indischen Morgenmantel, den ich mir in Udaipur habe nähen lassen, im Alkoven meiner Wohnung, trank grünen Tee aus meiner argentinischen Silberkanne, guckte hinunter auf den Teich mit den Koi-Karpfen, fühlte mich unfassbar reich und dachte: Dies. Ist. Es. Das reine Glück. Einer dieser Momente, an denen das Jahr bisher so reich war – und auch der geht vorbei. Schnell, schreib ihn auf, halt ihn fest, bevor er weg ist. Stattdessen begann ich, in einem Buch über Tee zu blättern, das mir Shirley hingelegt hatte. Schlug eine Seite auf, rechts ein Foto mit silbernen Teelöffeln, links ein Zitat aus Marcel Prousts *Auf der Suche nach der verlorenen Zeit:*

»In der Sekunde nun, als dieser mit dem Kuchengeschmack gemischte Schluck Tee meinen Gaumen berührte, zuckte ich zusammen und war wie gebannt durch etwas Ungewöhnliches, das sich in mir vollzog. Ein unerhörtes Glücksgefühl, das ganz für sich allein bestand und dessen Grund mir unbekannt blieb, hatte mich durchströmt. Mit einem Schlage waren mir die Wechselfälle des Lebens gleichgültig, seine Katastrophen zu harmlosen Missgeschicken, seine Kürze zu einem bloßen Trug unsrer Sinne geworden; es vollzog sich damit in mir, was sonst die Liebe vermag, gleichzeitig aber fühlte ich mich von einer köstlichen Substanz erfüllt; oder diese Substanz war vielmehr nicht in mir, sondern ich war sie selbst.«

Genau so fühlt es sich an, das Reisen: Ich bin von einer köstlichen Substanz erfüllt, die Welt sickert in mich ein. Wie hieß das in der Schule immer? Diffusion durch eine semipermeable Membran.

Macht Euch also keine Sorgen, das Kind ist heil angekommen hier draußen in der Fremde.

Es umarmt Euch ganz fest: Eure Meike

PS: Noch ein Foto, das Euch Spaß machen wird – freut Euch, dass Euch so was erspart bleibt: Im People's Park in der Innenstadt findet jeden Sonntag ein Heiratsmarkt statt. Hier preisen Eltern und Großeltern ihre unverheirateten Kinder und Enkel an, oft ohne deren Wissen. Auf den in die Bäume und Büsche gehängten Zetteln stehen die wichtigsten Daten: Alter, Größe, Einkommen. Und gern auch ein

paar Charakterbeschreibungen: sanftmütig, genügsam ... Bei Interesse kann man sich gleich mit der danebensitzenden Mutter unterhalten und einen Einblick in die Familie bekommen, denn die wird hier schließlich mitgeheiratet. Fotos der Kinder sieht man dagegen eher selten. Oh, ich wüsste wahnsinnig gern, was Ihr auf meinen Zettel schreiben würdet ...

10 Dinge, die ich in Shanghai gelernt habe

1. Selbst hinfahren, hingehen, hinschauen ist die einzige Möglichkeit, sich von seinen Vorurteilen zu befreien. Shanghai war so viel entspannter, lustiger, lebensfreudiger, als ich das vermutet hatte.

2. Man muss den Dingen immer eine zweite Chance geben, auch wenn sie die nicht verdienen. Seegurke zum Beispiel. Zum ersten Mal 1983 in Seoul gegessen. Jetzt wieder. Immer noch entsetzlich. Nächster Versuch: 2039.

3. Vor allem muss man den Dingen aber eine erste Chance geben. Eisernes Gesetz beim Reisen und auch sonst im Leben: Alles mindestens einmal probieren.

4. Frittierte Bienen schmecken besser als frittierte Libellen.

5. Wenn ein Chinese etwas perfekt findet, sagt er *cha bu duo*. Übersetzt: »Es fehlt nicht viel.« Eine perfekte Haltung zum Thema Perfektion.

6. Wenn man in China zwei Bier bestellt, indem man Daumen und Zeigefinger ausstreckt, bekommt man acht Bier. Man kann sich also auch mit den Händen versprechen. Das Zeichen für 9 ist übrigens ein gekrümmter Zeigefinger.

7. Trotzdem bin ich mit Händen und Füßen und einem Lächeln und Geduld viel weiter gekommen, als ich je für möglich gehalten habe. Es war gut, einen Monat lang auf etwas so Elementares wie die Sprache verzichten zu müssen.

8. So großartig es ist, jeden Monat woanders zu sein, so sehr liebe ich es aber auch, dass jeder Tag gleich beginnt: mit einer Kanne Tee im Morgenmantel. Die Teekanne aus Buenos Aires und der indische Morgenmantel sind schon jetzt die wichtigsten Dinge in meinem Koffer: ein Instant-Zuhause, ein kleiner Kokon. Erkenntnis für alle zukünftigen Reisen: Man muss emotionaler packen.

9. Es gibt ungefähr zehn verschiedene Arten, *Feng Shui* auszusprechen.

10. Socken sollte man auch im Sommer tragen und im Bett. Chinesen halten kalte Füße für die Wurzel allen Übels, aller Schmerzen, aller Krankheiten. Gerade bei großer Hitze: Socken. Die Schweißdrüsen der Füße öffnen sich nämlich, kalte Luft kann dann angeblich leicht in den Körper dringen und dort den allerallerallergrößten Schaden anrichten. Rückenschmerzen, Kopfschmerzen: alles mit Socken heilbar. Nicht dass ich mich daran halte: Ich geb's nur weiter.

Honolulu,
Hawaii

Meine liebe Anne,

ich musste sehr lachen über Deine Mail: »All diese starken Eindrücke in all den Städten, das ist sehr viel. Du brauchst Pausen, Balance, Schonung. Schutz, Herrgottnochmal.« Das schreibt ausgerechnet diejenige, die arbeitet wie ein Pferd, sich immer noch ein Projekt mehr draufpackt und von Schonung so viel versteht wie … (setze hier einen passenden Vergleich ein, ich bin zu faul dazu – ich schone mich gerade).

Du merkst schon, ich gehorche Dir aufs Wort, aber ich habe auch keine andere Wahl. Ich bin mit dem Schwung von Shanghai nach Honolulu reingekachelt, unternehmungslustig, mit vielen Plänen. Mal auf die Nachbarinseln Maui oder Kauai hinüberfliegen, Vulkane besteigen, Dschungeltrekking, Surfen lernen, so Zeug halt. Und dann passierte mir: Hawaii. Genauer gesagt das, was die Inselkenner *polynesian paralysis* nennen, die absolute Unfähigkeit, etwa anderes zu bewegen als den Arm, der das Mai-Tai-Glas hebt. Hawaii hat sich nicht mal sonderlich viel Mühe gegeben. Es hat ein bisschen mit den Palmen gewedelt, ein paar Lüftchen um mich herum gepustet, hie und da die Sonne angeknipst – und mich damit komplett ausgeschaltet. Ich weiß nicht, ob die Inseln auf jeden diese enorm einlullende Wirkung haben, aber seit ich hier bin, taumele ich wie narkotisiert durch die Welt – nein, Taumeln suggeriert bereits zu viel Bewegung. Ich mache weitestgehend: gar nichts.

Es ist eine veritable Vollbremsung, die ich hier hingelegt habe. Mit quietschenden Reifen. Ich liege. Lese. Schlafe am helllichten Tag. Denke gelegentlich darüber nach, dass ich jetzt aber echt mal was unternehmen sollte. Verwerfe es.

Bekomme ein schlechtes Gewissen. Verwerfe auch das.

Ich sitze am Meer, ich gucke auf die Wellen. Und das Meer guckt relativ gelangweilt zurück. Es hat Leute wie mich schon öfter gesehen. Vulkane besteigen, ha! Hahaha!

Dabei hilft auch der Umstand, dass Hawaii der deutschen Zeit zwölf ganze Stunden hinterherhinkt. Der Tag ist bei Euch schon zu Ende, wenn er hier anfängt; ich trödele mit gehörigem Abstand hinterher und denke, ach, was soll's, ist ja eh schon alles gelaufen.

Oder hat es damit zu tun, dass Hawaii überhaupt nicht geplant war? Weil ich Tokyo gestrichen hatte, gab es plötzlich dieses Loch in meiner Städtefolge. Da habe ich mir allen Ernstes eine Weltkarte vorgenommen und überlegt: von Shanghai nach San Francisco, was liegt einigermaßen auf dem Weg?

Seoul kenne ich. Manila, Bangkok, Hanoi? Nein, nicht wieder Asien.

Auckland, Wellington, Christchurch? Die waren lange im Rennen, ich liebe Neuseeland.

Papeete? Honolulu? Na klar, Honolulu! Hawaii! Genau auf halber Strecke. Perfekt. Fast noch besser daran war aber das Glück, sich auf diese Weise für ein Ziel entscheiden zu dürfen, einfach so, mit dem Finger auf der Landkarte.

Ich hatte keine genaue Vorstellung davon, was mich in Hawaii erwarten würde. Ferienkitsch, klar. Palmen, Strand, Hulatänze, bunte Hemden, Drinks mit Schirmchen. Aber sonst? Vor allem aber hatte ich keine Ahnung, was ich hier wollen könnte, es war alles so ungeplant. Ich stelle fest: Das Beste, was einem auf einer Trauminsel passieren kann, ist, nie von ihr geträumt zu haben. Völlig erwartungsfrei an so einen Ort zu kommen und nicht zu denken, dass er einem irgendwas schuldet, ob Erholung oder Romantik oder perfektes Wetter – das ist es. Man reist ja oft mit einem Koffer voller Ansprüche an Orte, die das Wort Paradies im Untertitel führen, und muss dann die meisten über Bord werfen. Ich dachte: einfach mal hinfliegen und gucken, wie's so ist.

Dabei war die Anreise eher eine emotionale Achterbahnfahrt: Zwischenlandung in Tokyo, mit tonnenschwerem Herzen. Selbst auf den öden neongrauen Gängen des Flughafens Narita kam es mir wie Verrat vor, die Stadt einfach zu überspringen.

»Wir können Sie nicht durchchecken, Sie müssen sich in Tokyo eine neue Bordkarte für Honolulu besorgen«, hatte man mir in Shanghai gesagt.

Ich stolperte also irgendwie, müde, unaufmerksam, in die First-Class-Lounge der All Nippon Airways (obwohl ich Holzklasse fliege), wo ich von zwei lächelnden Damen begrüßt wurde.

»Guten Abend. Ich weiß, Sie sind gar nicht zuständig für mein Problem, aber vielleicht können Sie mir trotzdem helfen …«, beginne ich.

Und sie helfen mir sofort. Eine kümmert sich um meinen Weiterflug, die andere bringt mir schonend bei, dass ich für die USA online ein elektronisches ESTA-Visum hätte beantragen müssen.

Gott, wie blöd von mir, das hatte ich wirklich vergessen.

Alles kein Problem, ich darf hinter den Schalter an ihren Computer; sie hilft mir weiter, wenn ich zu doof bin für ihren Windows-Rechner und zum dritten Mal versehentlich vom lateinischen auf das japanische Alphabet umschalte. Nach einer halben Stunde ist alles gut: Bordkarte, Visum, 14 Dollar per Kreditkarte an die amerikanische Einwanderungsbehörde gezahlt, einen Tee hat es auch gegeben.

»Also«, sagt die eine, »jetzt haben Sie alles, nicht wahr? Nur eines noch nicht: ein Souvenir aus Japan.« Und zieht hinter ihrem

Rücken ein Tütchen hervor. Darin Origami-Kraniche, Pfirsichbon-
bons, eine handgemalte Karte mit
Klebeherzchen: »Dear Winnemuth
Meike Mrs, have a nice flight.«

Ich bin in Tränen ausgebrochen.

Die beiden Damen: furchtbar er-
schrocken, ob alles in Ordnung sei?

Aber ja, schluchze ich. Alles in
Ordnung.

Vielleicht sollte ich doch einfach
in Tokyo bleiben, dachte ich plötzlich. Eine intensive Viertelstunde lang habe ich alles überschlagen, Organisatorisches bedacht,
eine To-do-Liste der Umplanung aufgestellt. Alles wäre machbar
gewesen – aber das ist es ja stets. Alles geht immer auch anders,
das ist das Mantra des Reisens; sonst bräuchte man keinen Fuß
vor die Tür zu setzen.

Aber ich war zu erschöpft für eine Entscheidung. Stattdessen
habe ich den halben Flughafenshop leergekauft. Einen bodenlan-
gen Kimono in Dunkelblau-Weiß. Taschentücher. Sake. Irgend-
welche Süßigkeiten in schönen Verpackungen. Was mitnehmen,
ein bisschen festhalten an Japan. Lächerlich, aber das war alles,
wozu ich in diesem Moment in der Lage war.

Und dann hielt Japan an mir fest. Landung in Honolulu bei
30 Grad. Das Immigrationsformular: japanisch. Mein Leihwagen: japanisch. Die Dame am Schalter fluchte kurz und herzlich,
als ich ihr sagte, dass mein Navi leider auch nur japanisch versteht. Zu viert – sie, ich, zwei weitere Kunden – drückten wir ein
bisschen darauf herum. Jetzt versteht es Englisch bei der Einga-
be, spricht aber immer noch japanisch zu mir.

Und ich finde es genau richtig so. Denn ich habe mir, ohne es
zu ahnen, unter allen Orten genau den ausgesucht, der außerhalb

von Japan der japanischste ist. Auf den Straßen, am Strand, im Supermarkt: Japaner. Die Speisekarten haben Einträge auf Japanisch, die Bushaltestellen japanische Fahrpläne. Die erste Maiwoche ist Golden Week, die traditionelle japanische Urlaubswoche, und Hawaii ist das Mallorca Japans.

Kennst Du das, Anne, wenn das Leben Dir irgendwas mitteilen will, Du es aber nicht so ganz verstehst? Wenn quasi die ganze Zeit die »Sie haben eine Nachricht«-Anzeige blinkt, Du sie aber nicht abhören kannst?

So habe ich mich gefühlt in diesen ersten Tagen in Hawaii. Japan hat mir an allen Ecken und Enden zugewinkt, mit einem blitzsauberen Taschentuch. Danke, Universum, oder wer auch immer dafür zuständig ist. Ich liebe es inzwischen so sehr, wenn die Welt es mal wieder besser weiß als ich.

Ich habe ein Apartment in Waikiki gemietet, einem Vorort von Honolulu in etwa der Weise, wie der Ballermann ein Vorort von Palma de Mallorca ist. Halt – stimmt natürlich nicht. Es geht unglaublich gesittet zu in Waikiki: Flitterwöchner statt Kegelclubs, Hula-Shows statt Jürgen Drews, Cocktails statt Sangria-Eimer. Eine fast geräuschlos surrende Ferienmaschine, die um ein paar Grandhotels herum gebaut wurde – sauberes, harmloses, ur-amerikanisches Vergnügen. Ich mag das, Du würdest es auch mögen: Es ist genau das Sanatorium, das Du mir verordnet hast.

Also kaufte ich mir ein Hawaiihemd und eine Leolani-Ukulele – wie sollte man es bei Läden wie dem links auch schaffen, sich keine Ukulele zu kaufen? – und beschloss: Diesen Monat mache ich richtig klassischen stinkfaulen Urlaub.

My way, natürlich: Mittwochs gehe ich immer zum Ukulele-Unterricht in der Schule von Ray Sakura, einem legendären Uke-Spieler. Meine Lehrerin heißt Kylie, behandelt mich mit der Geduld einer Kindergärtnerin und bringt mir schöne Lieder bei: *Can't help falling in love* von Elvis zum Beispiel oder *Let it be*. Am Ende der Stunde singen wir immer eine Runde zusammen. Und abends sitze ich auf meinem Balkon beim Sundowner, gucke durch die Apartmenthochhäuser hindurch auf einen Streifen Meer und spiele mir selbst was vor. Die Nachbarn scheint es nicht zu stören. Mein Nachbar zur Rechten, ein kleiner Kiffer-Yogi namens Yusk, der nur Fleisch isst (»Das Verdauen von Gemüse kostet meinen Körper zu viel Kraft«) und den ich noch nie mit bekleidetem Oberkörper gesehen habe, guckt gelegentlich um die Ecke der Balkonabtrennung und summt ein bisschen mit.

Ich bin jetzt im fünften Monat (man sieht schon was – Scherz) und stelle fest: Jeder Ort scheint einen etwas anderen Menschen aus mir herauszukitzeln. Nicht völlig anders natürlich, nur leicht verschoben in der Art eines Wackelbilds, das sich mit einer kleinen Bewegung verändert. Es ist, als ob ich von Monat zu Monat in einer anderen Nährlösung schwimme und von meiner Umgebung je nach Stadt sanft (Sydney, Honolulu) oder unsanft (Mumbai, der verdammte Höllenpfuhl) in andere Bahnen gelenkt werde. Das große Vergnügen in diesem Jahr besteht darin, mich auf all die Vorschläge, die mir ein Ort zu machen scheint, bedenkenlos einzulassen. Und dann zu sehen, was passiert.

Ich kann jetzt schon sagen: Die Hawaii-Meike, die gefällt mir ganz gut. Die ist entspannter als die Werkseinstellung, das Modell Hamburg. Unaufgeregter. Aber sie hat auch viel von den bisherigen Monaten profitiert: Ich bilde mir ein, Shanghai hat mir das genauere Hinschauen beigebracht. Wenn man sprachlos ist wie ich in China, muss man andere Wege finden, um sich zurechtzufinden, und andere Wahrnehmungskanäle öffnen. Zuhause habe ich einen ziemlichen Schritt am Leib und rausche durch die Stadt, weil ich irgendwo hin will. Blind für meine Umgebung, die ich bestenfalls in Sekundenbruchteilen wahrnehme und sofort wieder vergesse. In Shanghai habe ich begonnen, die Straße Buchstaben für Buchstaben zu lesen. Nicht hastig umzublättern, sondern genau und geduldig hinzuschauen. Ich bin öfter stehen geblieben und habe einfach zugeguckt. So sehr das Leben um mich herum gerast ist, so langsam wurde ich dabei – wie sich jetzt herausstellt, die perfekte Vorbereitung auf Hawaii.

Und wie immer ist auch hier völlig unvorhersehbar, wohin mein Blick fällt und wo er sich verhakt. Ich lasse mich überraschen, auch von mir selbst. An einem Regentag in der Honolulu Academy of Art entdeckte ich zum Beispiel, dass es nach Anmeldung kleine, geführte Ausflüge nach Shangri La gibt, der sagenumwobenen Villa der exzentrischen Millionenerbin Doris Duke. Hin, natürlich – ich habe eine heimliche Schwäche für diese glamourösen *Der große Gatsby*-Gestalten der zwanziger und dreißiger Jahre, die mit ihrem Geld noch etwas anzufangen wussten.

Mit zwölf hatte Doris Duke 100 Millionen Dollar (nach heutigem Wert circa vier Milliarden) von ihrem Vater geerbt, dem Gründer der American Tobacco Company. Für die Klatschpresse war sie ab da nur »das reichste Mädchen der Welt«. Doch anders als die meisten *poor little rich girls* des letzten Jahrhunderts, die unter ihrem Reichtum eher litten, als dass sie ihn genossen, hat sie das Beste aus ihrem vergoldeten Leben gemacht. Sie war eine intelligente, eigenwillige, athletische Frau, gut 1,80 Meter groß. Sie beherrschte fünf Sprachen, schrieb Jazzsongs, sang in einem Gospelchor, lernte tanzen bei Martha Graham, spendete einen guten Teil ihres Vermögens für wohltätige Zwecke und reiste, reiste, reiste zu einer Zeit, als das Reisen auch für sehr reiche Menschen noch eine Zumutung war. Ihre einjährige Hochzeitsreise – sie war Anfang 20, ihr Mann ein 15 Jahre älterer Politiker, die Ehe hielt immerhin fünf Jahre – führte sie einmal um den Globus, nach Ägypten, Indien, Indonesien, China. Unterwegs verliebte sie sich unsterblich: erst in islamische Kunst und Architektur, dann in Hawaii.

Eigentlich hatte sie nur zwei Wochen auf Oahu bleiben wollen, dann wurden es vier Monate. Sie freundete sich mit der Surflegende Duke »The Big Kahuna« Kahanamoku und seinen fünf Brüdern an, ging mit ihnen surfen, paddeln und segeln. Schnell

war klar: Hier wollte sie ihr Haus bauen, nicht wie geplant im Millionärsghetto Palm Springs. 1937 begannen die Arbeiten an Shangri La. Der Name stammt aus einem Bestseller jener Jahre, *Lost Horizon* von James Hilton, der einen mythischen Ort in Tibet schilderte. Schnell wurde er zum Kürzel für jede Art von verstecktem Paradies auf Erden.

Und gut versteckt ist Shangri La bis heute. Von außen sieht das Haus fast unscheinbar aus, ein schlichter weißer Quader. Innen allerdings öffnet sich eine ganze Welt: Es ist bis an den Rand gefüllt mit Schätzen aus allen Winkeln der Erde. Doris Duke kaufte Möbel und Teppiche in Syrien, Irak, Iran, Ägypten, Usbekistan und der Türkei, ließ Holzdecken in Rabat schnitzen und Kacheln in Isfahan fertigen, lieferte sich ein Bietgefecht mit dem Metropolitan

Museum um einen Mihrab, eine kostbare Gebetsnische aus dem 13. Jahrhundert (der beim Angriff auf Pearl Harbor flott in den Keller gebracht wurde). Ein Museum war das Haus nicht, darin wurde gelebt, es wurde ständig umgebaut. An einer Wand ist ein kreisrundes Loch zu sehen, hier hat Doris Duke, damals fast 80, kurz vor ihrem Tod 1993 ein Ornament aus der Wand gemeißelt, um ein anderes hineinzusetzen. Sie war noch längst nicht fertig.

Ich ging durch das Haus wie in Trance, völlig berauscht von der Leidenschaft, die hier am Werk war. Ich mag das so sehr, wenn Menschen für etwas entflammt sind. Wenn sie gar nicht anders können, als ihrer Liebe zu folgen. Das ist, keine Frage, mit ein paar Millionen auf dem Konto leichter als unter normalen Umständen, aber dass Geld nicht unbedingt die Hauptrolle spielt, habe ich am selben Nachmittag erlebt.

Eine Ausstellung in der Academy of Art war den Vogels gewidmet, Herb und Dorothy Vogel. Er war ein kleiner Postbeamter, sie Bibliothekarin; zusammen begannen sie in den frühen Sechzigern, moderne Kunst zu sammeln, die zwei Bedingungen erfüllen musste: Sie musste erschwinglich sein – und klein genug, um in ihre Zweizimmerwohnung in New York zu passen. Dort fanden sich am Ende fast 5000 Werke an den Wänden, Decken, auf Schränken und unter dem Bett, darunter Arbeiten von Sol LeWitt, Roy Lichtenstein und Cindy Sherman. 2008 beschlossen sie, einen Teil ihrer Sammlung zu verschenken: Jeder der 50 Bundesstaaten bekam 50 Werke. Die 50 für Hawaii habe ich nun gesehen.

Völlig gerührt saß ich hinterher in der Sonne vor dem Museumscafé, dachte über die Vogels nach und über Doris Duke. Die eine wie die anderen haben nichts anderes getan, als ihrer Intuition zu folgen. Irgendetwas Fremdes, Aufregendes, unerklärlich Schönes hat zu ihnen gesprochen, und sie haben ganz einfach hingehört. Und sich anstecken lassen.

Genau so geht das richtige Leben, dachte ich: Finde heraus, was du liebst, und mach es dann. Das sagt sich so leicht und lebt sich so schwer, aber hier, in Hawaii, an diesem Tag, schien es plötzlich wahnsinnig einfach.

Ich blätterte ein bisschen in einem Buch über Shangri La, trank ein Glas Weißwein, aß Mahimahi mit Sobanudeln, las weiter in dem Buch, völlig hingerissen. Und plötzlich blieb eine Kellnerin vor meinem Tisch stehen, guckte mich an und sagte unvermittelt: »I'd like to be you.«

Es war einer dieser Sätze, wie ihn nur Amerikaner sagen, die Meister des absichtslosen Kompliments im Vorbeigehen. *I love your shirt. Great haircut.* Bei meinen ersten USA-Trips war ich noch irritiert: Was wollen die nur? Nichts. Ihnen fällt was auf, sie sagen es, alle freuen sich, fertig. Ach, Anne: Ich bin auch gerade sehr gern ich. *I like to be me.* So gern wie schon lange nicht mehr.

Das Besondere an Hawaii ist, dass mir hier fast nur Menschen zu begegnen scheinen, die ebenfalls ganz bei sich angekommen sind. Lucie zum Beispiel, eine junge Deutsche und eine dieser Frauen, die ich vor 20 Jahren, als ich ungefähr in ihrem Alter war, ziemlich doof gefunden hätte. Und jetzt ziemlich wunderbar. Beides aus demselben Grund: Sie folgt ganz radikal ihrem Instinkt und ihrem Herzen.

Sie ist Sängerin und Schauspielerin, ist eine Zeit lang mit ihrem eigenen One-Woman-Musical *Gabrieles Universum – oder: Ich heirate meine Schreibmaschine* auf Kleinkunstbühnen aufgetreten, hat hier und da Konzerte gegeben, Englisch auf Sansibar unterrichtet, Kinderbetreuung in Sardinien gemacht – was man halt so tut, um sich durchzuschlagen. Vor drei Jahren begann sie, von Hawaii zu träumen, und zwar im Wortsinn: Sie werde dort glücklich werden und den Mann ihres Lebens finden, hatte sie geträumt.

Jeder normale Mensch wäre aufgewacht (wiederum im Wortsinn) und hätte den Traum zu den Akten gelegt. Nicht so Lucie: Sie flog nach New York, schlug sich per Couchsurfing bis San Diego durch, erwischte einen Billigflug nach Hawaii, landete auf Kauai und – traf nicht den Mann ihres Lebens. Aber sie tat etwas anderes: Sie schrieb Lieder und schaffte es, eine ganze Kirche für ein Konzert voll zu bekommen. »Ich bin viel getrampt auf der Insel und habe dabei vom Rücksitz aus immer Songs für die Fahrer gespielt. Das waren sozusagen meine Werbespots.«

Trotzdem flog sie wieder heim.

Aber die Geschichte geht weiter. Sie kehrte zurück nach Hawaii, diesmal nach Honolulu. Und traf hier, wieder beim Couchsurfing: Matthew, halb Hawaiianer, halb Australier. Boom, das war's. Traum wahr geworden. Die letzten Monate haben sie in Hamburg verbracht, Lucies Heimatstadt, davor waren sie bei seiner Familie in Melbourne. Seit Anfang des Monats sind die beiden wieder in Hawaii, derzeit suchen sie nach einem Stück Land, um dort ihr eigenes Gemüse zu ziehen. Anfang Juni werden sie heiraten.

Alles klar, dachte ich. Super Geschichte. Bezauberndes Mädchen. Bisschen spinnert, aber hinreißend. Große Träume und so. Mal sehen, wie lange sie es hier aushalten wird.

Aber dann packte sie ihre Gitarre aus (sie heißt Martin) und spielte mir ein Lied vor. Das ist normalerweise der Moment, in dem ich innerlich zusammenschrumpele. Ich weiß immer nie so genau, wohin ich gucken soll, wenn jemand etwas für mich singt. Aber in diesem Moment habe ich einfach nur zugehört. Sie sang:

What if I'm a witness
Of miracle's existence
What if I'm already close to you
But you still feel the distance.

Atemberaubend. Voll auf die Zwölf. Gänsehaut.

Und dann kam auch noch die Kellnerin an den Tisch (wir saßen, es war spät geworden, im längst leeren Little Village in Honolulus Chinatown. Sensationeller Pecan Spinach Salad übrigens, falls Du mal in der Gegend bist). Ob Lucie vielleicht noch mal spielen könnte, die Köchin hätte da was von fern in der Küche gehört und würde das jetzt gern noch mal ...

Da wusste ich: Dieser Frau wird immer nur Gutes widerfahren. Es geht gar nicht anders.

Und noch so einer: Dieter Runge, ein Freund unseres alten *Stern*-Kollegen Hollow Skai. Es gibt Menschen, die immer zur richtigen Zeit am richtigen Ort zu sein scheinen, und Dieter ist so einer. Ende der Siebziger war er von Hannover über Paris nach London geraten, von dort mit einem 99-Dollar-One-Way-Ticket nach New York geflogen, hat eine Punkband gegründet und die Nächte im CBGB verbracht.

Mein Gott, das CBGB 1978! Blondie, Talking Heads, Ramones, Patti Smith ... Es muss unglaublich gewesen sein. Anfang der Neunziger ist er dann als Windsurflehrer nach Hawaii gegangen, hat hier Kunst studiert und lebt jetzt als Musiker, Maler, Yoga- und Tai-Chi-Lehrer direkt an der lieblichen Bucht von Kaneohe in einem Poolhaus mit Guaven- und Mangobaum im Garten. Und als ob das Leben nicht schon ungerecht genug wäre, sieht er auch noch zehn, fünfzehn Jahre jünger aus als die 62, die er ist.

Als ich ihn neulich besuchte, stellte er sich in Surfershorts an den Herd seiner Outdoor-Küche und kochte uns ein ayurvedisches Mittagessen, ein durch und durch freundlicher, mit sich selbst in Einklang lebender Mann. Natürlich war nicht immer alles golden, wir haben auch über die beschissenen Phasen geredet, ohne die es selbst im Paradies nie geht. Ich weiß das nur zu gut, wie anstrengend es oft ist und wie einsam das auch macht, den spannenderen Weg zu nehmen.

Später würde ihn eine chinesisch-japanische Yogafreundin besuchen, die ein paar Tage bleibt und ihm beim Bedrucken von T-Shirts hilft, damit spielt er gerade ein bisschen herum. Ich zog vergnügt mit einem schon leicht löchrigen grauen Shirt ab, auf das er *Anything is possible* gedruckt hat.

Natürlich ein Klischee – aber wenn's doch wahr ist?

Begegnungen mit Leuten wie Lucie und Dieter – also solchen, die immer wieder im richtigen Moment mutig waren und dafür meist belohnt wurden; solchen, die immer neugierig ihrem Herzen gefolgt sind – gehören für mich zu den besten Momenten beim Reisen. Eigentlich sind sie der Grund, überhaupt loszufahren.

Aber weißt Du, was noch viel besser ist? Solche Leute zusammenzubringen. Bevor ich nächste Woche weiterfliege, machen wir ein Abschiedsessen in Dieters Garten. Ich habe das bislang in fast jeder Stadt geschafft: am Ende all die Leute an einen Tisch zu setzen, die ich im jeweiligen Monat kennengelernt habe. Wenn ich schon nur so kurz durch deren Leben rausche, kann ich zumindest hie und da Katalysator spielen. Vielleicht entsteht ja was daraus, und ich habe zumindest eine kleine Spur hinterlassen.

Okay, gelegentlich habe ich mich dann doch aufgerafft: Ich wollte mir unbedingt zwei Häuser angucken, ein sehr öffentliches und ein sehr verstecktes. In Honolulu steht der einzige Königspalast der USA (das wäre eigentlich mal eine wunderbare 125 000-Euro-Frage für *Wer wird Millionär?*). Der Iolani Palace – von einer Größe, die in Europa knapp für einen mittleren Koksbaron reichen würde – wurde 1879 vom letzten König Kalakaua gebaut. Zu diesem Zeitpunkt regierte er über 39 000 Untertanen. Als Captain Cook die Inseln gut 100 Jahre zuvor »entdeckt« hatte (denn sie waren ja schon immer da), lebten auf Hawaii zwischen 400 000 und einer Million Polynesier. Die Engländer und nach ihnen die Amerikaner schleppten Masern, Grippe, Geschlechtskrankheiten ein und damit das Todesurteil für die Inselbewohner. Selbst gegen einfache Erkältungen hatten sie keine Abwehrkräfte, sie starben zu Tausenden.

Kalakaua muss ein sehr aufgeschlossener, unternehmungslustiger König gewesen sein. Als erster Herrscher der Welt segelte er einmal um die Erde. In New York besuchte er Thomas Alva Edison und ließ als einer der Ersten seinen Palast mit Glühbirnen und Telefon ausstatten. (Sehr nützlich, denn so konnte er den Haushofmeister im Keller anrufen, der das Licht im ganzen Palast zentral an- und ausschaltete. Lichtschalter gab es nicht in den Räumen.) Als er 1891 an einer Erkältung starb – ironischerweise im Palace Hotel, San Francisco –, beerbte ihn seine Schwester Lili'uokalani, die letzte Regentin Hawaiis. Zwei Jahre später wurde sie von einer Vereinigung amerikanischer Zuckerplantagenbesitzer abgesetzt, 1898 wurde Hawaii von den USA annektiert. Königin Lili'uokalani wurde im Palast eingekerkert und verlegte sich aufs Handarbeiten und Komponieren. Sehr erfolgreich: Sie schrieb unter anderem den Welthit *Aloha Oe*.

Der Palast wirkt auf herzzerreißende Weise wie gerupft. Möbel und Ausstattung sind in alle Winde verstreut, auf irgendwelchen Auktionen versteigert worden. Hin und wieder taucht noch ein Stück des Original-Interieurs auf, neulich wurde sogar ein alter Sessel an der Küste angeschwemmt. Was für ein trauriger Ort inmitten der Heiterkeit von Hawaii.

Aber weiter: Ich hatte ein Date mit Thomas Sullivan Magnum IV. Meiner großen Liebe in jener grauen Vorzeit, als Magnum noch kein Eis am Stiel war, sondern der Mann, den ich mal heiraten wollte. Jede Generation hat ihr eigenes Hawaii-Bild, denke ich. Die Generation vor uns ist mit Elvis Presley, Tiki-Kitsch und *Es gibt kein Bier auf Hawaii* aufgewachsen, die nach uns mit *Lost*. Und wir halt mit Magnum und Hawaii Five-O.

Ich wollte also wissen: Wo hat Magnum, der coolste Kurze-Hosen-Träger aller Zeiten, seinen roten Ferrari 308 GTS geparkt? Wo hat Higgi-Baby Apollo und Zeus auf ihn gehetzt? Wo, mit anderen Worten, steht Robin's Nest, der Sehnsuchtsort meiner Jugend?

Es brauchte ein bisschen Detektivarbeit, denn kein Führer, kein Schild weist den Weg.

Am Ende hatte ich es gefunden: 41-505 Kalanianaole Highway, kurz vor Waimanalo. Es ist ein Privatgrundstück, aber ein paar Hundert Meter weiter gibt es einen Strandzugang, und man kann bei Ebbe auf der Rückseite der Grundstücke bis zu Robin's Nest waten. Was ich natürlich getan habe.

Viel zu sehen ist nicht. Umso besser, denn die Phantasie wird allemal mehr dadurch befeuert, dass man auf Zehenspitzen am hinteren Zaun steht und versucht, das Gästehaus von Robin Masters durch die Botanik zu erspähen. Was allerdings geht: im hauseigenen Gezeitenpool baden. Das Meer ist hier von ein paar Steinmauern zu einem Plantschbecken gezähmt und so unverschämt türkis, dass man sich einfach reinschmeißen muss. Ich war nicht allein, eine Familie aus North Dakota war mit hochgekrempelten Hosen ebenfalls hierher gepilgert. Wir knipsten uns gegenseitig vor Rabbit's Island und kamen uns auf allerglücklichste Weise wahnsinnig albern vor.

Und das, ich schwöre es, Anne, waren die einzigen Sightseeing-Anstrengungen, die ich unternommen habe. Wie das geht, einen ganzen Monat einfach so zu vertrödeln? Ich hätte es vorher auch nicht für möglich gehalten, aber es ist ganz leicht. Wir haben uns einfach nur nie getraut, das auszuprobieren. Vielleicht aus Angst, die Maschine nie wieder in Gang bringen zu können, wenn der Motor einmal aus ist. Vielleicht wollen wir aber auch – nur mal so als böser Verdacht – mit unserer ganzen Betriebsamkeit darüber hinwegtäuschen, dass sich dieser Tanz um eine verdammt leere Mitte dreht. Denn wenn man mal ehrlich ist: Unverzichtbar für den Fortbestand der Menschheit ist doch niemand von uns. Wir stellen nichts Nützliches her, wir heilen niemanden, wir reparieren nichts, wir erfinden nichts. (Wobei …) Was ich sagen will: Es geht sehr gut ohne uns. Wozu also dauernd dieses hysterische »Ich bin so im Stress«-Gestöhne? Wem wollen wir damit etwas vormachen? Den anderen? Uns selbst?

Mein typischer stressfreier Tag sieht deshalb ungefähr so aus: früh aufstehen, gegen sechs. Ungewaschen an den Strand gehen. Schwimmen. Danach zum Royal Hawaiian hinüberschlendern, der schweinchenrosa gestrichenen Königinmutter unter den Strandhotels, und sich am *early bird*-Kaffeestand in der Lobby einen großen Becher mit Tee holen. (Dies ist genau genommen Diebstahl, da ich nicht Gast des Hauses bin. Deshalb drücke ich dem Kellner hin und wieder zwanzig Dollar in die Hand.) Mit dem Teebecher in einen Nebentrakt ziehen und sich auf der Veranda in einen Schaukelstuhl setzen. Durch den Garten hindurch aufs Meer gucken. Schaukeln. Tee trinken. Nach einer halben Stunde nach Hause gehen. Duschen, den Tag beginnen, ein bisschen arbeiten.

Und zwar schön langsam arbeiten, bloß nicht effektiv. Ich surfe viel hier auf dieser Surferinsel – im Internet. Ich habe zum Beispiel Stunden meines kostbaren hawaiianischen Lebens darauf verwendet, herauszufinden, welchen Wein man am besten zu gerösteten Meerschweinchen trinkt (einen fruchtigen weißen Chateauneuf-du-Pape), und zu beweisen, dass langhaarige hellblonde Männer im Film immer böse sind (Lucius Malfoy, die Zwillinge in *Matrix*, diverse russische Profikiller …). Warum? Nur so. Ich spiele mit Ideen, und nicht alle sind gut. Müssen sie auch nicht. Ich genehmige mir das einfach: den Spaß an der zufälligen Entdeckung. Das Glück des Zweckfreien. Das Spazierengehen im eigenen Kopf. Ich bücke mich gerade nach wirklich jeder Muschel, wer sollte es mir verbieten? Ich darf absolut alles. Zwei Nachmittage habe ich mich einfach aufs Sofa gelegt und bei geschlossenen Vorhängen die Abschiedsshows von Oprah Winfrey angeguckt. Herrlich! Nachmittags fernsehen! Bei Sonne! In Hawaii! Gipfel der Dekadenz, es war wunderbar.

Gelegentlich gehe ich zwischendurch noch mal an den Strand und hänge der Statue von Duke Kahanamoku, dem Freund von Doris Duke, einen Blumenkranz um. Man muss eine Stadt lieben, die Surfern ein Denkmal baut.

Abends bin ich oft im Halekulani Hotel, um Kanoe Miller den Hula tanzen zu sehen. Google die bitte mal, Anne, Fotos sind sinnlos, man muss ein Video sehen. Ms. Miller ist 55, immer noch eine hinreißend schöne Frau. 1973 war sie Miss Hawaii, seit 34 Jahren tanzt sie von Montag bis Samstag zur Cocktailstunde in der Outdoor-Bar House Without a Key direkt vor der untergehenden Sonne. Es ist zum Sterben kitschig und zum Sterben schön, jeder Widerstand ist zwecklos. Sie hat etwas so unerschütterlich Liebliches an sich, dass man einfach die Waffen strecken muss. Ich sitze da, gucke ihr zu, trinke einen Planter's Punch und habe nicht einen bösen Gedanken in mir.

Samstags dann auf den Farmer's Market zu Füßen von Honolulus Hausberg Diamond Head. Man hatte mir vor meinem ersten Besuch geraten, unbedingt ungefrühstückt dorthin zu gehen. Ein guter Rat, denn: frischer Ananassaft, dazu Leinsamen-Karotten-Ananas-Hafer-Muffins, gefolgt von einem Ingwer-Minz-Serrano-Chili-Limonen-Drink, dann zwei gegrillte Abalonen (für die ich in Shanghai das Zehnfache gezahlt hätte) – und das war nur der erste Gang. Man möchte auf Knien über diesen Markt robben, denn hier wird einem klar, was für ein gesegnetes Land Hawaii ist: frische Shrimps aus Kauai, Kaffee aus Kona, Muskatnüsse und Vanilleschoten aus Paauilo, fünf Jahre in der Wabe gereifter Honig von Wildbienen, die ersten heimischen Mango und natürlich Ananas und Papaya bis zum Abwinken. Vielleicht noch eine frische junge Kokosnuss zum Dessert und selbst gebackenen Pecan Crunch? Oder ein Ono-Pop-Eis in der Geschmacksrichtung Surinamkirsche-Nelke oder Orange-Zimt oder Kalamansi-Koriander oder … Wochenmarkt im Paradies. Ich denke an die deutschen Märkte mit ihren Steckrüben und Kartoffeln und möchte weinen.

Und so vergehen die Tage bei aller Gemächlichkeit schrecklich schnell. Und ich kann sie nicht festhalten und seufze viel und werde zwischendrin ganz schlimm melancholisch angesichts all der Schönheit und der Tatsache, dass ich sie schon so bald wieder verlassen muss. Heute morgen hatte ich folglich meine erste richtige Reisekrise in diesem Jahr – halt, in Mumbai hatte ich schon mal eine, weil ich es dort so schrecklich fand. Diese hier ist schlimmer.

Der Mann stand so da, als ich in aller Herrgottsfrühe den Strand von Hunakai entlangging, und schaute aufs Meer, seinen Hund neben sich. Ich nickte ihm zu, er nickte zurück. Als ich eine Viertelstunde später zurückkam, stand er immer noch an der gleichen Stelle, in der gleichen Haltung, ganz still. Und ich stellte mir vor: Der kommt bestimmt jeden Tag hierher, er hat vielleicht ein Haus in der Nähe. Er geht  jetzt heim und frühstückt im Garten. Und abends geht er noch mal mit dem Hund raus, wieder hierher. Und morgen wieder.

Der hat ein richtiges Leben, dachte ich, und ich bin überall nur auf der Durchreise, ohne irgendwohin zu gehören. Ich bin jetzt fünf Monate unterwegs, Sydney, Buenos Aires, Mumbai, Shanghai, Honolulu – ein Traum. Und plötzlich ein Albtraum, weil so entsetzlich flüchtig.

Im Vorbeigehen nickte ich ihm wieder zu und sagte dasselbe, was mir neulich die Kellnerin gesagt hat: »I'd like to be you.«

Er guckte genau so verwirrt wie ich damals und antwortete: »Well, thank you.«

Denn das ist das Harte am Reisen: Es ist kein Leben. Das Glück der Freiheit und der Fremde bedeutet den Verlust von Zugehörigkeit und Nähe und Kontinuität. Ein Monat klingt zwar lang, hat aber auch ein Ende. Ich gehe an einem palmengesäumten hawaiianischen Strand spazieren und denke schon jetzt an San Francisco, an Logistisches wie Schlüsselübergabe und Mietwagenrückgabe, an Abschiedsessen und erste Kontaktaufnahmen am nächsten Ziel. Und bin auf einmal furchtbar müde.

Ich will mal wieder ein Zuhause, dachte ich, ich will endlich wieder einen Garten, den vermisse ich schon seit Jahren. Ich will den Dingen beim Wachsen zugucken, ich will denselben Baum im Frühjahr, im Sommer und im Herbst sehen und meinetwegen sogar im Winter. Ich will mich nicht ständig verabschieden müssen und ich will nicht immer wieder von Null anfangen. Ich will, ohne Licht zu machen, nachts zum Kühlschrank finden, ich will von der Bäckereiverkäuferin »Wie immer?« gefragt werden. Ich will Verantwortung und Verpflichtung. Ich will einen Hund, mit dem ich jeden Tag raus muss. Ich will jeden Sonntag mit den gleichen Zeitungen auf meinem Sofa verbringen, und ich will, dass Nils Minkmar was in der *FAS* geschrieben hat.

Sonntag, der 29. Mai: der Tag, an dem ich zum ersten Mal in die Heimat wollte. Nein, das trifft es nicht: der Tag, an dem ich zum ersten Mal *eine* Heimat wollte, Deutschland muss es gar nicht sein. Aber irgendwo bleiben. Irgendwo hingehören. Irgendwo einrasten.

Ich setzte mich in den Sand und guckte aufs Meer. Das hilft in der Regel immer: Das Meer ist mein Beruhigungsmittel, mein großer Knotenlöser.

Ganz ruhig, sagte das Meer, dreh jetzt nicht durch. Du hast alle Freiheiten der Welt, du kannst machen, was du willst. Genau das kommt dir zwar gerade wie ein Fluch vor, aber atme erst mal ein bisschen, und du wirst schon sehen. Fahr jetzt zurück nach Waikiki, kauf dir auf dem Heimweg eine *New York Times* wie jeden Sonntag, koch dir eine Kanne Tee, und du wirst schon sehen. Flieg weiter nach San Francisco, und du wirst merken: Du wirst auch dort wieder eine kleine Heimat finden. Du bringst dein Zuhause überall mit hin. Und wenn die Sehnsucht gar zu arg wird, darfst du wieder zurück nach Hawaii. Du hast es in der Hand, es sind deine Regeln.

Ich blieb noch ein bisschen sitzen und hörte dem Meer noch etwas länger zu. Denn das Meer hat immer recht.

Und dann fuhr ich wieder heim und fand auf dem Weg zu meinem Haus Frangipani-Blüten, mir einfach vor die Füße geworfen.

Du willst einen Garten?, schienen die zu fragen. Du hast doch einen.

Ja. Ist ja schon gut. Ich bin ja schon still.

Danke, liebe Anne, dass Du mir gut zugeredet hast, mich mal fallen zu lassen. Oder schlecht zugeredet? Jedenfalls richtig zuge-redet. Und jetzt fang langsam mal damit an, auf Dich selbst zu hören, Alte.

Das Liebste, Meike

10 Dinge, die ich in Hawaii gelernt habe

1. Viele neue Ukulele-Lieder.

2. *Stand-up paddling,*
beigebracht von Dieter.

3. Es heißt *in* Hawaii,
nicht *auf* Hawaii, weil
es ein Bundesstaat aus
137 Inseln ist. Es gibt
zwar eine Insel namens
Hawaii, die allerdings in
Hawaii selbst nur Big
Island heißt. Ansonsten
ist hier alles ganz, ganz
einfach. Übrigens gibt
es Bier. In Hawaii.

4. Man kann jeden Tag Ananas essen, ohne dass es einem über
ist. Vor allem, wenn es eine vollreife frisch gepflückte Ananas
ist. Problem: Man will nie wieder eine andere essen.

5. Ich hatte es ja schon in den anderen Städten gespürt, aber
nie so deutlich wie in Honolulu: Orte sind ansteckend. Ich war
eine völlig andere als in Shanghai, so tiefenentspannt wie noch
nie.

6. Es gibt nur die Wahl zwischen Fernweh und Heimweh,
schmerzfrei geht es nie ab. Schön – wenn ich schon wählen
darf, entscheide ich mich vorerst für Heimweh.

7. Wie schwierig es war, mich mal gehen zu lassen – ein Ausdruck, der für mich immer die höchste moralische Verfehlung bedeutet hat. Loslassen, gelöst zu leben, sich zu gestatten, einfach mal nichts oder scheinbar Sinnloses zu machen – dazu habe ich fast fünf Monate gebraucht.

8. Man darf sein Leben nicht damit verschwenden, Erwartungen zu erfüllen. Nicht mal die eigenen. Es ist erstaunlich, wie wenig man wirklich muss, wenn man mal ernsthaft darüber nachdenkt.

9. Man hat jederzeit das Recht, die Regeln, die man selbst aufgestellt hat, …

10. … zu ändern.

San Francisco, Juni
USA

My dear Ruth,

wie schön, dass wir wieder Nachbarn sind – zumindest wohnen wir schon mal auf demselben Kontinent, wenn auch 3000 Meilen voneinander entfernt. Ich habe mir gerade die Karte angeschaut: Wenn ich mich jetzt ins Auto setzen würde, wäre ich »bei aktueller Verkehrslage«, wie Google Maps so hübsch sagt, in 48 Stunden bei Dir in New York.

Ich weiß gar nicht, ob ich Dir damals, als ich für ein paar Monate in Brooklyn wohnte, erzählt habe, dass ich mit San Francisco noch eine Rechnung offen hatte. 1981, mit 21 Jahren, bin ich mit meinem damaligen Freund John die Westküste rauf und runter gefahren. Von Santa Barbara über LA nach San Diego, wo seine Großeltern lebten, dann durch Arizona zum Grand Canyon, weiter nach Salt Lake City, durch Idaho und Oregon nach Seattle und Vancouver, dann die Küste entlang zurück nach LA.

Der Höhepunkt der Tour sollte San Francisco werden, in das ich schon vorher verliebt war, ohne es je gesehen zu haben. Ich hatte die romantische Vorstellung von einem liberalen, schlauen, entspannten Meltingpot – ich dachte: wie New York, nur in klein und mit Hippies drin und Leuten, die viel lesen. Mit anderen Worten: die perfekte Stadt. Nur passierte kurz vor San Francisco leider das, was fast unvermeidbar ist, wenn man sechs Wochen nebeneinander im Auto sitzt: Wir haben uns fürchterlich gezofft. So sehr, dass ich beschloss, sofort nach Hause zu fliegen und auf

gar keinen Fall die Stadt meiner Träume mit diesem, diesem …
verdammten Idioten zu betreten.

Mit 21 neigt man halt noch mächtig zum Drama – man weiß
noch nicht, wie vergänglich so ein Sturm ist und wie unvergäng-
lich dann das Bedauern, eine Gelegenheit zum Glück versäumt
zu haben. Denn ich habe es erst jetzt, geschlagene 30 Jahre später,
endlich in die Stadt geschafft.

Und John? Mit dem hatte ich dann noch drei weitere Jahre eine
stabile Fernbeziehung, die genau in dem Moment endete, als er
nach Berlin versetzt wurde und sie wieder eine Nahbeziehung
wurde. Klassiker. Seitdem haben wir uns aus den Augen verloren.
Aber immerhin verdanke ich ihm drei Monate Südkorea und eine
hartnäckige Liebe zu Amerika. Muss eigentlich mal herausfinden,
was aus ihm geworden ist.

Anyway. San Francisco also. Nach all den Jahren. Ach, Ruth, ich
bin ganz heftig verknallt in die Stadt. Vielleicht hätte sie mir damals gar nicht so gut gefallen, vielleicht muss man erst älter werden, um gewisse Dinge wirklich schätzen zu können. Und vielleicht bin ich gerade in diesem Weltreisejahr so entzückt von ihr,
weil sie wirklich eine Weltstadt ist: der ganze Globus handlich
komprimiert auf ein paar Quadratkilometern. Chinatown (mit
mehr Chinesen als irgendwo sonst außerhalb von China), Japan-
town, Little Italy, French Quarter: Man muss nur ein paar Straßen weiter und ist sofort in einem anderen Land – und das in einer Stadt, die weniger Einwohner hat als Köln.

Ich habe zudem das Glück, wie eine Königin in einem verwunschenen Turm über all der Pracht zu leben: im Bellaire Tower in
Russian Hill, einer schneeweißen Art-déco-Schönheit von 1930
mit einem uniformierten Concierge in der Eingangshalle und einem holzgetäfelten Aufzug, in dem ein alter Messing-Drehzeiger
die Stockwerke anzeigt. Von hier aus kann man praktisch über-
allhin zu Fuß gehen. Ich war gleich am ersten Tag im City Lights

Bookstore, im Caffe Trieste, an der Lombard Street, am Ghira-
delli Square, auf eine Clam Chowder an der Bar von Sabella an
der Fisherman's Wharf mit Blick auf Alcatraz – alles erledigt, ich
hätte eigentlich gleich wieder abreisen können. Scherz. Denn die
Golden Gate Bridge fehlte mir noch.

Schon die Ankunft am Abend zuvor war großartig. Kaum war
ich im Apartment, klingelte das Telefon.

»Hi, this is Carl«, sagte eine erstaunlich junge Stimme. »Ich
weiß, es ist spät, aber haben Sie Lust, noch mal hochzukommen?
Ich kann Ihnen ein bisschen was zur Wohnung sagen.«

Carl ist mein Vermieter. Er wohnt im 15. Stock, ihm gehört die
ganze Etage. Außer in San Francisco lebt er in Wien und London, von dort war er am Nachmittag eingeflogen und direkt zu
einem Empfang der schwedischen Botschaft gefahren. Am nächsten Tag wollte er einen Vortrag halten, am Wochenende weiter-
fliegen. Der Mann ist 87.

Und Du kennst ihn bestimmt, zumindest dem Namen nach:
Carl ist Professor Dr. Carl Djerassi, der Vater der Antibabypille,
einer der berühmtesten Chemiker der Welt. Professor in Stanford
mit 21 Ehrendoktorwürden, außerdem Autor mehrerer Roma-
ne und Theaterstücke und Besitzer einer der größten Paul-Klee-
Sammlungen der Welt; sie hängt im San Francisco Museum of
Modern Art.

Dass ich jetzt in seinem Gästeapartment wohne, ist reiner Zufall. Ich hatte vor zwei Monaten auf der Suche nach einer Wohnung in London auf der Website »Sabbatical Homes« eine entdeckt, die mir gefiel. Vermieter: Carl Djerassi.

Ungläubig mailte ich ihn an: »Sind Sie *der* Carl Djerassi?«

Er schrieb grantelnd zurück: »Ich bin Carl Djerassi, ich weiß
nicht, ob *der*.«

Wir mochten uns trotzdem schnell, und als er auf meinem Blog
entdeckte, dass ich auch nach San Francisco kommen würde, bot

er mir seine Gästewohnung in einem der unteren Stockwerke an. Die habe er bislang noch nie vermietet, es sei ein Versuch, sagte er.

Natürlich fuhr ich gleich hoch zu ihm. Ein kleiner Mann mit weißen Locken und scharfen wachen Augen, immens charmant. Er hat seit einem Skiunfall ein steifes Bein, ist aber einer der fittesten Männer, die ich kenne, er geht jeden Morgen zu seinem Trainer ins Fitnessstudio. Du würdest ihn mögen, Ruth, Ihr seid vom selben Schlag. Dieselbe Neugier und Abenteuerlust – und für mich die besten Beispiele dafür, dass man alt werden und jung bleiben kann. In dieser Hinsicht bist und bleibst Du mein großes Vorbild: die pensionierte Staatsanwältin in ihren roten Chucks, ihrem Loft an der Brooklyn Bridge, ihren Guerilla-Gardening-Projekten … Genau so geht das, habe ich immer gedacht und mich auf mein eigenes Altwerden gefreut.

Und wenn ich dann mal so weit bin, will ich einen Kerl wie Carl. Wir sind gleich am nächsten Abend zum Essen ins Zuni Café gefahren und haben uns dort ein Hühnchen mit Brotsalat und eine Flasche Wein geteilt. Heißer Typ, auch wenn man das über 87-jährige vielleicht nicht sagen sollte. Sag Bescheid, wenn ich Euch verkuppeln soll.

Nach einem Monat Delirium in Hawaii ist San Francisco für mich wie ein Nebelhorn. Ich fühle mich hellwach, wie frisch aufgeladen, und keuche vergnügt die steilen Straßen hinauf und hinunter (mit 30-prozentigen Steigungen! Für mich als Flachlandbewohnerin eine Hochgebirgserfahrung mitten in der Stadt). Ich liebe den Wind und die Kühle, den Blick über die Bucht, die viktorianischen Häuser … einfach alles. San Francisco ist morgens oft diesig, und auch das passt mir ganz gut. Dieses sanfte Hineingleiten in den Tag, ohne dass einen die Sonne aus dem Bett prügelt, das deckt sich ganz und gar mit meinem Biorhythmus.

Nach zwei Tagen dachte ich: Ich will hier leben, für immer. Besser kann's gar nicht kommen. Und ja, ich weiß, das ist Verrat an unserem Brooklyn, das für mich bis jetzt immer der lebenswerteste Ort der Welt war.

Du hast mich damals ja gefragt, ob ich nicht einfach für immer nach New York ziehen wollte, so glücklich, wie ich da war. Damals habe ich noch gezögert: Kann man sich Heimat einfach so aussuchen? Gibt es nicht Bindungen, die unverhandelbar sind, die man in den Knochen hat? Ich habe darauf noch keine endgültige Antwort. Mein Zwischenstand ist (und durch diese Reise sogar noch mehr): Heimat ist nicht da, wo man geboren ist, sondern wo man begraben werden will.

Wieso fühle ich mich in San Francisco nur so wohl? Ich habe viel darüber nachgedacht. Das Gefühl des Instant-Zuhauses hat natürlich, ebenso wie im Fall von New York, viel damit zu tun, dass man die Stadt schon kennt, ohne je da gewesen zu sein. Aus Hunderten von Filmen und Fernsehserien, aus Büchern und Songs – so wie Dir als Amerikanerin Paris geläufig ist. Kommt man dann tatsächlich in so eine fiktiv gekannte Stadt, ist man plötzlich der Star des eigenen Lieblingsfilms, ein berauschend irreales Gefühl. Wiedererkennen, was man noch nicht kannte, blind vertraut sein mit dem Neuen – es ist wie Verliebtsein. Ein großes Ja, von dem man nicht weiß, wer es spricht.

Das Verrückte ist, dass es im Fall von San Francisco aber nicht nur für die Stadt als Kulisse gilt, sondern auch für seine Bewohner, die mir auf seltsame Weise nah sind wie alte Kieznachbarn – oder eben wie Figuren eines Films, den ich schon ein Dutzend Mal gesehen habe. Wenn ich im Caffe Trieste sitze, der Heimat der Beat Poets in North Beach, dann erscheinen mir die Leute an den anderen Tischen, als hätte sie jemand erfunden: neben mir Marcello, an den Fingern dicke Ringe, an den Handgelenken klingelnde Armreifen, auf dem Kopf eine Russenmütze und im Kopf hundert Theorien über die Schwerkraft, die Mafia, die Samurai und Mel Gibson. Vor ihm auf dem Tisch: eine Rundhaarbürste, eine kleine Holzskulptur von Dürers betenden Händen und eine silberne Glocke.

Einen Tisch weiter sitzt ein vollbärtiger Allan-Ginsberg-Verschnitt und schreibt mit Füller in ein ledergebundenes Buch. Daneben eine Frau mit Sonnenbrille (obwohl es hier ohnehin ziemlich dunkel ist), die hektisch in ein Schulheft mit Karopapier schreibt. Rechts: ein Typ mit Baskenmütze. Baskenmütze! In San Francisco! Jetzt kommt ein Fahrradbote, der ebenfalls ein Schulheft aus dem Rucksack zieht. Aus der Musicbox: Stan Getz. Marcello, der im Gehen zu niemand bestimmtem »Au revoir« sagt. Es ist ein surreales Meisterwerk. Und ich muss es dankbar sagen: Das Besetzungsbüro hat ganze Arbeit geleistet beim Anheuern der Komparsen.

Das Caffe Trieste gibt es seit 1956. Hier saß Jack Kerouac, hier hat Francis Ford Coppola, dessen Büro um die Ecke liegt, das Drehbuch zu »Der Pate« geschrieben. Sind solche Orte, die man im Wissen um ihren Mythos aufsucht, eigentlich noch authentisch oder schon Theater? Museen ihrer eigenen Coolness? San Francisco scheint jedenfalls zum Bersten voll davon, auch darin erinnert es mich an New York.

Ein paar Straßen weiter liegt die Liguria Bakery, ebenfalls so ein legendärer Ort. Die Liguria Bakery macht Focaccia und sonst nichts. Wenn sie ausverkauft sind, wird für den Tag dichtgemacht. Das kann gegen 12 Uhr mittags sein oder auch vorher, es ist reine Glückssache, ob man was bekommt und wenn ja, welche Sorten. Mit Glück Rosmarin, wahrscheinlich aber nicht. Der Ton ist familiär, also rauh. Am Ofen stehen George Soracco und seine beiden Söhne, im Verkauf seine Frau und seine Tochter. Die beiden Damen nehmen schlecht gelaunt die Wünsche entgegen, schlurfen nach hinten, schneiden kopfkissenweiche Focaccia vom Blech und packen sie in weißes Papier mit Bindfaden drumrum. Ich bin süchtig nach dem Zeug, meistens schaffe ich es nur über die Straße in den Washington Square Park, wo ich gierig das Paket aufreiße und das ganze verdammte Ding auf einen Schlag esse. Um mich anschließend sofort wieder in die Schlange einzureihen, mich wieder anmuffen zu lassen und mich zu fragen, ob ich nicht schon längst selbst Komparsin in dieser wundersamen Welt geworden bin.

Oder das hier: John's Grill. Der Laden kommt zwar nur in einer einzigen Zeile von Dashiell Hammetts »Der Malteser Falke« vor – Sam Spade aß hier Lammkoteletts –, aber das genügt, um das Restaurant zum Hauptquartier der Dashiell Hammett Society zu machen. Schon weil der Meister selbst hier öfter gegessen hat, als er noch nebenan in der Detektei Pinkerton gearbeitet hat. Im ersten Stock gibt es einen Raum mit Filmpostern und Memorabilia, darunter natürlich einer Kopie des Malteser Falken. Einer weiteren Kopie, muss man sagen, denn vor vier Jahren wurde die Originalkopie der kleinen Statue geklaut, vermutlich von einem Fan. »Der Malteser Falke taugt nur für eine Sache: gestohlen zu werden«, schrieb der *San Francisco Chronicle* damals.

Das Restaurant von 1908 ist genau so, wie man sich das vorstellt: mit dunklem Holz getäfelt, auf der Speisekarte vor allem Steaks und an der Bar ein leicht angeschickerter Journalist namens Bruce Bellingham, der seit 40 Jahren in der Stadt lebt (»eigentlich bin ich aus New Jersey, wo Ravioli als Gemüse gilt«), mich fachmännisch beflirtet und anschließend zu einer Probe seiner Western-Band einlädt.

Fiktive Figuren und Ereignisse werden hier so ernst genommen wie tatsächlich Geschehenes, die ganze Stadt scheint durchwebt von Storys. Ein Straßenschild »Bullit Chase Route« weist auf eine der besten Verfolgungsjagden der Filmgeschichte hin, eine Messingplakette auf die Stelle, wo Miles Archer, Partner von Sam Spade, umgenietet wurde. Keine 100 Meter von meinem Bellaire Tower entfernt liegt die kleine lauschige Stichstraße Macondray Lane, das Vorbild für die Barbary Lane aus Armistead Maupins *Stadtgeschichten*, die ich Anfang der Achtziger verschlungen habe – damals im Auto mit John, auf dem Highway 101.

Aber vielleicht ist es ja ohnehin so, dass man sich Städte immer nur ausdenkt. Ich vermute, jeder Besucher, aber auch jeder Bewohner hat seine eigene Vorstellung von der Stadt, in der er gerade lebt. Es geht einfach nicht anders: Städte sind schlicht zu groß, um in ihrer Komplexität und Widersprüchlichkeit je ganz begriffen zu werden – das macht sie ja so attraktiv. Und so wird jeder seine eigene Version, seine eigene Lesart bestätigt finden.

Beim Reisen ist es fast unvermeidlich, mit einer Idee eines Ortes im Kopf zu starten, mit ein paar groben Konturen, die sich dann nach und nach mit Farbe und Details füllen. Welche Details, diktiert der Zufall, aber natürlich auch die Erwartung und die gezielte Aufmerksamkeit. Das eine sieht man, das andere nicht. Wir sehen, was wir sehen wollen, weil wir uns vom anderen eine Bereicherung versprechen, ein Bedienen unseres eigenen Defizits. Ich würde mir nie einbilden, einen Ort wirklich zu kennen – das glaube ich ja noch nicht mal von Hamburg, und da lebe ich seit 20 Jahren.

Was mir in San Francisco wie in jeder Stadt hilft, auch mal einen anderen als meinen eigenen Blick auf meine Umgebung zu werfen, sind die Aufträge der Leser des *SZ-Magazins*, die mich diesmal in ein Bauchtanzstudio führten (dem ich nach einer Stunde Beckenwiegen & Zimbelspielen den ersten Hüft- und Handmuskelkater meines Lebens zu verdanken habe), zu einer Rolfing-Therapeutin, in eine Werkstatt für Bambus-Fahrräder und in das Straßenbahndepot, um nach den ausgemusterten Hamburger Straßenbahnwagen zu fahnden, die an San Francisco verschenkt wurden. Was ich nicht wusste, aber unglaublich liebenswert finde: Auf der Linie F, der Vorzeigestrecke von Fisherman's Wharf über Embarcadero bis ins Castro, fahren ausschließlich historische Straßenbahnwagen aus den dreißiger bis fünfziger Jahren, unter anderem aus Mailand, Hiroshima, Zürich und Porto. Die aus Hamburg leider nicht, deren Spurbreite muss erst noch angepasst werden.

Überhaupt würde ich nach den Erfahrungen der ersten sechs Monate behaupten: Fast alles, was man über eine Stadt wissen muss, kann man an ihrem Nahverkehrssystem ablesen.

Sydney: Busfahrer, die während der Fahrt Jazz-Radio hören und von denen man sich beim Aussteigen verabschiedet.

Buenos Aires: das blanke Chaos von Buslinien verschiedener Betreiber, bei denen man nie weiß, ob und wann und wohin sie fahren.

Mumbai: qualvolle Enge in der Bahn und jede Menge achselzuckend hingenommene Todesfälle, weil die Leute notgedrungen außen am Wagen hängen.

Shanghai: die Perfektion eines Bevormundungssystems, mit der einem das glänzend organisierte U-Bahn-System das Mitdenken abnimmt.

Honolulu: Lautsprecherdurchsage aus dem anhaltenden Bus heraus: »Aloha. Welcome to bus line number 2 going to ...«

San Francisco: nostalgische Cable Cars, aber auch Hybrid-Busse, die mit Bio-Diesel betrieben werden, und alte Straßenbahnwagen aus aller Welt. Gestern und morgen, hier und dort, alles friedlich nebeneinander.

So sehr ich es in diesem Jahr genieße, meiner eigenen Nase folgen zu dürfen, so sehr mag ich es auch, irgendwohin geschickt zu werden, wo ich allein nie hingegangen wäre. Es ist ein bisschen wie Radiohören, das ich hier in San Francisco auch wiederentdeckt habe: Im besten Fall bekommt man etwas erzählt, mit dem man nicht gerechnet hat, das einen aber augenblicklich entzückt oder fasziniert oder schlauer macht: Stammzellentherapie, Hackerangriffe, ein bis dahin unbekannter Autor …

Etwas finden, was man nicht gesucht hat, darum geht's beim Reisen wie im Leben (Verzeihung, wenn ich hier so klugscheiße). Wenn man erst mal begonnen hat, die selektive Wahrnehmung abzulegen, die Welt im Weitwinkel zu sehen und sich allem wieder unvoreingenommen zu nähern, ist plötzlich alles aufregend, alles interessant. Ich lerne wieder, die ganz einfachen Fragen zu stellen: Was ist das? Wie geht das? Warum macht ihr das so? Und ich stelle fest: Auf die einfachsten Fragen gibt es die besten Antworten.

Besonders spannend wird es natürlich immer dann, wenn der Auftrag lautet, irgendeinen bis eben noch Fremden zu treffen. Die Fotografin Pamela, Brieffreundin einer Leserin, nahm mich zum Beispiel zu einem Treffen von Mail Artists mit, Leuten, die aus purer Lust am Briefeschreiben die schönsten Kunstwerke durch die Welt schicken: selbst gemalte Postkarten, liebevoll gestaltete Umschläge. Pamela schreibt sich mit etwa 100 Brieffreunden weltweit. »Natürlich geht dabei viel Zeit und viel Geld drauf«, sagt sie. »Aber die Befriedigung ist unbezahlbar.«

Beim Treffen wurden Ideen und Materialien ausgetauscht, viele Mailer trafen sich zum ersten Mal im wahren Leben – eine warme, verschrobene, liebenswerte Gruppe von Leuten. Und großzügig, alle. Denn sie wissen um die richtige Reihenfolge: Man muss erst mal selbst was senden, um etwas zu empfangen. Und das ganz ohne Erwartungen, sondern aus reiner Freude an der Sache.

An einem anderen Tag besuchte ich die alte Studienkollegin einer Leserin, die Psychoanalytikerin Susan. Mit 60 hat sie beschlossen, Kunst zu studieren, und führt jetzt ein spätes zweites Leben.

»Eigentlich war es verrückt«, sagte sie, »genau in dem Moment mein Leben zu ändern, wo sich meine Berufserfahrung für mich auszuzahlen begann.«

Sie hat ein kleines Atelier gemietet, malt, probiert, lernt. Und wirkt einfach nur glücklich. Abends beim Essen zitierte sie eine

Gedichtzeile von Mary Oliver: »Tell me, what is it you plan to do / With your one wild and precious life?«

Eine verdammt gute Frage, die ich mir in den letzten Monaten ebenfalls hin und wieder stelle. Das Tolle ist doch: Du darfst bis ans Ende deines Lebens immer neue Antworten darauf geben – nichts ist mir klarer geworden in diesem halben Jahr. Es ist nie zu spät für diese Frage – und erst recht nie zu spät für eine neue Antwort; dafür ist Susan das beste Beispiel, aber auch Carl, der trotz seines Ruhms als Chemiker ebenfalls mit 60 angefangen hat, Theaterstücke zu schreiben. Einfach weil er Lust darauf hatte.

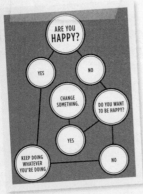

Ich weiß nicht, ob es am Reisen liegt, das einen die Dinge immer so vereinfacht sehen lässt, so abgespeckt. Aber im Grunde ist es doch so wie auf dieser Karte hier:

Bist du glücklich, ja oder nein. Wenn ja, mach einfach weiter so. Wenn nein, ändere was. Es sei denn, du willst gar nicht glücklich sein – dann mach einfach weiter so.

Vermutlich fallen mir deshalb zurzeit so viele Leute auf, die einen Weg zu ihrem Glück gefunden haben, wie verrückt der auch immer wirken mag. San Francisco scheint immer schon ein besonders fruchtbarer Boden für sie gewesen zu sein. Von meiner Wohnung sehe ich zum Beispiel den Coit Tower oben auf dem Telegraph Hill: Zu verdanken hat die Stadt ihn Lillie Hitchcock Coit, die 1851 als Siebenjährige mit ihren reichen Eltern nach San Francisco zog und hier eine obsessive Liebe zur Feuerwehr entwickelte, speziell zur Freiwilligen Feuerwehrmannschaft *Knickerbocker Engine Company Number 5*, die sie mal aus einem Hotelbrand gerettet hatte. Wann immer fortan ein Feuer ausbrach, fuhr sie als Maskottchen auf dem Leiterwagen mit und feuerte ihre Mannschaft an. Angeblich hat sie sich sogar die Nummer 5 auf ihre Unterhosen sticken lassen.

Lillie muss ein ziemlich flamboyantes Leben geführt haben. Sie war zeitweise mit zwei Männern gleichzeitig verlobt, wechselte ständig ihren Verlobungsring und heiratete dann gegen den Willen ihrer Eltern einen davon, Howard Coit. Als sie einmal gern einen Boxkampf sehen wollte, zu dem Frauen damals noch nicht zugelassen waren, ließ sie einen Preiskampf in einem Hotelzimmer ausrichten und schaute ihn von einem Tisch herab an. »Bis zum

K. O.!«, verlangte sie. Sie trieb sich, als Mann verkleidet, in Spielhöllen herum, rauchte Zigarre und floh schließlich, als ein Verwandter versuchte, sie zu erschießen (sie hatte sich geweigert, ihm ihre Finanzverwaltung zu übertragen), und dabei einen Unschuldigen tötete, nach Paris, wo sie am Hof von Napoleon III. lebte. 1923 kehrte sie nach San Francisco zurück, sechs Jahre später starb sie mit 88. Der Coit Tower wurde mithilfe von 100 000 Dollar gebaut, die sie der Stadt vermachte. Bis heute heißt es in der Stadt, er sehe aus wie eine Feuerwehrspritze, aber der Architekt hat die Inspiration immer bestritten.

Vielleicht entwickle ich gerade ein seltsames Faible für meschuggene Erbinnen, aber mich fasziniert nun mal die Frage, was Menschen, die überraschend zu Geld gekommen sind, damit anfangen – schließlich schlage ich mich ja selbst ein wenig mit diesem Thema herum. Dieser unfassbare, unverdiente Glücksfall der halben Million, die da plötzlich auf mich herniedergeregnet ist, beginnt langsam in mir zu arbeiten. Was fange ich an damit, wie setze ich es ein? Verpflichtet mich das Eigentum, und wenn ja, wozu? Es einfach sinnlos zu verpulvern, das gehört sich nicht, finde ich. Ich habe immer gut für mich selbst sorgen können, ich habe keinen Nachholbedarf. Ich habe zwar mal im ersten Überschwang behauptet, ich würde mir vom Gewinn eine Birkin Bag von Hermès kaufen, aber inzwischen schüttelt es mich bei dem Gedanken. Für ein paar Stücke Leder mit zwei Henkeln dran 5000 Euro ausgeben? Idiotisch. Ich habe das Geld lieber gespendet.

In Deutschland ging der Fall der ersten Millionen-Gewinnerin bei *Wer wird Millionär?* durch die Presse, die sich nach der Sendung erst mal vier Alfa Romeo und einen Mercedes SLK gekauft hatte. Inzwischen sei sie verarmt, mit ihrer Familie zerstritten und könne sich nicht einmal neue Zähne leisten, heißt es – die klassische Horrorstory des Lottofluchs, der die Gewinner nur ins Unglück stürzt.

So etwas könnte mir zwar nie passieren, dafür habe ich als Kaufmannstochter ein viel zu nüchternes Verhältnis zum Geld. Aber ich habe auch noch kein Gefühl dafür, was man mit zu viel davon sinnvollerweise anfängt – außer zu reisen natürlich. Deshalb höre ich gerade besonders gut zu, wenn es um kluge Investments geht. Und damit meine ich keine Kapitalstrategien.

Als mich Carls Sohn Dale Djerassi (der normalerweise in meinem Apartment wohnt, wenn er in der Stadt ist) aufs Land einlud, um mir das Stipendiatenprojekt der Familie zu zeigen, bin ich natürlich sofort losgefahren. Das Haus des Djerassi Resident Artists Program liegt eine knappe Stunde südlich von San Francisco auf einer alten Ranch, die von den Djerassis früher zur Rinderzucht genutzt wurde. Je einen Monat lang können hier Künstler aller Richtungen – Maler, Schriftsteller, Choreographen, Komponisten – in Ruhe arbeiten, für Kost und Logis ist gesorgt. Überall auf dem 5,6 Quadratkilometer großen Grundstück haben die bisherigen Stipendiaten Spuren in den Redwood-Wäldern und auf den Feldern hinterlassen. Dale fuhr mich zu einigen gottverlassenen Stellen mitten im Wald, wo plötzlich Kunst aus der Erde wächst. Berührend schön, wie diese Werke still und stumm in der Einsamkeit stehen – und allmählich verschwinden, das Verrotten ist Teil des Prozesses.

Abends treffen sich alle auf der Terrasse vor dem ehemaligen Verwalterhaus zum Essen. An diesem Tisch sind schon viele Gemeinschaftsprojekte entstanden. An jenem Abend saß ich mit einer Komponistin aus Buenos Aires, einer Dichterin aus New York, einer in Wien lebenden

Videokünstlerin aus Sibirien und einem Choreographenpaar aus Chicago beim Essen. Wir redeten durcheinander, lachten, schossen Ideen über den Tisch. Ich hatte ein merkwürdiges Déjà-vu, bis mir einfiel: Genau so hatte ich mir vor ein paar Jahren  mal eine Szene meines perfekten Tages ausgemalt, erst im Februar habe ich meiner besten Freundin davon aus Buenos Aires gemailt.

Fast unheimlich, wenn aus so einer Schnapsidee, einer wilden Phantasie plötzlich Wirklichkeit wird – ein Gänsehautgefühl, wie ich es ganz oft in diesem Jahr habe. Als ob sich ein Plan entfaltet, den ich noch nicht überblicke. Du magst mich für verrückt halten, aber es ist, als ob ich die Mechanik einer gewaltigen Zusammenhangsmaschine im Off klappern höre. Es gab schon so viele seltsame Synchronizitäten in diesem Jahr – können all die Zufälle Zufall sein? Oder liegt es einfach daran, dass ich die Zeit habe, aufmerksamer hinzuschauen? Und deshalb mehr Koinzidenzen und Zusammenhänge entdecke? Um nicht zu sagen: Sinn? Und da wären wir wieder am Anfang dieses Briefes: dem San-Francisco-spezifischen Gefühl, Teil einer ziemlich dollen Story zu sein.

Ich musste zum Beispiel lachen, als ich erfuhr, dass mein Geburtstag, der 19. Juni, hierzulande als Juneteenth gefeiert wird oder auch als Freedom Day – der Tag, der das Ende der Sklaverei in den USA markiert. Mein Gott, wie gut das passt in diesem Freedom Year, in dem ich 365 Tage Geburtstag feiere und für jeden einzelnen dankbar bin. Was für ein Geschenk, dieses Jahr! Und wie froh ich bin, dass ich es mir selbst gemacht habe.

Du wolltest ja wissen, wie ich den Tag verbracht habe. Ich hatte vorher lange darüber nachgedacht: Was macht man an einem Tag, an dem man alles machen kann, wenn er in einem Jahr liegt, in dem man alles machen kann? (Und, wenn man mal darüber nachdenkt: in einem Leben, in dem man alles machen kann.) Weil er auf einen Sonntag fiel, wollte ich ihn klassisch beginnen lassen: in der Kirche. Allerdings in einer nicht wahnsinnig klassischen Kirche. Sondern in der St. John Coltrane African Orthodox Church in der Fillmore Street, die den großen Jazzsaxophonisten John Coltrane als Heiligen verehren: Überall hängen Bilder, die ihn im Stil russischer Ikonenmalerei zeigen. Mit Tenorsaxophon.

Der sonntägliche Gottesdienst war deshalb auch mehr Jam Session als Gebetsgemurmel. Die Gemeinde bekam Tambourine und Rasseln in die Hand gedrückt, der Mann neben mir packte seine Posaune aus, und vorn neben der Kanzel spielten die Ministers of Sound: Archbishop Franzo King in seiner schönen lila Soutane am Tenorsaxophon, Reverend Wanika King-Stephens, die Pastorin, am Bass, Brother Frederick Harris am Schlagzeug und Mother Marina King and the Sisters of Compassion singen.

»This is not entertainment«, sagte die Pastorin zu Beginn, und in der Tat, es war einer der innigsten Gottesdienste, die ich je erlebt habe, inklusive einer tränentreibend schönen zwanzigminütigen Version von Coltranes tief spirituellem *A Love Supreme*, so ekstatisch wie das Original. Jazz kroch immer wieder in die zweistündige Veranstaltung hinein. Während der Predigt, in der es um die geistliche Erneuerung ging und die Notwendigkeit, jeden Tag ein wenig zu sterben, um das alte Leben abzulegen, improvisierte der Pianist gedankenverloren auf Coltranes Klassiker »Every time we say goodbye« herum, und wir Jazz-Liebhaber ~~im Publikum~~ in der Gemeinde grinsten. Denn das Lied geht so weiter: »Every time we say goodbye I die a little«. Ich bin kein gläubiger Mensch, aber diese zwei Stunden habe ich innerlich auf Knien verbracht. So also funktioniert Andacht. Jeder für sich und alle zusammen, ein Konzert der Hirne und der Herzen.

Gerade in diesem Jahr des Alleinreisens berühren mich solche Momente der Zugehörigkeit ganz besonders stark. Und ich habe sie stets besonders stark in den USA erlebt. Immer kam mir das Land wie ein gigantischer Club vor, in dem jeder herzlich willkommen ist, weil jeder etwas beizutragen hat (und sei es mit einer Rassel). Das war schon vor fünf Jahren so, als ich Dich in Reids Wohnzimmer beim Sunday Night Movie Club kennenlernte und sich für mich – ähnlich wie in diesem Jahr – ein wunderbarer Reigen aus Begegnungen und großzügigem Teilhabenlassen entwickelte. Ich werde Dir nie vergessen, wie Du mit mir sechseinhalb Stunden kreuz und quer durch die Südspitze von Manhattan gelaufen bist und mich an die Hand genommen hast, als wir Ground Zero erreichten. Und mir ein Taschentuch reichtest, als ich in Tränen ausbrach.

Aber zurück zu meinem Geburtstag. Nach dem Gottesdienst war die Seele gut genährt, jetzt war der Leib fällig. Ich hatte mir einen Tisch im Sutro's reserviert, einem Edelrestaurant im alten Cliff House am Ocean Beach. Die Sutro Baths, 1896 eingeweiht und 1966 nach einem Brand geschlossen, waren mal das größte Schwimmbad der Welt, mit einem Süßwasser- und sechs Salzwasserpools (alle mit unterschiedlichen Temperaturen). Das Bad war damals eine technische Sensation, es gibt sogar noch einen reizenden alten Filmschnipsel darüber, den Thomas Alva Edison persönlich gedreht hat. Du weißt ja, ich habe eine Schwäche für Superlative, besonders für historische Superlative. Alles, was zu irgendeinem Zeitpunkt mal das größte, schönste, neueste Ding war, gefällt mir, jedes Zeugnis von Mut und Übermut, von Wagnis und Wahnsinn, auch wenn es längst von der Zeit überrollt wurde. Genau an so einem Ort wollte ich meinen Geburtstagslunch einnehmen.

Allein zu essen finde ich nicht ganz so wundervoll wie allein zu reisen. Zwar hat es dieselben Vorteile – man konzentriert sich ganz und gar auf das, was vor einem liegt und was um einen herum passiert –, aber ich bin nun mal ein klassischer Gesellschaftsesser und -trinker. Esse ich allein, speise ich mich normalerweise schnell ab, mit einem Joghurt, einem Käsebrot, einer Suppe, irgendwas Unaufwendigem. Mich selbst zum Essen einzuladen ist noch neu für mich, gefällt mir aber immer besser. Nie habe ich so aufmerksam gegessen und dankbar genossen wie allein – zumal ich feststelle, dass an den meisten Zweiertischen nicht viel mehr geredet wird als an meinem eigenen Tisch.

Was ich hier bei Euch so sehr zu schätzen weiß: Wer allein essen geht, bekommt nicht etwa den Katzentisch, sondern einen Logenplatz, in diesem Fall direkt am Fenster zum Ozean. Und weil ich meinen Tischnachbarn gegenüber meinen Geburtstag erwähnte, brachte der Kellner, der im Hintergrund zugehört hatte, am Ende ein Butterscotch Pot de Crème mit einer Kerze. So was passiert mir nicht zum ersten Mal. Wenn ich allein esse, wird mein Weinglas voller geschenkt, mir ein Tellerchen Petit Fours hingestellt, bleibt der Kellner auch mal für einen Plausch stehen. Gelangweilt habe ich mich nur selten.

Bis hierhin war der Tag also schon mal ganz gut. Aber jetzt. Was ich bislang noch nicht geschafft hatte, wurde heute unvermeidlich: Um nach Sonoma zu kommen, ins *wine country*, mein Ausflugsziel für den Rest des Tages, musste ich über die Brücke. *Die* Brücke.

Es war mindestens ein solcher Halleluja-Moment wie am Morgen in der Kirche. Es ist bestimmt keine gute Idee, mit Tränen in den Augen und dazu durch die Windschutzscheibe meines Leihwagens fotografierend im Sonn-tagsnachmittagsverkehr über die Golden Gate Bridge zu fahren, aber der Heilige John Coltrane oder sonst wer war bei mir.

Woran liegt es nur, dass mich solche Bauwerke so rühren? Ist es die Arbeit, die Kühnheit, die Beharrlichkeit, die immer darin stecken? Ich erinnere mich an eine Geschichte, die uns beim Besteigen der Harbour Bridge in Sydney erzählt wurde (mein Gott, vor einem halben Jahr …): wie die Arbeiter, auf schmalen Streben hoch über dem Wasser balancierend, die rotglühenden Niete, die ihnen über mehrere Meter Entfernung zugeworfen wurden, mit Eimern auffingen. Sechs Millionen

Niete. Unvorstellbar, diese Leistung. Von der Golden Gate Bridge gibt es die schöne Story, dass der letzte Niet aus purem Gold war und unter gewaltigem Presserummel eingeschlagen wurde. Nur hielt er, da Gold sehr weich ist, der starken Erhitzung nicht stand, löste sich und fiel ins Wasser. Und ward nie mehr gesehen.

Aber weiter, nach Sonoma. Neben Napa das unschickere, unangestrengtere der beiden Weintäler im Norden. Also das richtige für mich. Die Fahrt dorthin: zu meiner Lieblingstageszeit, dem späten Nachmittag. In diesem faulen, goldenen (nietenfarbenen) Licht, das sagt, jetzt ist der Tag schon fast vorbei, jetzt kannst du langsam loslassen, aber genieß noch mal die Wärme, jede einzelne Minute. Meine Reservierung im Gaige House Inn war durchs System gerutscht, trotzdem hatten sie ein Zimmer für mich. Ein großes, schönes, erstaunlich billiges: »Why don't we give her the king room?«

Yeah, why don't you.

Glen Ellen ist der wahrscheinlich verschlafenste Ort im Sonoma Valley. Deshalb stehen Körbe mit Taschenlampen bereit für diejenigen, die abends zum Essen hinausgehen. Denn Straßenbeleuchtung: Pustekuchen. Die nette Rezeptionistin empfahl das benachbarte Fig Café. Ich zog also mit meiner Taschenlampe los, ließ mich gern an die Bar setzen, bestellte Wein und eine Pizza und guckte mich um. Neben mir: eine Frau, die ebenfalls allein aß. Natürlich kamen wir ins Gespräch. Stellte sich heraus: Birgitta aus Hannover, wohnt seit 16 Jahren in San Francisco, arbeitet bei IBM, pingpongt als Softwareentwicklerin durchs ganze Land.

Und. Hatte. Heute. Auch. Geburtstag.

Also bitte! Ist doch einfach unfassbar, oder? Ich habe nur noch hysterisch gelacht und uns einen weiteren Wein bestellt.

Andererseits sind mir in diesem Jahr bereits so viele Wunder begegnet, dass ich fast schon mit ihnen rechne. Und vielleicht ist das die Erklärung für all die Koinzidenzen: Ich erwarte sie, also sehe ich sie auch. Solche Verbindungen und Gemeinsamkeiten sind immer da, glaube ich, wir gucken nur nicht gut genug. Oder fragen nicht genug nach. Wäre ich zum Beispiel mit der Frau am Tresen neben mir nicht ins Gespräch gekommen, hätte ich den Zufall des gemeinsamen Geburtstags nie bemerkt. Dieser Zufall hätte aber doch trotzdem existiert, selbst wenn er von niemandem wahrgenommen worden wäre, oder? Oder ist es wie bei jenem berühmten japanischen Zen-Koan von dem Baum im Wald: Wenn er umfällt und niemand ist da, es zu hören, macht er dann ein Geräusch?

Egal: Ich *bin* ja da. Und je weiter ich meine Luken aufmache, desto mehr schwappt herein. Und desto größer ist die Wahrscheinlichkeit, dass irgendetwas davon klingelt, einen Sinn ergibt, mir etwas bedeutet.

Ein guter Tag also, mein Geburtstag?

Ein perfekter Tag, würde ich sagen. Halb geplant, halb eben gerade nicht. Und wieder mal waren die ungeplanten Momente so unendlich viel glücklicher. Ein Jazztag – je entspannter man improvisiert, desto gelungener wird es.

Und es war nicht nur ein gelungener Tag, sondern ein gelungener Monat. Das macht das Weiterreisen dieses Mal noch schwerer als bisher. Ich fürchte mich jetzt schon vor dem Abschied. Ich ahne, es wird mir ähnlich gehen wie damals vor fünf Jahren, als ich nach meiner Zeit in Brooklyn zum Flughafen fuhr und die ganze Strecke im Taxi nur geheult habe. Zum ersten Mal in diesem Jahr habe ich ernsthaft erwogen, mein 1 Monat/1 Stadt-Raster über den Haufen zu werfen und einfach länger zu bleiben. Oder ganz. Ich darf das! Ich darf alles, ich bestimme die Regeln. Aber dann dachte ich: Und auf all die anderen Städte verzichten? Wirklich?

Am Ende siegte, wie so oft, die Neugier, die Lust auf das Unbekannte. Die Fliehkraft ist eben doch stärker als die Schwerkraft. Noch. Und ich kann ja wiederkommen.

A big hug von Deiner Meike

10 Dinge, die ich in San Francisco gelernt habe

1. Mich selbst zu beschenken. Mit mir selbst zu feiern. Mir selbst beste Gesellschaft zu sein.

2. Zeit nicht immer nur unter dem Aspekt des Mangels zu sehen. Jede Minute zu genießen, die kann nämlich ganz schön lang sein. Der Juni ist zwar schnell vergangen, weil mir die Stadt so gut gefiel, aber ich habe ihn bewusster erlebt als viele Monate zuvor. Vielleicht, weil ich nicht müde, sondern wach werde vom Reisen. Zwischenstand: Nach einem halben Jahr Reisen ist das Glas halb voll, nicht halb leer.

3. Wieder mal: Wie sehr meine Befindlichkeit von meiner Umgebung beeinflusst wird. Eben noch in Honolulu gliederschwere Faulheit, jetzt in San Francisco kribblige Neugier. Als ob ein guter Strom durch mich fließt. Eine ermutigende Umgebung wirkt wie Dünger.

4. Immer erhellend: die Dinge mal ganz anders zu sehen. Das Knoblauch-Restaurant »The Stinking Rose« wirbt mit »Wir würzen unseren Knoblauch mit Essen.« Anderes Beispiel: Ein Mitglied des Laufclubs Hash House Harriers, der eines Abends in roten Kleidern (auch die Männer) in der Bar Vesuvio einfiel, erklärte mir seinen Verein als »drinking club with a running problem«. Gute Ideen sind oft das genaue Gegenteil des Gültigen & Gängigen. Perspektiv- und Prioritätenwechsel – genau darum geht es in diesem Jahr.

5. Manchmal sind die Erinnerungen an Bücher toller als die Bücher selbst. Dachte ich mir so beim Wiederlesen von Armistead Maupins *Stadtgeschichten*. Vielleicht gilt das ja auch für Erinnerungen allgemein. Und deshalb ist so ein Reisejahr möglicherweise doch wie der Garten, den ich derzeit so vermisse: Die Erlebnisse von heute werde ich eines Tages als Erinnerungen ernten.

6. Überhaupt: Ich habe vor einigen Jahren verstanden, dass man etwas für seine Erinnerungen tun muss. Dass man sie sich verschaffen muss. Und habe mir seitdem geschworen, jedes Jahr etwas zu tun, was selbst mir mit meinem schlechten Gedächtnis unvergesslich ist. Es hilft manchmal, das Leben von hinten her zu denken: Worauf möchte ich mal zurückblicken können, was möchte ich getan haben? Und es dann zu tun, so schnell es geht.

7. Jugend ist keine Frage des Alters. Hat mir ein 87-jähriger beigebracht. Aber auch andere Menschen haben mir vorgelebt: Es ist nie zu spät, etwas Neues anzufangen. Wenn das alte Leben nicht mehr taugt, hat man jederzeit das Recht auf ein anderes. *It ain't over till it's over.*

8. Bestes Essen der Welt für Alleinesser: ein Dutzend Kumamoto-Austern im Swan Oyster Depot mitten in der Woche gegen 15 Uhr – ohnehin der einzige Zeitpunkt, wo man dort einen freien Schemel findet.

9. Beste Touristenattraktion der Welt, von der ich geschworen hätte, dass sie stinklangweilig ist: Alcatraz an einem Regentag. Die phantastische Audiotour wird von ehemaligen Insassen und Wärtern erzählt, der Knast entsteht im eigenen Kopf. Sensationell gut.

10. Beste Einsicht aus dem Alcatraz-Besuch: Manchmal muss sogar ich zu meinem Glück gezwungen werden.

Dear Carl,

was für ein merkwürdiges Gefühl, auf Deiner Londoner Terrasse zu sitzen, in den wunderschönen Privatpark hinter dem Haus zu blicken und dabei zu überlegen, ob Du wohl Ähnliches empfindest, wenn Du hier sitzt. Siehst Du das überhaupt noch, diese Pracht da vor Dir? Die alten Bäume, die blauen Hortensien? Die Nachbarin, die es sich mit Kissen, Buch und Thermoskanne auf einer der Bänke gemütlich gemacht hat, die herumlaufenden Kinder? Ich beginne jeden Tag auf dieser Terrasse mit einem Becher Tee, während Dein Küchenradio Haydn oder Brahms dazu spielt, beende ihn mit einem Glas Wein und beglückwünsche mich zu meinem unverschämten Glück.

Was ich in diesem Jahr schon ein paarmal erlebt habe – für einen Monat in eine fremde Wohnung zu ziehen und damit in eine andere Existenz zu schlüpfen –, finde ich dieses Mal besonders spannend. Ich lebe mit der Kunst an Deinen Wänden, blättere durch die Bücher, staune über die Küchenschränke voller Gläser (Du musst ein paar legendäre Partys gefeiert haben auf dieser Terrasse) und fühle mich wie ein Zimmermädchen im »Haus am Eaton Place«, das es sich verbotenerweise im Salon gemütlich macht, während die Herrschaften verreist sind.

Schon in Mumbai ist mir klargeworden, dass Reisen nicht nur an einen anderen Ort führt, sondern auch in eine andere Zeit und in einen anderen Gesellschaftsstatus. In Indien reist man quasi ein paar Jahrzehnte, wenn nicht Jahrhunderte zurück und gleich mehrere Stufen auf der Stinkreich-Skala hoch. Hier in Deinem Palast hingegen habe ich ein Aschenputtel-auf-dem-Ball-Gefühl, wie eine Hochstaplerin, die mal Herzogin spielen darf. Beides sehr erhellende Erfahrungen.

Abgesehen davon liegt das Haus einfach wundervoll. Ich liebe die halbmondförmige Straße mit den weißen Terrassenhäusern, den Stadtteil Maida Vale mit seinen Kanälen und Hausbooten, ich liebe den indischen Zeitungsmann gegenüber, der mir den *Guardian* und die *Frankfurter Allgemeine Sonntagszeitung* verkauft und kiloweise Kirschen. (Könnte man eigentlich eine Weltreise entlang der Kirschensaison planen? Das wäre ein Projekt fürs nächste Jahr.)

Am meisten aber liebe ich die U-Bahnstation Warwick Avenue, gleich die Straße hinunter. Vielleicht hast Du auch dafür keinen Blick mehr – falls Du überhaupt U-Bahn fährst, was ich bezweifle –, aber auf die Tafel unten, auf der normalerweise Verspätungen und Sperrungen notiert sind, schreibt der Stationsvorsteher Tim immer kleine verspielte Nachrichten an die Kundschaft: »Good morning, folks, it's Wednesday, the centre of the week – hope yours is soft and gooey«, daneben hat er eine angebissenen Praline gemalt.

Oder »Good morning, folks. Like phone hacking, getting up early for work should be illegal. Enjoy your day.«

Oben am Stationseingang stehen zwei Balkonkästen, in denen sein Kollege Graham Auberginen, Tomaten, Chili, Salbei und

Erdbeeren zieht. Zwei- oder dreimal am Tag steigt er mit einer Wasserkanne ans Licht und gießt seinen Mini-Garten, an dem täglich Tausende vorbeigehen. Ich mag es so, wenn Leute lieben, was sie tun. Wenn sie ihr Ding eigensinnig und mit Spaß durchziehen und sich ihre Welt genau so zurechtdengeln, wie es für sie gut ist.

»Nehmen Sie sich ruhig eine Erdbeere, wenn sie reif sind«, sagte Graham, als ich ihn eines Tages auf sein Projekt ansprach.

»Danke! Sagen Sie: Hat sich eigentlich nie jemand an den Pflanzen vergriffen?«

»Aber nein. Dies ist England, ma'am.«

Ach, England.

Wenn man alle vier Wochen die Stadt wechselt, ist jeder Monat anders, doch dieser ist es auf andere Weise. Denn im Unterschied zu den bisherigen Zielen kenne ich London seit Jahrzehnten. Englisch war meine erste Fremdsprache, England also meine erste große Fernliebe. London bedeutete für mich mit zehn die erste Ahnung, dass es woanders möglicherweise aufregender sein könnte als zuhause.

Als ich Ende der Siebziger mit 18 das erste Mal ganz allein auf Tour ging, kam kein anderes Ziel infrage. Ich weiß noch genau, wie ich auf dem Fahrzeug meiner Kindheit, einem alten Hollandrad, in die Stadt geritten kam, zitternd vor Mut, das Leben und die Welt vor mir. Ich habe Stunden gebraucht, bis ich von der Peripherie endlich in meiner Jugendherberge angekommen war, fassungslos, dass all diese Gebäude, die ich von Schulbuchzeichnungen und Zeitschriftenfotos kannte, einfach so in der Gegend herumstanden. Big Ben! Der Buckingham Palace! Das gibt es ja alles wirklich!

Auch in den Jahrzehnten danach – auf Wochenendtrips, bei Dienstreisen – hat dieses Gefühl der weichen Knie nie nachgelassen. Wann immer ich hier bin, ist es wie eine archäologische Expedition zu den Erinnerungen, die mich mit der Stadt verbinden: Ex-Lieben, Ex-Jobs, Ex-Interessen werden freigelegt, hier spaziere ich durch mein Ich-Museum bis zurück zu der Zeit, als ich mit Kletts rotem *Learning English A 1* gelernt habe, wie man »Mr. Cholmondeley« richtig ausspricht.

Als ich jetzt frühmorgens in London landete und aus dem Taxi heraus die Wagen mit den Milchflaschen, die Zeitungsschürzen, die Kinder in den Schuluniformen sah, hatte es etwas von Heimkehr. Als ob ich nach einer halbjährigen Weltraummission wieder in die Erdatmosphäre eintreten würde. Das war erstaunlicherweise nicht nur schön, das war mir plötzlich viel zu nah. Ich will doch noch gar nicht zurück! Ich hatte es eigentlich für eine gute Idee gehalten, den Sommer in Europa zu verbringen – als kleine Verschnaufpause zwischen den exotischeren Städten im ersten und letzten Drittel der Reise, aber plötzlich war ich nicht mehr so sicher. Mache ich es mir nicht einfach zu bequem?

In diesem Jahr habe ich die einmalige Chance, zwölfmal in eine andere Haut zu schlüpfen. Eine andere Umgebung führt zu anderen Gewohnheiten, weckt andere Interessen, ermöglicht andere Reaktionen. Das Jahr ist, wenn Du so willst, ein chemisches Experiment: Ich tauche mich selbst in zwölf unterschiedliche Reagenzgläser ein und beobachte, was mit mir geschieht. Würde ich mich auflösen, Blasen schlagen, explodieren, trüb werden? Wie verändern mich meine Erlebnisse, in was bestärken sie mich, worin werde ich verunsichert, worin erschüttert?

Du als Chemiker wirst Arbeitshypothesen als Ausgangspunkt Deiner Versuche gehabt haben, etwas zu Beweisendes oder zu Widerlegendes. Ich habe den Luxus der Ziellosigkeit. Ich will auf nichts Besonderes hinaus, ich will einfach nur spielen. Und nicht immer schon vorher alles wissen müssen, wie ich es mir in den letzten Jahrzehnten antrainiert habe. Ich weiß nicht, wie es Dir ging in Deiner Karriere: Ich habe an mir in den vergangenen Jahren eine stetig abnehmende Fehlertoleranz beobachtet. Ich habe mir die Genehmigung entzogen, auch mal danebenzuliegen. Irrtümer, Irrwege, so befruchtend auch immer, konnte und durfte ich mir nicht leisten, fand ich. Es musste immer alles klappen. Und jetzt denke ich: *Wieso eigentlich?*

Aber zurück zu London: Ich hatte befürchtet, es könnte vielleicht zu vertraut werden, ich würde hier meine Neugier verlieren. Von wegen! Wie ein gut geschulter Butler servierte mir die Stadt Angebote, mich in merkwürdige Situationen zu begeben, auf dem Silbertablett. Zum Beispiel diese hier:

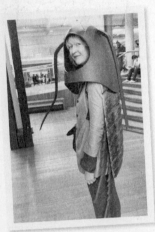

Als Meike Winnemuth eines Morgens aus unruhigen Träumen erwachte, fand sie sich in ihrem Bett zu einem ungeheueren Ungeziefer verwandelt.

Fast. Die Verwandlung fand am helllichten Nachmittag statt, und mit mir erwischte es zehn andere Neugierige. Das Science Museum veranstaltet jedes Wochenende Cockroach Tours, bei denen man die Welt des Menschen aus der Sicht von Kakerlaken kennenlernt, die bislang ja jeden irdischen Blödsinn überlebt haben. Sehr lehrreich (wer hätte gedacht, dass Kakerlaken eine Dreiviertelstunde lang die Luft anhalten können?), aber vor allem ein Wahnsinnsspaß. Besonders der Anblick der anderen Museumsbesucher war unbezahlbar, wenn wir auf Aufforderung unserer Führerin (»Verteilt Euch!«) zum jeweils nächsten Exponat rannten.

Was ich an London so liebe: Für jede bescheuerte Idee finden sich garantiert Tausende von begeisterten Mitmachern. Unter all der nadelgestreiften *stiff upper lip*-Kontrolliertheit der Stadt schlägt nun mal ein wildes, exzentrisches Herz. Und so hat mich auch nicht verwundert, dass ich für *Lullaby*, ein besonders skurriles Theaterevent im Barbican, fast keine Karte mehr bekommen hätte, so viel Andrang gab es. Dabei wird dort nichts anderes versucht, als das Publikum so schnell wie möglich zum Einschlafen zu bringen.

Man checkt um 22.30 Uhr im Theater ein, zieht sich in der Umkleide Nachthemd und Plüschpuschen an, bekommt eine heiße Schokolade im Foyer serviert und wird dann zu seinem Platz gebracht. In diesem Fall: ins Bett. Im Barbican Pit stehen rund um eine kleine Bühne 50 Einzel-, Doppel- und Dreierbetten. In dem neben mir lagen drei kichernde Franzosen, ein Mann und zwei Frauen. Auf jedem Nachttisch eine Wasserkaraffe und ein Beutelchen mit Lavendelseife, Schlafmaske und Ohrenstöpseln.

Ich trug meinen neuen Marks & Spencer-Pyjama, und auch die anderen Besucher waren festlich gewandet: rot-grüne Pyjamahosen mit Aliens und Robotern, rosa Polyesterrüschen-Nachthemden, es war alles dabei. Eine Frau kuschelte mit ihrem Stoffhasen, ein Pärchen stritt leise.

Die Show selbst war zum Gähnen – genau das wollte sie ja auch sein. Somnambul zu Spieldosenmusik tanzende Tintenfische, ein wandelndes Stoffhaus mit Watterauch aus dem Schornstein, eine zaubernde Ente – »Dream food« nennen die Performer das, Bilder wie direkt aus dem Kinderfernsehprogramm, die hoffentlich später zu Träumen werden. Dazwischen Gute-Nacht-Geschichten mit Fragen, die man mit in den Schlaf nehmen konnte (»Wenn du aus etwas anderem als Fleisch bestehen könntest, was wäre das?«).

Für die meisten ist es ja schon ein paar Jahrzehnte her, dass sie zuletzt liebevoll in den Schlaf gesungen wurden, einige haben es vielleicht nie erlebt. Ich war jedenfalls noch vor der Pause, in der Betthupferl und warmer Brandy serviert werden sollten, selig eingeschlafen. Das Letzte, an das ich mich erinnern kann, waren fliegende weiße Stoffquallen über unseren Köpfen. Oder habe ich das schon geträumt?

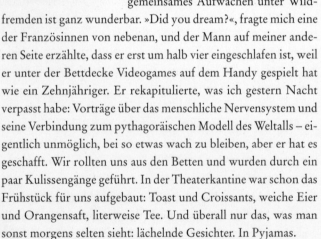

Aufgewacht bin ich davon, dass ein kleines Gehege mit tschilpenden Küken in die Mitte des Raums getragen wurde. Unglaublich, tatsächlich schon halb acht! Die Bühnensonne ging auf, alle räkelten sich in den Betten. So ein gemeinsames Aufwachen unter Wildfremden ist ganz wunderbar. »Did you dream?«, fragte mich eine der Französinnen von nebenan, und der Mann auf meiner anderen Seite erzählte, dass er erst um halb vier eingeschlafen ist, weil er unter der Bettdecke Videogames auf dem Handy gespielt hat wie ein Zehnjähriger. Er rekapitulierte, was ich gestern Nacht verpasst habe: Vorträge über das menschliche Nervensystem und seine Verbindung zum pythagoräischen Modell des Weltalls – eigentlich unmöglich, bei so etwas wach zu bleiben, aber er hat es geschafft. Wir rollten uns aus den Betten und wurden durch ein paar Kulissengänge geführt. In der Theaterkantine war schon das Frühstück für uns aufgebaut: Toast und Croissants, weiche Eier und Orangensaft, literweise Tee. Und überall nur das, was man sonst morgens selten sieht: lächelnde Gesichter. In Pyjamas.

Überhaupt habe ich hier in London auffällig mehr Gemeinschaftserlebnisse als in den anderen Städten. Keine Ahnung, ob auch das wieder Zufall ist oder ob ich das nach sechs Monaten überwiegendem Egotrip besonders forciere. Ich habe Lust auf

Leute, Lust auf Konzerte, Lust auf Abende wie den sonntäglichen Sing-a-long im Pub The Duke of Kendal, wo June, eine 90-jährige Dame mit Pudellöckchen, Hobbysänger auf einem alten Piano begleitet und der ganze Laden, ich eingeschlossen, lautstark die Refrains mitsingt.

Ich habe ja schon erwähnt, dass London-Besuche Reisen in die Vergangenheit für mich sind: Ich begegne hier verschütteten Leidenschaften, die ich irgendwann mal gepflegt habe, die mir im Lauf der Jahre aber abhandengekommen sind. Wie das halt so oft passiert, in der Regel mit den schönsten Lieben, ohne dass man weiß, warum.

Ich schätze, jeder hat eine bis mehrere peinliche oder zumindest erklärungsbedürftige Passionen, und eine von meinen (ich fürchte, ich habe eine Menge) ist Sticken. Richtig gelesen: Sticken. Sittsame Handarbeit. Ich habe das bestimmt 15 Jahre lang nicht mehr gemacht. Dabei mochte ich daran immer die Langsamkeit, das Halbanwesende, das Wegdriften, die Möglichkeit, dabei Radio zu hören oder einfach nur nachzudenken. Andere machen Yoga oder gehen zum Meditieren ins Kloster, ich sticke. Hatte ich nur vergessen. Auch dazu ist das Reisen ja wunderbar: wieder zu entdecken, was einem Freude macht – und warum.

Also landete ich an einem Samstagnachmittag in einem Stickkurs in der Idler Academy. Die sagt Dir vermutlich wenig, deshalb muss ich ein bisschen ausholen. Ich bin ein großer Fan von Tom Hodgkinson, dem Hohepriester des intelligenten Müßiggangs. Er hat zwei charmante Bücher geschrieben: *How to be idle* und *How to be free:* Anleitungen, wie man der Hamsterrad-Existenz entkommt und sich mehr Zeit für Dinge nimmt, die einen wirklich bereichern. *Work less, do more*, könnte man seine Ideologie zusammenfassen.

Toms Vorstellungen sind nicht jedermanns Sache, aber ziemlich genau meine: sich von sinnlosem Besitz und eingebildeten

Verpflichtungen befreien, stattdessen lieber etwas Neues lernen, Ukulele spielen, deutlich zu viel trinken und dabei verboten viel Spaß haben. Als ich entdeckte, dass er neuerdings eine Buchhandlung mit einem Café und einer Akademie für den vierten Bildungsweg betreibt, in der man unter anderem Kurse in Latein, Wolkenkunde und Sockenstopfen belegen kann, war ich entzückt.

Und wie so oft fand ich bestätigt: Merkwürdige Ideen ziehen interessante Leute an. Im Stickkurs saßen außer mir Allison, eine Indie-Plattenproduzentin, Rebecca, Digital Manager bei einem Zeitungsverlag (an der Tatsache, dass es immer mehr Berufsbezeichnungen gibt, die man mir erst erklären muss, merke ich, wie alt ich bin), die Schauspielprofessorin Isabel und unsere Lehrerin Sally Nencini, die früher mal Designerin bei Levi's war.

Es war, wie man sich vorstellen kann, wahnsinnig lustig: Lauter Frauen, die irgendwann mal in der Schule gestickt haben, eigentlich überhaupt keine Zeit hatten für solchen altmodischen Weiberkram, aber umso trotziger sich genau diese Zeit einfach nahmen, hier fünf Stunden auf altem Schulgestühl zu hocken und den Kettenstich neu zu lernen. Und sich dabei Sachen zu erzählen, die man sonst einfach nicht erzählt. Es war einmal mehr das Fremde-im-Zug-Prinzip, das mir schon öfter in diesem Jahr begegnet ist: Wildfremden vertraut man sich oft rückhaltloser an als selbst engsten Freunden – es hat ja keine Konsequenzen, man sieht sich in der Regel nie wieder. Hinzu kommt: Handarbeit ist ein großer Seelenöffner, sie leert den Kopf, und mit den Händen kommen auch die Gedanken in Bewegung.

Worüber ich bei solchen Gelegenheiten nachdenke: Wie geht es weiter mit mir nach diesem Jahr? Es ist natürlich noch viel zu früh, sich damit zu beschäftigen, aber mir wird immer klarer: einfach so zurück ins alte Leben, das geht nicht mehr. Das Wegsein verändert mich. Nicht fundamental, das nicht, aber es räumt auf in meinem Leben. Es sortiert mich.

Umzüge haben eine ähnliche Wirkung: Man nimmt alles einmal in die Hand, überlegt, ob man damit weiterleben will, wirft die Hälfte weg und packt den Rest in die Kisten. Also: Was will ich beibehalten, was möchte ich verändern? Könnte ich mir zum Beispiel vorstellen, wegzugehen aus Deutschland? Zum jetzigen Zeitpunkt, nach den bisherigen Erfahrungen: ja. Kann ich mir vorstellen, absolut. Bestimmt nicht gleich und bestimmt nie ganz. Aber denkbar wäre, meine Zeit zwischen Deutschland und dem Ausland zu teilen.

Während ich stickte, kam ich ins Träumen: Vielleicht jedes Jahr drei Monate woanders leben? Melbourne würde ich zum Beispiel gern mal probieren. Oder Montreal. Dass es geht, merke ich ja. Ich brauche nur ein Laptop und ein WLAN, damit kann ich überall arbeiten. Ob ich meine Kolumnen in Hamburg oder Honolulu schreibe, ist wurscht – mit dem Unterschied, dass ich sie in Honolulu sogar schneller schreibe, denn draußen lockt der Strand und nicht deutsches Matschwetter.

Das hieße nicht, dass ich Deutschland ganz den Rücken kehren wollte. Dazu ist es mir dann doch zu lieb, wie ich hier draußen feststelle. Aber wenn mir eins klar geworden ist, dann das: Wir denken viel zu oft in *Entweder/oder*, viel zu selten in *Sowohl/als auch*. Man muss nicht alles Alte aufgeben, um etwas Neues ins Leben zu lassen.

Als ich jünger und dümmer war, habe ich mich oft geärgert, dass ich nur ein einziges Leben habe – Dir geht es ähnlich, das weiß ich, wir haben in San Francisco darüber gesprochen. All die vielen Dinge, die ich machen und sein wollte, die Berufe, die mich interessiert hätten! Jede Entscheidung kam mir wie eine Beschränkung vor, nie schien mir das, was ich gerade tat, gut genug, Erfüllung genug. Bis ich irgendwann feststellte: Nicht nur lässt es sich wunderbar mit meinem Beruf verbinden, kleine Selbstversuche zu machen, es ist auch der perfekte Weg, um möglichst viele Lebensformen auszuprobieren.

Und so begann es. Für meine Reportagen habe ich mich als angebliche Millionärin per Kontaktanzeige auf Männersuche begeben und mich bei Schönheitschirurgen als jemand ausgegeben, der alles mit sich machen lassen würde. Ich habe mich in drei Monaten zum New Yorker Marathon trainiert, nur um zu sehen, ob ich es schaffe. Ich habe einen Monat vom Sozialhilfesatz gelebt: Mein Leben wurde beklemmend eng in diesen Wochen und ich wurde dankbarer für das, was ich habe. Ein Jahr lang habe ich jeden Tag das gleiche blaue Kleid getragen, ein Spiel um Reduktion (was brauche ich wirklich?) und Kreativität (was kann ich daraus machen?). Gleichzeitig habe ich mich jeden Tag von einem Ding aus meinem Besitz getrennt, ein bewusster Abschied von all dem Ballast, den ich mit mir herumgeschleppt habe.

Die Projekte wurden immer größer und dauerten immer länger – und wurden dadurch auch immer freudvoller und erkenntnisreicher. Ich habe einfach über Jahre meinen »Das mache ich jetzt einfach mal«-Muskel aufgebaut, den, davon bin ich fest überzeugt, jeder hat. Der verkümmert nur leider oft im Alltag, den muss man trainieren. Sich erst kleine Sachen trauen, dann größere, dann Weltreisen – immer im Wissen, dass einem nicht das Geringste passieren kann. Oder doch: nur Gutes.

Anders als Du, der Du Dich als rastlosen, getriebenen, unzufriedenen Menschen bezeichnest, fühle ich mich völlig glücklich in dieser Freiheit des Herumprobierens. Ich darf alles, ich kann in alle Rollen schlüpfen, mich an diesem riesigen Buffet namens Welt bedienen – herrlich! Ich habe Leute nie verstanden, die sich über ihr langweiliges Leben beschweren, wenn sie doch problemlos je-

1. Januar 2011, Flughafen Istanbul:
Leicht verkatert und schwer
aufgeregt auf dem Weg nach Sydney

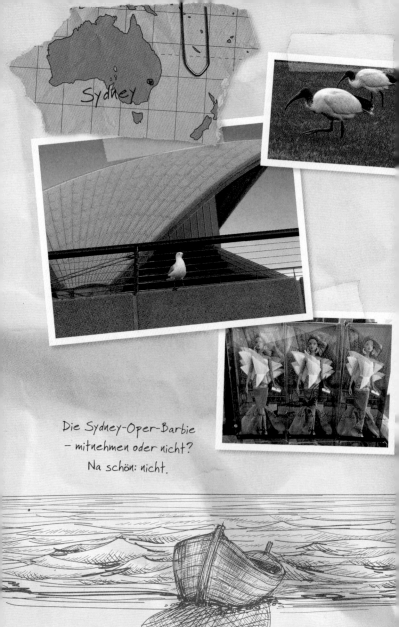

Die Sydney-Oper-Barbie
– mitnehmen oder nicht?
Na schön: nicht.

Harry's Café
de Wheels.
Erstklassiges
Junkfood seit 1945

Aborigines am Australia Day

Solche Höschen darf
nicht jeder tragen:
Diese drei Herren
sind stolze Mitglieder
des Schwimmclubs
Bondi Icebergs

Buenos Aires

Café Tortoni

Essen, trinken, noch
mehr essen

Buenos Aires = plus 4 Kilo.

La Brigada

Bar Plaza
Dorrego

Oben der Salon meiner Wohnung an der Avenida
Callao. Hier könnte man auch wunderbar Tango üben,
wenn ich nicht lieber... siehe links.

Essen wird in China zum Ratespiel, im Supermarkt und im Restaurant. Unten: geröstete Bienen und Entenzungen

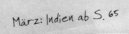

Shanghai

Die Welt von morgen mit Gewohnheiten von gestern: Die große Wäsche wird mitten in der Stadt zwischen zwei Straßenlaternen gehängt.

Honolulu

Die Skyline
von Honolulu
täuscht:
In Hawaii ist
das Leben
ein Strand –
und der Mai Tai
ein Lebensmittel

Die Surfer-Denkmale in Waikiki
kriegen täglich frische Leis umgehängt.

Nichtstun? Pah!
Mai-Tai-Tests,
Stand-up-Paddeln, eine Stunde
Ukulele-Unterricht pro
Woche – der reine Stress ...

Seit 30 Jahren meine Lieblingsstadt,
ohne je dagewesen zu sein –
und jetzt noch viel mehr

San Francisco

Wieder mal Glück mit der
Unterkunft: ein Apartment
im prächtigen Bellaire
Tower. Mein Vermieter: Carl
Djerassi, Vater der Pille

You will make many changes
before settling satisfactorily.

Die Straßen sind höllisch, der Rest himmlisch. Neues Hobby: möglichst jeden historischen Straßenbahnwagen der Linie F erwischen

London

BAKER STREET

Teatime, Picknicks,
Banker mit Stil –
und Besuch aus der
Heimat von meiner
besten Freundin
Katharina.

Yeah, baby!

Kopenhagen

Großer Andrang
vor der kleinen
Meerjungfrau

Lieblingscafé:
Bang & Jensen

Schwindelerregende
Türme, ansonsten die
reine Idylle: Kopenhagen
war die perfekte Stadt zum Runterkommen. Zumindest solange
man sich daran erinnert, wo das Rad geparkt ist ...

Einen Monat lang
nur Augenfutter:
die Bodybuilder am
Strand von Barceloneta,
die unglaublichen Häuser
von Antoni Gaudí

Und abends auf
einen kleinen Cava
in die Gassen
von El Born

Mein zweites Wohnzimmer:
der Dachpool vom Grand
Hotel Central mit
Blick bis zum Meer

Drachenschuppendach und
Takatuka-Schornsteine ... egal,
innen ist Casa Battló
ein Wunder an Eleganz

- Jerusalem
- Eilat
- Tel Aviv

Tel Aviv

יה‏דולורוזה
طريق الآلام
VIA DOLOROSA

In den Straßen von
Jerusalem könnte man
manchmal vom Glauben
abfallen: Pilgergruppen
aus aller Welt schleppen
Leihkreuze über
die Via Dolorosa,
ganz Harte
setzen sich
Dornenkronen auf.

Deshalb lieber
schnell weiter
ans Rote Meer –
und endlich
tauchen lernen

172

Wieder zurück in Tel Aviv:
leben und leben lassen

GUNS N MOSES

Havanna

Jeder Schnappschuss eine Postkarte, jede Straße eine Filmkulisse: Die Altstadt von Havanna ist nicht umsonst Weltkulturerbe.

Der berühmte Aufgang zum Paladar La Guarida. Hier wurde "Erdbeeren und Schokolade" gedreht.

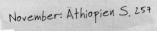

Die Revolution findet heute vor allem im Museum statt. Darin Fotos vom jungen Che Guevara in seiner Brad-Pitt-Phase. Ähnlich museal: der Salon von Papito, gut versteckt im dritten Stock eines bröckelnden Wohnhauses. Aber ein Superschnitt!

Souvenirs für das Leben danach:

Ein selbstgesticktes Kissen nach Londoner Vorlage für die Sonntagsnickerchen auf dem Sofa,

mein Lieblings-Schutzheiliger aus Äthiopien,

ein maßgeschneidertes Rad aus Kopenhagen mit extrahohem Lenker,

die Ukulele aus Hawaii

und für die nächsten Reisen genau die richtige Tasche für Technikzeugs.

den Tag alles ändern dürfen: ein Schokocroissant zum Frühstück essen statt des üblichen Brötchens, einen anderen Weg zur Arbeit nehmen, eine andere Zeitung kaufen und neue Gedanken in den Kopf lassen, mit einem Fremden an der Bushaltestelle sprechen – und das ist nur die erste halbe Stunde nach dem Aufstehen. Wie kann man sich als Gefangener des eigenen Lebens fühlen, wenn man den Schlüssel zu einem anderen doch selbst in der Hand hat? Zu einem Leben, das gleich nebenan liegt, das weder Anstrengung noch Geld, noch Abschied von dem erfordert, was man liebt?

Das war auch Thema eines schönen Abends, den ich letzte Woche mit einer ausgesprochenen Meisterin des *Sowohl/als auch* verbrachte: Michelle Witton, Schauspielerin und Rechtsanwältin, die zwischen London und Sydney pendelt. Ich habe sie vor einem halben Jahr in Sydney kennengelernt. Hier in London lud sie mich in den BAFTA Club ein, in dem sie Mitglied ist – glücklicher hätte sie mich gar nicht machen können.

Als ich nämlich vor ein paar Jahren mal kurz in Brooklyn wohnte und mich meine New Yorker Freundin Sarah mit einem Mann verkuppeln wollte, pries sie ihn so an: Investmentbanker, superreich, frisch geschieden – und Mitglied des Knickerbocker Club. An all dem interessierte mich nur Letzteres. Ich habe eine Schwäche für alte Clubs, ich mag die getäfelten Räume, die knarrenden Dielen, das Ticken der Standuhren, das Rascheln der Zeitungen, das in der Regel fürchterliche Essen im clubeigenen Restaurant. Die Idee eines *third place,* eines Ortes zwischen Arbeitsstätte und Zuhause, hat mir immer eingeleuchtet. Ich finde, man braucht solche Dekompressionskammern zwischen Nicht-mehr-da und Noch-nicht-hier, feste Orte für Gespräche, die sich um anderes drehen als die Banalität des Alltags oder die Banalität der Arbeit.

Aus dem Knickerbocker-Mann und mir wurde nichts (er fand sich spannender als mich, was in seinem speziellen Fall eine grobe Fehleinschätzung war), stattdessen suchte ich mir einen eigenen

Club, den Montauk Club in Park Slope, und wieselte mich dort als Gast-Mitglied ein. Ich erzählte dem Auswahlkomitee, dass ich das Haus zum Schauplatz eines Romans machen wolle und dass ich mich deshalb ein bisschen umsehen müsse. Recherche und so. Das genügte ihnen, und fortan stand ich ein paarmal in der Woche gegen sechs an der Bar neben anderen Clubmitgliedern, die auf dem Heimweg kurz abgebogen waren, mit Aktentaschen oder Einkaufstüten neben sich Gin Tonics tranken (»easy on the tonic, please«) und den peruanischen Barmann Antonio zwangen, frisch gekaufte CDs aufzulegen, gern The Mamas & The Papas. Es waren einige der glücklichsten Monate meines Lebens.

Deshalb hatte ich mich auf diesen Abend gleich doppelt gefreut: Nicht nur auf Michelle, sondern auch auf den BAFTA Club. BAFTA ist die British Academy of Film and Television Arts, die jährlich ihre eigenen Oscar-ähnlichen Awards verleiht, der Club – in Piccadilly, ein paar Häuser von Fortnum & Mason entfernt – ist Treffpunkt für Schauspieler, Regisseure, Drehbuchautoren. Es ist einer dieser Orte, die nur so prickeln vor Möglichkeiten, vor vergangenen und zukünftigen Projekten. Wie viele Filme wohl an dieser Bar geboren wurden?

Michelle hatte ich zuletzt vor sechs Monaten gesehen; unsere Gespräche drehten sich folglich viel um das, was bei uns in dieser Zeit passiert war. Das Ergebnis ist in meinem Fall wenig überraschend: jede Menge.

Es ist immer gut, mal von jemandem zur Vogelperspektive gezwungen zu werden. Ich war mittlerweile zweimal um den Globus gezirkelt – was hat das mit mir gemacht? Schwer, das von sich selbst zu sagen, aber ich würde behaupten: Ich bin sowohl aufmerksamer als auch unerschütterlicher geworden. Ich gucke mehr hin, ich lasse mehr zu, ich bin mehr anwesend. Blödes Wort, aber mir fällt kein besseres ein.

Außer ein paar weiße Flecken auf meiner Landkarte zu füllen hat dieses erste Halbjahr, bilde ich mir ein, auch ein paar weiße Flecken in meinem Inneren gefüllt. Wenn man allein unterwegs ist, muss man lernen, sich auf sich selbst zu verlassen und vor allem: es mit sich selbst auszuhalten. Dabei hilft, wenn man einen nachsichtigen Blick auf sich wirft in Momenten, in denen man überfordert und eingeschüchtert ist, wie ich es in Indien war, oder lethargisch wie in Hawaii. Auch das sind anscheinend Aggregatzustände von mir und damit kann ich gut leben. Mich hatte ja die transformative Kraft des Woanders interessiert: Na bitte, hier hatte ich sie.

»Wo hat es dir am besten gefallen?«, fragte Michelle.

Fragt jeder. Und die Antwort fällt mir von Monat zu Monat schwerer. Am meisten ich selbst sein konnte ich vermutlich in San Francisco. Aber geht es nicht eher darum, die eigenen Grenzen ein wenig elastischer zu machen? Dann wären es Indien und Shanghai, dort wurde ich am meisten irritiert, am meisten aufgescheucht, und auch das hat mir gefallen. Wenn auch mehr in der Rückschau, muss ich zugeben.

Michelle wiederum hat es inzwischen geschafft, ihre beiden scheinbar so widersprüchlichen Berufe zu einem Projekt zu vereinen: Sie inszeniert Schulungsvideos für britische Firmen zum Thema der neuen Antikorruptionsgesetze. Nicht nur lebt sie glücklich mit ihrem großen *Sowohl/als auch*, jetzt befruchten sich die beiden Pole auch noch. Sehr ermutigend, oder? Aber ich schätze, Du weißt besser als viele andere, wie so was gehen kann, mit Deinem Doppelleben als Naturwissenschaftler und Schriftsteller.

Ich war also auf dem besten Weg, ein glückliches Fädchen im Londoner Gewebe zu werden, da riss es mich doch noch mal hinaus aufs Land. In einer Zeitschrift hatte ich Fotos von einem Haus gesehen, das mich faszinierte, von der Balancing Barn in Suffolk, einer halb über einem Abgrund schwebenden Wohnscheune eines Vereins, der den Briten mit ungewöhnlichen Ferienhäusern moderne Architektur nahebringen will. Kurzentschlossen hatte ich es für ein paar Tage gemietet. Per Rundmail an meine Freunde hatte ich gefragt, ob jemand Lust hätte mitzukommen. Meine Berliner Freundin Anja machte sich auf den Weg.

Ich bin kein großer Landfan, meine Reise sähe sonst wohl auch anders aus. Großstädte bieten Überraschungen, Begegnungen, Anregungen, Optionen – also alles, was ich suchte. Städte machen Vorschläge, Dörfer erlassen Verbote (ja, das ist ungerecht – Du weißt, was ich meine). Aber dieses Haus war so wunderbar unniedlich und urban, eine verspiegelte Unverschämtheit inmitten der Landschaft, dass ich es sofort mochte. Und erst recht den Glücksfall eines Regentages, verbunden mit einer phantastischen Hausbibliothek.

Ryszard Kapuscinskis Buch über Haile Selassie! Woher wussten die, dass ich im November nach Äthiopien fahre? *Die Ringe des Saturn* von W. G. Sebald! Hast Du auch solche Bücher, die Du schon immer mal lesen wolltest, bis Du dann endlich in eine Situation kommst, wo die Bücher von Dir gelesen werden wollen? Sebalds Buch ist so eines für mich. Es stand schon lange auf meiner Leseliste – und nun kamen wir zwei endlich zusammen. Sebald schildert darin mäandernd und melancholisch seine Wanderung durch die spärlich besiedelte Landschaft von Suffolk, also durch genau die Gegend, in der das Haus steht. Erinnerungen, Assoziationen und Momente der Weltgeschichte schlendern im Fußtempo in die Erzählung hinein und wieder hinaus. Ich habe mich sofort darin festgelesen, vielleicht weil ich mich oft dabei ertappe, ähnlich wie Sebald meine Umgebung als Ausgangspunkt für Gedankenspaziergänge zu missbrauchen.

Aber ich war ja nicht zum Lesen hier. Mit Anja erlebte ich dasselbe wie mit meiner Freundin Rose in Indien: Kaum bewegt man sich aus der gewohnten Umgebung heraus, drehen sich auch die Gespräche um Ungewohntes. Um Lebenspläne, um Bestandsaufnahmen, um Grundsätzliches. Vielleicht wirkt aber auch mein Projekt ein bisschen wie ein Katalysator. Ich habe den Eindruck: Wann immer ich derzeit mit jemandem darüber spreche, was ich gerade mache, kommt beim anderen etwas in Bewegung. Und Fragen steigen auf: *Was würde ich an ihrer Stelle machen/wohin würde ich fahren/wie sieht mein Leben gerade aus/was für Träume möchte ich noch verwirklichen/bin ich glücklich?* So ungefähr. Ich habe noch nie in meinem Leben so viele so tief gehende Gespräche geführt wie in diesem Jahr. Eine schöne Übung – und das gerade in diesem seltsam schwebenden, aufregend verunsichernden Haus.

Aber auch die Landschaft gab eine andere Tonlage vor. Als wir eines Morgens über die Dörfer nach Dunwich fuhren, war die Sebald'sche Melancholie fast mit Händen zu greifen. Im Mittelalter war Dunwich die sechstgrößte Stadt von England und eine der wichtigsten Hafenstädte von Europa, heute findet man nur noch zehn Häuser, ein Museum und eine Fish & Chips-Bude. »Das Interessanteste an Dunwich ist das, was es nicht mehr gibt«, wie der schulheftdünne Ortsführer so richtig schreibt. Im 13. Jahrhundert schluckte ein Sturm fast ein Viertel der Stadt, der Hafen wurde unnutzbar, und ohne Einnahmen fehlte auch das Geld, sich gegen die gefräßige See anzustemmen. Ein Haus nach dem anderen stürzte die Klippen hinunter, während sich die Nordsee mehr und mehr ins Landesinnere vorarbeitete.

Schließlich stand nur noch die Ruine der All-Saints-Kirche. »1919 ist sie zusammen mit den Gebeinen der in dem umliegenden Gottesacker Begrabenen über den Abhang hinuntergerutscht«, schreibt Sebald. »Dunwich mit seinen Türmen und vielen tausend Seelen ist aufgelöst in Wasser, Sand und Kies und dünne Luft. Wenn man hinausblickt in die Richtung, wo die Stadt einst gewesen sein muss, dann spürt man den gewaltigen Sog der Leere.«

So ist es. Wir fröstelten an diesem trostlosen, untröstlichen Ort, und das hatte nichts mit dem Westwind zu tun, der durch die Straßen pfiff.

Ein Dörfchen weiter landeinwärts, in Westleton, sah es schon ganz anders aus. Ein heiterer Ententeich, Vorgärten mit Stockrosen und Kornblumen und ein labyrinthisches Antiquariat in einer ehemaligen Methodistenkirche. Überall standen verschlissene Sessel; ein handgemaltes Pappschild forderte dazu auf, mit einem Stock auf einen alten Ölkanister einzudreschen, um die Buchhändler aus den hinteren Räumen zu locken. Ein Mädchen erschien, fragte, ob wir gern Tee hätten, und brachte ein Tablett. Ich fragte nach dem Buch von Sebald, ich wollte es gern in London weiterlesen.

»I have to ask Bob«, sagte sie.

Bob erschien aus den Katakomben, ein leichenblasser Mann mit schlohweißem Haar, gekleidet in eine blaugestreifte Pyjamahose, und nach einigem Hin und Her wurde das Buch gefunden.

»Es ist die Erstausgabe der englischen Übersetzung, deshalb ein bisschen teurer«, sagte Bob. Ganze sechs Pfund.

Wieder zuhause in London erreichte mich verspätet eine Mail von meinem alten Freund Andrew, Germanistik-Professor in Cambridge, derzeit aber leider in Berlin, sonst hätte ich ihn auf dem Heimweg besucht: »Noch schöne Tage in Suffolk. *Die Ringe des Saturn* von Sebald kennst Du wahrscheinlich? Ich habe neulich einen Aufsatz zum emigrierten Dichter und Übersetzer Michael Hamburger geschrieben, der in Suffolk lebte und auch bei Sebald vorkommt.«

Warum ich so ausführlich von diesem Ausflug erzähle? Weil ich feststelle, dass die besten Momente dieser Reise immer die sind, wenn mehrere Elemente zu einem vielstimmigen Gesang zusammenkommen: ein Ort, der etwas in mir zum Klingen bringt, ein Buch über diesen Ort, meine eigene Geschichte (mit 18 war ich kurz und sinnlos in Andrew verliebt, seinetwegen habe ich Anglistik studiert), meine Stimmung, die Menschen, die mir begegnen …

Oft sind gerade solche stillen Tage, an denen gar nichts Besonderes zu passieren scheint, die wichtigsten. Oder solche, die ich völlig komatös verbringe, die gibt es auch. Tage wie Schnupfen, die ich kraft- und antriebslos einfach vergehen lasse.

Solche Tage sind nötig, ich habe sie inzwischen zu schätzen gelernt. Ich hadere nicht mehr mit ihnen und nicht mehr mit mir. Oberflächlich betrachtet passiert nichts, in Wirklichkeit aber eine Menge. Dinge werden verarbeitet, Kräfte gesammelt, Gedankenfetzen formen sich zu kleinen Zellklumpen. Die Sporttrainingslehre sagt: Muskeln wachsen an Ruhetagen. Gerade an solchen tauben, scheinbar vertrödelten Tagen sickert die Reise an irgendeine geheime Stelle meiner Eingeweide. Dahin, wo Sinn entsteht.

Das alles ist natürlich überhaupt nicht steuerbar. Ich muss Dich bei unserem nächsten Treffen unbedingt noch mal genauer ausfragen, wie Du Deine Entdeckungen gemacht hast. Zufall? Systematisches Durchtesten? Abfallprodukt aus einem Fehler, auf der Suche nach etwas ganz anderem, wie das bei der Erfindung des Post-its war? Ich mochte immer das Zitat von Thomas Alva Edison, der erst im 10000-sten Versuch eine funktionstüchtige Glühbirne entwickelte: »Ich bin auch vorher nicht gescheitert. Ich habe 9999 Wege entdeckt, wie es *nicht* geht.«

Nicht nur ein gutes wissenschaftliches Prinzip, sondern auch eine gesunde Lebenseinstellung: Das Scheitern ist Teil der Versuchsanordnung. Wie Beckett sagt: »Try. Fail. Try again. Fail better.« Keine Erfahrung ist je vergebens.

Und so endete mein zweitbester Monat nach San Francisco in Deinem Park hinter dem Haus. Meine beste Freundin Katharina war für ein langes Wochenende nach London geflogen, um mich zu besuchen. In solchen Fällen hofft man ja bizarrerweise immer, dass die Stadt sich von ihrer besten Seite zeigt; in etwa so, wie Eltern sich dafür verantwortlich fühlen, dass sich die Kinder in Gegenwart Fremder anständig benehmen. Dieser eine Monat, den ich hier gewohnt habe, hat mir London noch mal auf eine ganz andere Weise ins Herz geschraubt. Das ist jetzt meine Stadt, dachte ich, ich bin keine Touristin mehr, ich bin hier zuständig.

London war gottlob vorbildlich artig, holte die Sonne raus und war auch sonst mächtig charmant. Ich habe Katharina zum Afternoon Tea ins Brown's geschleppt, über den berühmten Zebrastreifen in der Abbey Road nicht weit von uns (»uns«! So schnell kann's gehen) und in Sir John Soanes Haus, wo getrocknete Disteln auf den antiken Stühlen liegen, eleganter und wirkungsvoller als jedes Verbotsschild. Ich habe ihr die Parkbank mit der Messingplakette zu Ehren des Straßenkehrers Jorge da Costa gezeigt, »much loved and missed by the residents of St. John's Wood«. Ich wollte, dass sie versteht, was ich an England so liebe.

Endgültig verstanden hat sie es dann am Samstagabend. Das Garden Committee hatte im Park hinter dem Haus einen Open-Air-Filmabend mit »Manche mögen's heiß« organisiert. (Übrigens wieder mal so ein pieksender kleiner Sehnsuchtsschmerz in mir: Ich möchte auf der Stelle einem Garden Committee angehören, idealerweise in London, am alleridealsten in Maida Vale. Ich möchte wieder mal irgendwohin gehören, nicht nur auf der Durchfahrt sein – Risiken und Nebenwirkungen einer Weltreise.)

Eine Leinwand war aufgebaut worden, die Bewohner der umliegenden Häuser schleppten Gartenbänke und Picknickkörbe an, Decken und Kissen, Luftmatratzen und Liegestühle, drei Jungs kamen mit einem Sofa. Es gab Popcorn und Krüge mit Pimm's und Gurke. Wir stöpselten unsere mitgebrachten Kopfhörer in

Transmitter, die die Ruhe der anderen Nachbarn garantierten (oh kluges, segensreiches Garden Committee) und guckten verzückt und mit ordentlich viel Wein jener anderen blonden Ukulelespielerin zu, während der Himmel immer dunkelblauer wurde.

Lieber Carl, ich danke Dir, dass auch Du so ein Nomade bist, wie ich es zu werden drohe. Ich danke Dir für diesen Monat in Deiner Wohnung. Ich danke Dir, dass Du mir vorlebst, wie es gehen kann, das Leben: überall auf der Erde zuhause, auf allen Feldern unterwegs. Und mit der Lust, aus wenigen Grundstoffen – 118 chemischen Elementen, 26 Buchstaben – neue Welten zu schaffen.

Ich freue mich auf ein Wiedersehen, irgendwann und irgendwo.

Much love, Meike

10 Dinge, die ich in London gelernt habe

1. Rechts stehen, links gehen. Nichts macht Londoner aggressiver als das Verletzen der Rolltreppen-Etikette.

2. Man braucht keine Bändsel an den Teebeuteln.

3. Ich kenne jetzt den Mörder in *Die Mausefalle* (gesehen: die 24 446. Vorstellung im 59. konsekutiven Jahr). Und würde ihn selbstverständlich niemals verraten.

4. Spätestens in London habe ich kapiert, dass mit den verschiedenen Zielen auch soziale Rollenwechsel einhergehen. Es gibt Orte wie Indien, in denen ich stinkreich bin, es gibt Orte wie Maida Vale, die ich mir nie leisten könnte. Zwischenstand: Stinkreich sein ist mir deutlich unangenehmer.

5. Ich bin möglicherweise bourgeoiser, als ich dachte. Ich reise inzwischen mit einem Morgenmantel, einer Teekanne, einer Ukulele und Stickzeug. Gehöre ich wirklich ins 21. Jahrhundert?

6. Es gibt keinen besseren Ort als London, um auf einen Schlag die gesamte Menschheit zu besichtigen. Und es gibt keinen besseren Ort als das Victoria & Albert Museum, um den unerschöpflichen Einfallsreichtum dieser Menschheit zu besichtigen. So eine glorreiche Anhäufung von Schönheit und Exzess (der größte silberne Weinkühler der Welt, 226 Kilo schwer!) gibt es nirgendwo sonst. Ich gehe bei jedem London-Besuch hin, bilde mir danach immer ein, ich hätte jetzt aber wirklich alles gesehen und irre mich jedes Mal wieder. Und freue mich auch beim hundertsten Mal über die vielen »Please touch«-Schilder.

7. Reisen bedeutet eine Abfolge von »Ich hätte nie gedacht, dass ich mal«-Momenten – Situationen, die man nicht planen kann, weil man vorher nicht mal im Traum drauf käme.

8. Ich hätte nie gedacht, dass ich (dank eines Leserauftrags) mal am Küchentisch des Bassisten der Pogues sitzen würde, während er mir ein Vollkornbrot mit Honig schmiert. Und schon gar nicht, dass ich mich mit ihm zwei Stunden über Macbeth, Cricket, Hitler, Oasis, die Talente von Kindern und die Hintergründe des schwarzen Obelisken am Münchner Karolinenplatz unterhalten würde und am Ende nachdrücklich ein 624 Seiten dickes Sachbuch über King George V., Kaiser Wilhelm II. und Zar Nikolaus II. ans Herz gelegt bekomme.

9. Ich hätte nie gedacht, dass mir in der Charing Cross Road Bill Nighy entgegenkommen würde (den ich seit *Tatsächlich … Liebe* tatsächlich liebe) und ich nur »Mr. Nighy!« stammeln kann. Und ein blödes Gesicht mache. Und er trotzdem nickt und unmerklich den Regenschirm hebt. Und ich danach den ganzen Tag glücklich bin.

10. Ich hätte nie gedacht, dass es Karnevalskostüme für Hunde gibt. Andererseits hätte ich es mir denken können. *This is England, ma'am.*

Kopenhagen,
Dänemark

Liebe Meike, mein liebes jüngeres Ich,

heute musste ich an Dich denken. Ganz unvermittelt, aber mit voller Wucht kam die Erinnerung. Sie begann im Körper, genauer: in den Händen, beim Radeln über Kopfsteinpflaster. Du weißt genau, welches Gefühl ich meine, oder? Durchgerüttelt werden, den Lenker fest im Griff, damit ihn Dir ein schiefer Stein nicht wegschlägt, ein Vibrieren, das sich durch den ganzen Arm zieht. Ich fuhr eine dieser Kopenhagener Kopfsteinpflasterstraßen entlang, vorbei an zweistöckigen Häusern, vor denen nur hier und da mal ein Auto steht, und das mitten in der Innenstadt. Möwen schreien, Kinder spielen auf der Straße, Stockrosen wachsen an den Mauern. Und plötzlich fahre ich durch das Neumünster des Jahres 1975, Deine Heimat (ich weiß, Du hasst das Wort). So vieles hier erinnert mich daran. Und da fielst Du mir wieder ein.

Wie alt bist Du jetzt, 15? Ich bin 51. Ich bin, was aus Dir wird. Freut mich, Dich mal wieder zu sehen.

Wenn ich mich recht entsinne, ist es gerade so: Du fährst stundenlang mit dem Rad durch die Gegend und hast kein Ziel. Du willst ganz viel und weißt nicht, was. Du fühlst Dich fremd in Deiner Welt und denkst, es sei Dein Problem und nicht das der Welt. Du bist das einsamste Mädchen des Planeten und würdest das um keinen Preis jemals zugeben.

Aber Du hast eine kleine Stimme im Hinterkopf, die Dir sagt, dass es irgendwann besser wird. Diese Stimme bin ich.

Es wird besser. Es wird sogar phantastisch.

Was kann ich Dir erzählen, ohne zu viel zu verraten? Vielleicht dies: Bitte bleib am Leben, es lohnt sich. Du wirst lieben und geliebt werden, Du wirst die Welt sehen, Dir werden sämtliche Wunder begegnen. Von all dem kannst Du heute noch nicht mal träumen, so unvorstellbar ist es. Wenn ich Dir erzählen würde, was alles passieren wird, würdest Du mir kein Wort glauben. Du kannst für den Preis einer Busfahrkarte nach London fliegen, Du hast eine Art Minicomputer in der Tasche, mit dem Du telefonieren und fotografieren kannst, der Dir den Weg zeigt und in dem Deine Plattensammlung gespeichert ist. Deutschland ist wiedervereinigt, Berlin ist Hauptstadt. Wir haben eine Bundeskanzlerin und einen schwulen Außenminister. Doch, wirklich.

Aber ich will Dich nicht verwirren. Ich erzähle Dir das nur, um mir selbst etwas bewusst zu machen: In Deinem Alter hatte ich keine Ahnung, wie die Welt in *meinem* Alter aussehen würde. Wenn ich mir überlege, was sich in den letzten 35 Jahren alles verändert hat, wird mir klar: Ich habe nicht den leisesten Schimmer, was in den nächsten 35 Jahren passieren wird. Ich weiß nur: Ich will dabei sein. Mit jedem Tag mehr auf dieser Erde finde ich sie sensationeller, überwältigender, unglaublicher.

Ich schreibe Dir diesen Brief von einer Weltreise. Dass ich sie mache, habe ich nicht geplant. Ich habe nicht darauf hingearbeitet, es hat sich so ergeben. Wie sich auch alle anderen wichtigen Ereignisse in meinem Leben irgendwie ergeben haben. Und deshalb möchte ich Dir eines zu Deiner Beruhigung sagen: Du musst Dir nicht die geringsten Gedanken um die Zukunft machen, die kommt von allein. Du machst das alles ganz richtig so, auch wenn Du nicht weißt, was das alles soll. Und ob es einen Sinn hat. Das mit dem Sinn kommt auch von allein. Ich bin vorhin am Assistens-Friedhof vorbeigeradelt, am Grab des Philosophen Søren Kierkegaard. Der hat zu diesem Thema alles gesagt, was man wissen muss: »Das Leben wird vorwärts gelebt und rückwärts verstanden.«

Hab also Geduld mit Dir. Welche Entscheidung Du auch immer triffst und welchen Weg Du auch immer gehst: Im Rückblick – und auch erst dann – wird sich alles als goldrichtig und geradezu zwangsläufig erweisen. Du könntest einiges besser und eine Menge schlechter machen, aber Du kannst nichts falsch machen. Gar nichts. Denn auch Irrtümer sind nützlich, sogar wertvoller als die allervernünftigsten Entschlüsse. Jeder Umweg, jede Sackgasse, jeder Stau bringt Dich weiter, verlass Dich drauf. Nicht gleich, aber irgendwann.

Du suchst Antworten, aber die sind nicht so wichtig, wie Du denkst. Die richtigen Fragen dagegen umso mehr. Erträgst Du noch ein Zitat? Hier ist Rilke in einem Brief an einen jungen Dichter: »Ich möchte Sie bitten, Geduld zu haben gegen alles Ungelöste in Ihrem Herzen und zu versuchen, die Fragen selbst lieb zu haben. Forschen Sie jetzt nicht nach den Antworten, die Ihnen nicht gegeben werden können, weil Sie sie nicht leben könnten. Leben Sie jetzt die Fragen. Vielleicht leben Sie dann allmählich, ohne es zu merken, eines fernen Tages in die Antwort hinein.«

Die Fragen selbst lieb haben! Ganz großartig und sowieso unvermeidlich: Die Fragen werden immer Dein Treibstoff sein, und die besten werden sowieso nie beantwortet werden. Das finde ich, je älter ich werde, auch immer weniger nötig.

Was in Deinem Alter schwierig ist, Liebes, und auch später nicht leichter wird: herauszufinden, was *Du* willst. Nicht was Du nach Ansicht anderer wollen solltest. Es ist oft nicht leicht, die inneren und die äußeren Stimmen auseinanderzuhalten: Bist Du es oder ist es die Welt, die Dir einredet, Du solltest Kinder, eine Karriere, Körbchengröße C, eine langjährige Beziehung, ein Haus, perfekt gezupfte Augenbrauen, einen Uniabschluss, ein ausgeglichenes Wesen, ein ausgeglichenes Bankkonto und zweimal zwei Wochen Urlaub im Jahr haben? Wer bestimmt das? Ist das wirklich Deine eigene Sehnsucht oder nicht einfach nur Anpassung an jemandes anderen Idee vom Glück?

Sind es nur »Wünsche, die man über uns verhängt«, wie Alain Souchon singt? Was, wenn Du etwas ganz anderes willst? Lass Dir nie, hörst Du, *nie* einreden, dass an Deinen eigenen Vorstellungen was nicht stimmt. Selbst wenn Du auf die Frage »Kind oder Karriere?« mit »Weder noch« antwortest: Das ist völlig in Ordnung. Du bist so gedacht, wie Du bist. Du musst nichts werden, Du bist schon was. Um herauszufinden, was das ist, dazu bist Du auf der Welt. Du bist Dein eigener Zweck.

Und glaub nicht, dass es nur eine richtige Antwort für Dich gibt. Die Fragen bleiben dieselben, aber zu unterschiedlichen Zeiten wirst Du unterschiedliche Antworten darauf geben. Und geben dürfen. Du hast das verdammte Recht, immer wieder neu über Dich zu entscheiden, egal was Du zuvor für richtig gehalten hast.

Vergleich Dich nicht mit anderen. Ich gebe zu, das fällt schwer, und ich bin ehrlich: Wir zwei schaffen das erst mit 40. Du bist 1,78 Meter groß, das ist hart mit 15. Du willst nicht herausragen, Du willst nicht anders sein. Verstehe ich. Aber bitte hör auf, immer so krumm in der Gegend herumzustehen: Es macht mir nur Rückenschmerzen und an unserer Größe ändert es ja doch nichts.

Wie bei vielem anderen gilt: Was Du jetzt furchtbar findest, wird später meine Stärke. Ich bin 1,83 Meter, und das ist großartig mit 51. Mich übersieht man nicht, ich bin nicht unsichtbar wie andere Frauen meines Alters. Ich bin gewohnt, angeguckt zu werden, und zwar seit 36 Jahren, das härtet ab. Deshalb kann ich auch problemlos durch Indien und China spazieren, ein hellblonder Leuchtturm in der Menge, und zwar ein entspannter.

Trotzdem, das gebe ich zu, ist es zur Abwechslung ganz nett, mal unterzugehen und unbeobachtet zu sein. Solltest Du je das Bedürfnis haben: Kopenhagen. Blondhausen. Ist super hier. Du würdest lachen, wenn Du sehen würdest, wie oft ich auf Dänisch angesprochen werde und wie verblüfft dann immer darauf reagiert wird, wenn ich auf Englisch antworte.

Überhaupt: Kopenhagen. Findest Du langweilig, nicht? Liegt zu nahe. Um die Ecke von Neumünster. Wer will da hin, wenn die ganze Welt zur Auswahl hat? Ja. Einerseits. Andererseits merkt man irgendwann, dass nichts exotischer ist als das Naheliegende. Dass nichts ferner liegt als die eigenen Wurzeln. Jetzt, mit 15, willst Du so weit weg wie möglich, raus aus der Enge der Kleinstadt, raus aus Schleswig-Holstein. Ich hingegen stelle fest: Ganz schön, mal wieder vertrauten Wind um die Nase zu spüren. Und vertraute Gerüche zu schnuppern: Salzluft, Tang, frisch gemähtes Gras. Deshalb ist die Wahl für den August auf Kopenhagen gefallen: nach Hause kommen, ohne nach Hause zu fahren, das war die Idee.

Es kam auch genau zum richtigen Zeitpunkt: Ich musste nämlich wieder eingenordet werden. Nach sieben Monaten Zickzack rund um den Globus musste meine wild ausschlagende Kompassnadel zwischendrin mal zur Ruhe kommen. Ich bin so randvoll mit Erlebnissen, dass einfach nichts mehr reinpasst. Das muss alles erst mal ein bisschen sacken. Ein bisschen kompostieren. Du weißt ja: In 1,83 Meter, da passt viel rein. Da ist eine Menge Platz für Eindrücke und Empfindungen, wir können wirklich was in uns reinfressen. Aber im Gegensatz zu Dir habe ich gelernt, wann es genug ist. Kopenhagen ist wie ein Sorbet bei einem 12-gängigen Dinner, der kleine kühle Zwischengang, der wieder Platz für Neues macht.

Das Schöne an Kopenhagen ist, dass es praktisch keine Sehenswürdigkeiten gibt. Die Innenstadt ist in einer halben Stunde zu Fuß durchquert, die zwei Schlösser hat man schnell erledigt, Kleine Meerjungfrau, Hafenrundfahrt, fertig. Anschließend: leben. Allerdings habe ich, das muss ich gestehen, das übliche Sightseeingprogramm auch in den anderen Städten weitgehend ignoriert. Nichts finde ich öder als Punkte auf einer To-do-Liste abzuhaken – und ganz ehrlich: Macht es jemanden zu einem glücklicheren Menschen, alle einschlägigen Kirchen und Museen einer Stadt gesehen zu haben?

Der Rhythmus der Stadt käme Dir völlig vertraut vor, auch er scheint in den Siebzigern stehen geblieben: Um halb sechs, sechs machen die Geschäfte dicht und die Bürgersteige werden hochgeklappt. Selbst Strøget, die erste und längste Fußgängerzone der Welt, die eigentlich zu jeder Tageszeit knüppeldickevoll ist, leert sich schlagartig. Es ist, als ob alle kollektiv ausatmen. Man geht nach Hause und isst was und lässt es gut sein für heute.

Das wirkt ansteckend. Kopenhagen ist die Stadt, in der ich bisher am wenigsten getan habe. Ich hatte keine Lust auf Ausgehen, auf Konzerte, nicht mal auf die Cinemateket, die bei mir um die Ecke liegt. Ich bin noch nicht ein einziges Mal, so unfassbar mir das selber vorkommt, abends essen gegangen. Der Kühlschrank ist voll mit Käse und Dillhering und Rhabarberjoghurt, es gibt wunderbares, ziegelschweres Roggenbrot mit Mandeln und Beeren, warum also rausgehen? Ich habe mich in mein Schneckenhaus zurückgezogen, lese manisch, schreibe wie am Fließband und gucke mir abends die Filmsammlung meines Vermieters Christian an, *Citizen Kane, Die sieben Samurai, Der unsichtbare Dritte*. Zwischendrin schaue ich der alten Frau im Haus gegenüber zu, die alle halbe Stunde aus dem Fenster hinaus raucht. Es ist ein friedliches Leben. So eins habe ich gebraucht nach sieben Monaten Reisemarathon, ich bin ja schließlich nicht mehr die Jüngste.

Neben dem Runterkommen gab es aber auch einen zweiten guten Grund für Kopenhagen: Ich wollte Edith und Erwin die Möglichkeit geben, mich zu besuchen; für sie ist es nur eine Zugfahrt. Wieso bestehst Du eigentlich darauf, sie so zu nennen und nicht Mama und Papa oder Mutti und Vati? Ich weiß nur, Du tust es, aber nicht, warum. Eine handelsübliche pubertäre Coolness-Simulation vermutlich.

Sie sind immer noch wie damals, falls es Dich beruhigt. Tut es nicht? Sollte es aber. Ein Paar seit 57 Jahren, eigentlich unfassbar. Dein Vater macht immer noch schlechte Witze, Deine Mutter will immer noch alles wissen und alles vorausplanen und treibt mich damit so zum Wahnsinn wie Dich damals. Freu Dich über diese Kontinuität in Deinem Leben, sie ist selten. Jetzt möchtest Du, dass alles anders wird, aber irgendwann wirst Du Dich danach sehnen, dass ein paar Dinge so bleiben, wie sie sind.

Tun sie aber nicht, tun sie nie. *No one in your life is with you constantly/No one is completely on your side.*

Wir spazierten durch die Stadt, schipperten durch den Hafen, fuhren raus nach Rungsted zu Karen Blixens Haus (die sagt Dir jetzt noch nichts, aber in zehn Jahren wirst Du an mich denken. »Jenseits von Afrika«! Die Haarwaschszene!) und weiter nach

Tisvildeleje ins Badehotel Helenekilde mit einem süchtig machenden Blick über den Kattegat. Es war wie Ferien auf Saltkrokan. »Dieser Tag ein Leben«, erinnerst Du Dich?

Willst Du sehen, wie die beiden jetzt aussehen? 85 und 78 und immer noch fit, wir haben Glück gehabt, Du und ich und die beiden erst recht.

Nicht sehr verändert, oder? Oh, das bringt mich auf was: Willst Du sehen, wie *Du* aussehen wirst?

Wirklich?

Enttäuscht? Erleichtert? Erkennst Du Dich wieder? Eigentlich nicht übel für eine olle Schabracke, oder? Vielleicht geht es Dir mit diesem Bild wie mir mit einer Computersimulation, die Fotos künstlich altern lässt

und die ich natürlich auf der Stelle ausprobieren musste (wir haben dämliche Spiele hier im 21. Jahrhundert auf unseren kleinen Taschencomputern):

Seltsamerweise schockiert mich der Anblick überhaupt nicht, sondern beruhigt mich eher. Was man kennt, fürchtet man nicht. Ich werde eine gut gelaunte Alte sein, die nichts ausgelassen hat und sich eines fernen Tages rückwärts ins Grab kippen lässt, fröhlich pfeifend und ohne jedes Bedauern.

Na gut, ich wechsle ja schon das Thema. Du hast Dein ganzes Leben noch vor Dir und fühlst Dich unsterblich. Ich habe jetzt ein Drittel hinter mir (kleiner Scherz) und fühle mich immer noch unsterblich.

Zurück zu Kopenhagen und warum ich gerade so sehr an Dich denken muss. Die Stadt hat etwas entwaffnend Halbwüchsiges an sich. Dänen erinnern mich in vielem an Teenager. Nicht nur, was ihre Vorliebe für Vergnügungsparks und Junkfood betrifft (Eis, neonfarbene Hotdogs, noch mehr Eis, Dosenbier), oder wegen der Kifferkommune Christiania in Spuckweite zur Innenstadt, sondern auch in ihrer liebenswerten Selbstüberschätzung, sich für die Allergrößten zu halten. Mir fiel beim Anblick all dieser Blondheit ein Zitat von Theodor Fontane über Hamburger Frauen ein: Sie sind »alle so zweifelsohne, haben innerlich und äußerlich so was ungewöhnlich Gewaschenes«. *Zweifelsohne* sein, angstlos und mit sich selbst im Reinen – vielleicht ist das der Schlüssel zum Glück? Bei Umfragen, welches das glücklichste Volk der Erde sei, belegen die Dänen seit Jahren einen Spitzenplatz. Irgendwas müssen sie richtig machen, und auch das wollte ich gern herausfinden.

Vorläufiger Zwischenstand: Sie haben eine ziemlich pragmatische Definition von Glück. Eine unaufgeregte Grundzufriedenheit, gesichert durch gutes Einkommen, Feierabend um vier und Besäufnisse am Wochenende. Das Ganze eingebettet in ein vorbildliches Sozial- und Bildungssystem und natürlich das unbezahlbare Gefühl, alles richtig zu machen. Hinzu kommt, dass der Wohlstand relativ gleichmäßig verteilt ist, es gibt kein großes Gefälle zwischen Arm und Reich. Glücksforscher behaupten ja immer: Zufriedenheit hängt nicht von der Höhe des Einkommens ab, sondern von der eigenen Position auf der Einkommensskala im Vergleich zu anderen. Erst der Vergleich macht unglücklich – es sei denn, dem Nachbarn geht es so gut oder schlecht wie einem selbst.

Ein weiteres Glücksrezept ist das konsequente *friluftsliv:* Beim kleinsten Sonnenstrahl wird alles stehen und liegen gelassen und mit Kind, Kegel und einem Sixpack nach draußen gezogen – der Winter ist schließlich lang genug zum Arbeiten. Es hat was von erlaubtem Schuleschwänzen, Du würdest es lieben. Du würdest auch das Havnebadet lieben, das kostenlose öffentliche Ponton-Schwimmbad im überraschend sauberen Hafenbecken von Kopenhagen, direkt gegenüber der Innenstadt. Die Becken sind veralgt, aber das stört hier keinen. Schon gar nicht die Jungs zwischen 5 und 55, die Arschbomben vom Sprungturm machen. Der perfekte Ort für einen faulen Sommersonntag. Oder Sommermontag. Oder Sommerdienstag.

Wenn ich hier auf den sonnenwarmen Holzplanken liege und dem Kreischen der Kinder zuhöre, habe ich schon wieder einen Körpergedächtnis-Flashback wie beim Radfahren: an Deine geliebten Freibadnachmittage nämlich. Es ist alles wieder da: wie die Haut nach einem Bauchklatscher brennt, wie Du zum ersten Mal die eigene Kraft gespürt hast beim Kraulen und beim Hochstemmen am Beckenrand, wie sich der scharfe Strahl der Fußpilzdusche unter der Fußsohle anfühlt und wie die Noppenfliesen, dass die Badekappe mit dem kleinen Luftpolstermuster nach mürbem Gummi riecht und dass hinterher die prasselnd heiße Dusche auf kalter Chlorhaut sofort eine zweite Gänsehaut erzeugt. Und der Heißhunger danach, den nur Salinos und ein Vanille-Milkshake stillen können.

Mein Gott, was ist es nur an Kopenhagen, dass ich nicht aus dieser Zeitschleife herauskomme?

Vielleicht weil nur Menschen aus meiner Vergangenheit in dieser Stadt auftauchten. Hier ist noch einer. Erkennst Du ihn wieder? Ja, das ist Michael. *Dein* Micha-el. Erste-Liebe-Michael. Es gibt ihn im-mer noch in meinem Leben, was an ein Wunder grenzt. Er ist ein guter Freund geworden, gerade in den letzten Jahren. Ich werde den immer lieben, einfach dafür, dass er mich so gut kennt und hartnäckig *trotzdem* mag. Das T-Shirt auf dem Foto hatte er mir letzten Dezember vor meiner Abreise geschenkt: »If found please return to Hamburg«.

An einem Sonntag liefen wir durch die Stadt, drückten uns die Nasen platt am Fenster der Fahrradmanufaktur Søgreni, und ich beschloss, mir nächstes Jahr endlich mal ein richtig, richtig schönes Rad zu kaufen. Die Erin-nerung an Dich hat mich wieder darauf gebracht: auf das Glücks-gefühl, sich aus eigener Kraft fortzubewegen und jederzeit kurz-entschlossen absteigen zu können, wenn es irgendwo interessant aussieht. Dieses Prinzip, sich durch die Welt zu bewegen und ihr nah zu sein, hast Du damals für uns entdeckt, das werde ich Dir nicht vergessen.

Schön. Was könnte ich Dir noch alles sagen, wenn ich schon mal an Dich schreibe?

Du bist Einzelkind, Du kommst gut allein klar – manchmal zu gut. Öffne Dich mehr. Lass Dich auf Menschen ein, lass Dich fallen, hab Vertrauen. Hör auf, immer alles kontrollieren zu wollen. Trau Dich, verwundbarer zu sein.

Du wirst Dich immer wahnsinnig anstrengen, alles, was Du tust, mühelos wirken zu lassen. Das Problem daran ist, dass die meisten Leute darauf reinfallen, genau wie Du es wolltest. Aber nicht wollen solltest. Lass Dir manchmal die Ratlosigkeit anmerken und die Verzweiflung und die Schwäche. Tu nicht immer so cool. Du weißt, dass Du es nicht bist, und die anderen können es auch gern wissen. Du wirst nicht weniger geliebt werden. Und Du bluffst ja sowieso nur in der Hoffnung, dass jemand hinter Deinen Bluff steigt. Glaub mir: Das geht auch einfacher.

Sei netter zu Dir. Liebevoller, freundlicher, nachsichtiger. »War ja klar« kommentierst Du jedes Missgeschick, »schon ganz nett, aber …« jeden Erfolg, »Vollidiotin! Versagerin!« beschimpfst Du Dich im Stillen. Wenn Dir das ein anderer an den Kopf knallen würde, würdest Du nie wieder ein Wort mit ihm wechseln, Dir selbst aber glaubst Du jedes böse Wort.

Wenn wir schon dabei sind: Vergiss die Idee, Dich oder andere Leute mit Adjektiven zu belegen. Niemand ist immer nur egoistisch oder irrational oder empfindlich oder eine blöde Kuh – genau so oft ist man auch das Gegenteil. Das hängt von der Situation ab und von den Menschen, auf die man trifft und auf die man unterschiedlich reagiert. Ich zum Beispiel bin in einigen Situationen stoisch, in anderen gehe ich an die Decke, ich bin manchmal ein Workaholic und manchmal stinkfaul, manchmal hysterisch albern und manchmal depressiv – jeder Mensch ist eine Sammlung von Widersprüchen, und für jeden gilt, was mal jemand über Deinen Helden Willy Brandt gesagt hat: »Hätte man diesen Menschen von seinen Widersprüchen befreit, wäre wenig von ihm übrig geblieben.« (Es war, glaube ich, Willys Sohn Matthias Brandt, in den ich ein bisschen verliebt bin wie jede klar denkende Frau.)

Es wird sogar noch komplizierter: Keine Eigenschaft ist eindeutig gut oder schlecht, nicht mal Faulheit. Asoziale Verweigerungshaltung oder löbliche Fähigkeit zur Muße? Zu Deiner Zeit war Müßiggang aller Laster Anfang, zu meiner wird er in Seminaren gelehrt. Mit anderen Worten: Misstraue der Eindeutigkeit, die ist meist eine Lüge. Das Leben ist selten simpel. Gewöhn Dich an den Zweifel.

Es wird viele Männer in Deinem Leben geben, einige kürzer, die meisten länger, einer sehr lang und dann auch nicht mehr – Liebe ist nicht einklagbar. Männer gehen, Freunde bleiben, heißt es. Das stimmt in der Regel, aber nicht völlig: Freunde gehen auch. Dafür kommen neue.

Nichts ist für immer, Leben ist Veränderung.

Du willst keine Kinder, hast Du bereits entschieden. Okay, bisschen frühreif zwar, aber warum nicht. Ich habe später (denn ich muss mich ja nicht an alles halten, was Du so beschließt) immer zu runden Geburtstagen – 30, 35, 40 – nachgeschaut, ob das noch so stimmt. Ja, es stimmte. Wir haben also keine Kinder, Du und ich. Erleichtert Dich das? Findest Du es ein kleines bisschen schade, dass Du Deinen Willen durchgesetzt hast?

Mal hast Du einen festen Job und mal nicht, aber Du wirst immer arbeiten. Weil Du es willst, weil es Dir Freude macht, weil Du gut darin bist. Weil Du es alternativlos findest, für Dich selbst zu sorgen. Wer sonst? Und freu Dich: Du wirst keine Karriere haben, sondern ein Leben.

Hab keine Angst, um das zu bitten, was Du haben willst. Du wirst es nicht immer bekommen, doch wenn Du nicht fragst, ist die Antwort immer nein.

Aber: Die Welt schuldet Dir nicht das Geringste. Kein gutes Wetter, keinen Sitzplatz in der U-Bahn, keine Wunder, keine Liebe. Wird Dir das doch zuteil, sei dankbar und freue Dich von Herzen.

Wenn Du Dich länger als fünf Minuten über etwas aufregst, hättest Du schon vor vier Minuten damit anfangen können, es zu ändern. *Love it, change it, leave it* – halt Dich nicht mit Groll auf, werde gut im Verzeihen. Nur Du leidest unter den miesen Gefühlen, die Du mit Dir herumschleppst.

Und das Wichtigste: Lass Dich nicht hetzen. Du hast Zeit. Das Leben ist nicht mit 30 zu Ende und nicht mit 40. Und auch nicht mit 80. Gute Dinge kommen immer noch des Weges, darauf kannst Du Dich verlassen.

Und falls Plan A nicht funktioniert: Das Alphabet hat 25 weitere Buchstaben.

Schön, Dich mal wiedergesehen zu haben, Meike. Ich nehme Dich einfach weiter mit auf Reisen, Du bist ja schmal, Du passt schon noch in den Koffer. Bestimmt kannst Du mir unterwegs einiges erzählen, was ich längst vergessen habe.

Und jetzt steh gerade, verdammt!
Und sei umarmt von Deiner alten M.

PS: Ach – die Idee mit der Dauerwelle, wenn Du 22 bist? Lass es. Es gibt Frauen mit Frisuren und Frauen mit Haaren. Du hast Haare.

PPS: Iss so viele Kirschen, wie Du kannst.

10 Dinge, die ich in Kopenhagen gelernt habe

1. Auch wenn ich dieses Jahr praktisch unter Umgehung von Jahreszeiten lebe: Nichts sagt so klar und deutlich Herbst wie das satte Klatschen eines Ikea-Katalogs, der auf der Fußmatte landet. Ich habe genau in diesem Moment verstanden, dass zwei Drittel meiner Reise um sind.

2. Andererseits: Ich bin in dieses Jahr gestartet mit der Panik einer 50-jährigen, schon mehr Jahre hinter mir als noch vor mir zu haben und deshalb besser mal schnell den *diem* zu *carpen* und solche Dinge wie … ach, beispielsweise eine Weltreise durchzuziehen. Mittlerweile ist die Panik vorbei. Ich habe noch viel Zeit, habe ich beschlossen. In diesem Jahr und in diesem Leben. Es geht gerade erst los.

3. Früher war alles besser? Nein. Morgen wird alles besser. Denn dafür kann man sorgen, das hat man in der Hand. Es sei denn, man ist so blöd, lieber das bekannte Unglück als das unbekannte Glück zu wählen.

4. Radfahren ist die schnellste, angenehmste, erkenntnisreichste, glücksstiftendste Fortbewegungsart in der Stadt. Möglicherweise aber auch nur in Kopenhagen.

5. Flødeboller (= Negerküsse/Schokoküsse/Schaumküsse, je nachdem, welcher Generation man angehört) von Summerbird sind die besten der Welt. Statt einer pappigen Waffel eine Schicht Marzipan und extradicke Grand-Cru-Schokolade um sahnesanften Schaum mit polynesischer Vanille – ich höre ja schon auf.

6. Ich möchte eines Tages in einem Haus am Meer wohnen, und es wird vermutlich ein kühles Meer sein. Das ist zwar keine ganz neue Erkenntnis, aber es ist schön, dass sie immer wieder bestätigt wird.

7. Man fährt an einen Ort und weiß trotzdem nie, wo man landet. Kopenhagen hat sich überraschend und ungeplant zu einer Reise in die Vergangenheit entwickelt. Kindheitserinnerungen, Treffen mit meinen Eltern, meinem ältesten Freund, einem Kollegen von vor 23 Jahren, der hier lebt – und hinterher das Gefühl: Alles richtig gemacht. In diesem Jahr und in diesem Leben.

8. Es ist wirklich so, dass man sich an einigen Orten richtiger fühlt als an anderen, dass innen und außen durch kommunizierende Röhren verbunden sind. Mir war ansatzweise klar, dass ich *nordisch by nature* bin, aber nicht *so* klar.

9. Und das, obwohl der Wind immer von vorn kommt.

10. »Das Leben schrumpft oder dehnt sich aus proportional zum eigenen Mut.« (Anaïs Nin)

Barcelona, Spanien

Lieber Michael,

ich hab's getan. Ich konnte nicht anders, es war stärker als ich. Ich bin nach Deiner Abreise noch mal zu Sögreni gegangen, Du weißt schon, zu der Fahrradmanufaktur, vor deren Schaufenster wir neulich so lange gestanden und nach den Rädern gegiert haben. Ich ging rein, ich sagte: »Bitte machen Sie mir ein Rad«, und ich habe mich dabei, so bescheuert es klingt, zum ersten Mal in diesem Jahr so richtig prickelnd reich gefühlt. Etwas Wunderschönes, das nur für mich gebaut wird, mir auf den Leib geschneidert – was für ein Luxus! Ich kam mir vor wie eine Putzfrau, die bei Chanel auf ein Haute-Couture-Kleid zeigt und sagt: »Das da in Größe 44 bitte, schaffen Sie's bis Samstag?«

Zu Beginn der Reise hatte ich mal den Plan, mir während meines Londoner Monats einen Anzug in der Savile Row nähen zu lassen, ein alter Traum. Ich hab's gelassen, weil ich mir im Lauf des Jahres ein paar Kilo angefressen habe – es macht derzeit wenig Sinn, sich auf diesen Leib was schneidern zu lassen. Stattdessen: Plan B. Ein maßgefertigtes Rad erträgt nicht nur jede Gewichtsfluktuation, es hilft auch dabei, das Gewicht wieder loszuwerden. Wie elegant.

Ebenso wie in der Savile Row beginnt alles mit dem Vermessen. Die Beinlänge wird ermittelt, der Rahmen ausgewählt, die Reifenstärke, die Anzahl der Gänge. Sören Sögreni, der seit 30 Jahren Räder baut, setzte sich mit mir eine Stunde an den Tisch, sprang immer wieder auf, um Materialproben zu holen, scheuchte mich vor die Tür zu einer Probefahrt auf seinem eigenen Rad, weil wir in etwa eine Beinlänge haben, riet ab von neun Gängen (»brauchst du nicht in Hamburg«), debattierte das Für und Wider seiner wahnsinnig schönen Holzschutzbleche. Ergebnis: ein Rad mit Unisex-Rahmen in Dunkelblau matt mit hohem Lenker, honigfarbenem Brooks-Sattel und honigfarbenen Ledergriffen, mit Kupferblechen und Kupferklingel, die bald aufs Schönste matt patinieren werden.

Ich: »Kriegen die grüne Patina wie Kirchendächer?«

Sören: »Nur wenn ich draufpinkle.«

Der baut das jetzt in aller Ruhe und im Frühling hole ich es ab – damit habe ich einen ersten konkreten Plan für das Jahr danach, an das ich sonst noch gar nicht denken mag. Aber jetzt, mit der Aussicht auf dieses Fahrrad, ein bisschen lieber.

Und wie es der Zufall will, ist Sören Kuba-Spezialist. Er war schon oft dort, er wird Anfang nächsten Jahres mehrere Radtouren über die Insel führen und er wird mich für meinen Dezember in Havanna mit jeder Menge Geheimtipps versorgen. Es war ein sehr glücklicher Nachmittag.

Zumal ich die 1500 Euro, die mich das Rad kosten wird, mit dem größten Vergnügen und reinsten Gewissen ausgegeben habe. Du hast mich ja gefragt, wie teuer dieses Jahr wird, inzwischen habe ich es mal zusammengerechnet – und war selbst überrascht vom Ergebnis.

Budgetiert hatte ich üppige 5000 Euro pro Monat, 60 000 also für das Jahr, plus 20 000 Euro Sicherheits- und Spielgeldpolster für unvorhergesehene Ausgaben. Ich wollte komfortabel leben, das Geld aber auch nicht sinnlos für Fünf-Sterne-Hotels und First-Class-Flüge verpulvern, wozu auch?

Was ich nicht einkalkuliert hatte: Da ich ja von unterwegs weiter arbeite, muss ich an mein Budget weit weniger ran, als ich gedacht habe. Und das Leben ist in einigen Städten viel erschwinglicher als zuhause. Buenos Aires, Mumbai, Shanghai waren beschämend billig. Sydney, San Francisco, London, Kopenhagen schon teurer, klar.

Aber trotzdem: Inklusive Miete für die Wohnungen und Flugkosten gebe ich pro Monat zwischen 3000 und 4000 Euro aus und lebe dabei fürstlich. 140 Quadratmeter feinster Jugendstil in Buenos Aires, zentral gelegen, mit wöchentlichem Reinigungs- und Bettwäscheservice: 1000 Euro im Monat, nur so als Beispiel. Ein Mittagessen in Mumbai: 50 Cent bis zwei Euro. Eine U-Bahn-fahrt in Shanghai: 40 Cent. Und so weiter.

Was mich zu der völlig schockierenden Erkenntnis bringt: Ich hätte das Geld von *Wer wird Millionär?* gar nicht gebraucht. Ich hätte jederzeit losziehen können. Ich hatte es immer selbst in der Hand, es wäre auch so gegangen. Als mir das klar wurde, habe ich erst mal nach Luft geschnappt. Andererseits weiß ich auch, dass ich ohne den Gewinn so ein Jahr nicht mal ansatzweise in Erwägung gezogen hätte; ich wäre schlichtweg nicht auf die Idee gekommen, es mir leisten zu können. Es war mein bisher allergrößtes Aha-Erlebnis und hoffentlich eine Lehre fürs Leben: Es ist immer viel mehr möglich, als man in seiner Betriebsblindheit für denkbar hält.

Gleichzeitig bemerke ich, dass ich meinen Job, der ja so herrlich transportabel ist – mein Laptop und damit mein gesamtes Büro passt in meine Umhängetasche – gerade fast wie nebenbei erledige. Zuhause ist er das Zentrum meiner Gedanken und Planungen, mein Daseinszweck und meine Existenzberechtigung. Hier draußen sind andere Dinge wichtiger – und trotzdem oder gerade deshalb scheint die Arbeit davon zu profitieren, dass ihr nicht meine ganze Aufmerksamkeit gilt. Ich schaffe dasselbe, ich schaffe es nur schneller und lockerer, weil ich Besseres zu tun habe. Eigentlich müsste das doch auch zuhause möglich sein, oder?

All diese Beobachtungen, verbunden mit der Erfahrung, dass ich jetzt schon den neunten Monat aus einem 22-Kilo-Koffer lebe, ohne das Geringste zu vermissen, gehen mir gerade mächtig im Kopf herum. Schön, dieses Jahr ist eine Ausnahmesituation mit einem Anfang und einem Ende, da ist es leicht, sich auf eine andere Lebensweise einzulassen.

Aber wer sagt eigentlich, dass es ein Ende geben muss? Könnte ich nicht einfach so weitermachen? Oder würde mir dann doch etwas fehlen? Und wenn ja, was?

Erwarte bitte noch keine Antworten von mir, ich bin noch ganz und gar damit beschäftigt, mir Fragen zu stellen. Aber ich beginne nach diesem Gefühl der Freiheit und des *Anything goes* süchtig zu werden. Und am allermeisten nach dem Gefühl der Unerpressbarkeit.

Ihr Bankleute habt ja den schönen Ausdruck *fuck you-money* erfunden, für die Geldsumme, die es einem ermöglichen würde, alles hinzuwerfen und trotzdem so weiterzuleben, wie man möchte. Meine Mutter hatte immer ein ähnliches, wenn auch bescheideneres Konzept namens Fluchtgeld: Über die Jahre hatte sie stetig etwas vom Haushaltsgeld abgezweigt und weggebunkert für den höchst unwahrscheinlichen Fall, dass mein Vater ihr mal dumm käme und sie einen flotten Abgang hinlegen müsste. Es ist eine Art Lebensversicherung im allerbesten Sinn: Es geht nicht darum, das Geld je zu nutzen, doch allein das Wissen, dass man jederzeit abhauen *könnte*, ist Gold wert. Es ist wie ein Rettungsboot: Hoffentlich braucht man's nie, aber dass es da ist, sorgt für die entspannte Gewissheit, dass es immer einen Ausweg gibt.

Diese Idee hat mir immer eingeleuchtet, ich hatte deshalb auch immer drei, vier Monatsgehälter auf einem Tagesgeldkonto flüssig, einfach für den unbezahlbaren Luxus, jederzeit nein sagen zu können. Das Problem ist: Ich habe mich in den letzten Jahren durch Wohnungskauf und Freiberuflichkeit eben doch erpressbar gemacht. Nein sagen zu Aufträgen, die mir vielleicht nicht so liegen, und damit riskieren, keine mehr zu bekommen? Konnte ich mir nicht leisten. Wollte ich aber wieder. Allein deshalb habe ich mich überhaupt nur bei Jauch beworben: um mir die Freiheit finanzieren zu können, auch mal einen schlecht dotierten Auftrag zu übernehmen, der mich interessiert, statt einen gut bezahlten, der weder mich noch die Welt weiterbringt. (Mein Konzept hieße deshalb auch eher *No, thank you-money*. Getreu dem Zitat von Nassim Taleb: »Man ist nur dann reich, wenn das Geld, das man ablehnt, besser schmeckt als das Geld, das man annimmt.«) Dass es dann gleich *so* gut klappen würde ... tja.

Und jetzt, mein Lieber, überlege ich, wie ich dieses berauschende Gefühl der Unerpressbarkeit bewahren kann. Das ist nämlich eine erstklassige Droge. Mit Geld kauft man sich ja nicht nur Zeugs, sondern finanziert sich vor allem Gefühle: Sicherheit, Status, Macht, Großzügigkeit, Leichtsinn – oder eben auch Unabhängigkeit. Was immer man halt am nötigsten hat.

Du kennst mich gut genug: Luxus brauche ich nicht, mein Lupo ist zwölf Jahre alt, Schmuck macht mich nervös und ich bin alt genug, um zu wissen, dass ein weiteres Paar Schuhe nicht die Erlösung bringt. Was mich dagegen brennend interessiert und mir jeden letzten Cent wert ist: Freiheit.

Seit diesem Jahr mehr denn je. Ich gucke mir deshalb gerade sehr genau auf die Finger: Mit wie wenig komme ich aus? Was ist unverzichtbar? Brauche ich meine große Wohnung zuhause eigentlich wirklich? Oder besser: Liebe ich sie so sehr, dass ich bereit bin, für sie einen Teil meiner Freiheit zu opfern?

Mit anderen Worten: Wie will ich leben? Es sollte nur eine Reise sein, aber inzwischen ist es eine Expedition zu den Fundamenten meiner Existenz. Und ich drehe gerade wirklich jeden Stein um.

Das ist also das Innen. Barcelona ist das Außen. Und es ist ein verdammt anstrengendes Außen. Ich wohne im Born, dem Altstadtviertel, drei schmale Stiegen hoch, in einer winzigen Wohnung mit Deckenbalken. Schwer romantisch das Ganze: Die Carrer d'En Boquer ist eine dieser malerischen engen Gassen, über die sich Wäscheleinen spannen, während unten die Nachbarn ein Schwätzchen halten ... das Klischee des Südens.

Okay, Schwätzchen: stimmt. Wäscheleine: auch. Und es war ein großartiges Gefühl, zum ersten Mal die eigenen Klamotten als Gassendekoration rauszuhängen. Aber in meiner Phantasie kam nie eine dauerbesoffene Britin in der Wohnung gegenüber vor, die nachts um vier die Musikanlage auf Anschlag dreht und dazu in ihr Handy brüllt. Und es kam auch kein Mädchen im Stockwerk darüber vor, das jeden Nachmittag Oboe übt, ohne jemals besser zu werden. Und es kam auch keine Müllabfuhr vor, die nachts um drei durch die Gassen rattert und die vor den Häusern herumliegenden stinkenden Müllsäcke einsammelt.

Liegt es an dem Getöse draußen oder an der stickigen Hitze, die in den Straßen und meiner Wohnung steht, ich war jedenfalls die ersten Tage hier richtig grantig. So genervt und unentspannt kenne ich mich überhaupt nicht mehr. Der Wechsel von Kopenhagen nach Barcelona war, so absurd das klingt, fast ein größerer Kulturschock als der zwischen Buenos Aires und Mumbai.

Dabei kenne ich es ja schon, dass ich an Transfertagen immer etwas schlechter gelaunt bin. Die alte Stadt zieht jedes Mal Fäden, fast immer wünsche ich mir, länger bleiben zu können, wo ich mich doch gerade so schön eingelebt habe. Immer wieder ist da anfangs ein kleiner Widerwille gegen den neuen Ort, der sich dann aber schnell in Luft auflöst. Im ersten Abschnitt der Reise hat geholfen, dass ich bis zu 24 Stunden fliegen musste, um zum nächsten Ziel zu gelangen. So anstrengend solche Passagen physisch sind, so entspannend sind sie psychisch: Man kann sich schon mal ein bisschen im Kopf akklimatisieren, Abschied vom Alten nehmen, sich gedanklich im Neuen einrichten. Hier im winzigen Europa aber geht mir alles zu schnell: in zwei, drei Stunden in einem neuen Leben zu sein – da fehlt mir einfach der Puffer.

Die ersten Eindrücke von Barcelona haben meine Laune nicht gerade verbessert. Eindruck 1: katalanische Barmänner, die so tun, als ob sie kein Wort Spanisch verstehen und Weingläser nur halb voll schenken.

Eindruck 2: von allen Seiten eindringliche Warnungen vor dem grassierenden Handtaschenklau. »Nehmen Sie bloß nie Ihren Laptop mit ins Café! Oder Ihr Handy! Oder Ihre Kamera!«, sagte meine Vermieterin; »Vorsicht, Ihre Handtasche steht offen«, warnte eine Frau hinter mir in der Supermarktschlange; ein Dutzend Kommentatoren in meinem Weblog schilderten ihre schönsten Diebstahlsstorys. Quintessenz: Jeder ist hier schon mal beklaut worden. *Jeder.* Na super. Ich hasse es, mit Generalverdacht und Misstrauen gepanzert durch eine Stadt zu gehen. Mag berechtigt sein, macht aber trotzdem keinen Spaß.

In solchen Situationen muss man einmal tief durchatmen und sich dann selbst kräftig auslachen. Es ist nämlich eine ganz klassische Reisefalle: ein paar zufällige Erlebnisse und Hörensagen-Geschichten, das Ganze hochgerechnet zu einer gefühlten Wahrheit, für die man ab da einfach nur weitere Belege sucht. Wenn man es darauf anlegt, kann man sich auf diese Weise jeden Ort versauen, und zwar für alle Zeiten.

Natürlich neigt man als Reisender dazu, seine Erfahrungen zu generalisieren – ich nicht minder: Wenn ich also von katalanischen Barkeepern schreibe, die den Touristen nicht die Gläser voll machen, ist das natürlich Unsinn: Es waren gerade mal zwei. Von Tausenden, die mir noch nichts eingeschenkt haben. Und selbst solche Erlebnisse haben Dutzende von denkbaren Verlaufsvarianten. An gut gelaunten Tagen hätte ich gelacht, »Un poco màs, por favor« gesagt, und die Sache wäre erledigt gewesen. Stattdessen habe ich stumm gemufft. Und übel genommen. Schön blöd und selber schuld, ich weiß es ja wirklich besser.

Ich habe circa eine Woche gebraucht, bis meine schlechte Laune endlich verpufft war. Man muss eine Stadt nehmen, wie sie ist, und irgendwann habe ich beschlossen, es einfach so zu machen wie die Barcelonesen: alle Fenster weit auf, den Krach als unterhaltsamen Soundtrack betrachten und bei Gelegenheit entspannt zurücklärmen. Dann kriegt meine Nachbarin von gegenüber jetzt halt als Antwort auf ihre beschissene Autoscooter-Musik eine Ladung Thelonious Monk retourniert, bestimmt nicht minder nervig für sie.

Nur zur Siestazeit zwischen zwei und vier ist die Carrer d'En Boquer demilitarisierte Zone, und auch das habe ich schnell gelernt: wie nett so ein Schläfchen am helllichten Tag ist. Anfangs hatte ich ernsthaft erwogen, in ein ruhigeres Quartier umzuziehen, jetzt denke ich nicht mehr daran. Wenn man in zehn Minuten Fußentfernung einen traumhaften Park (La Ciutadella), zwei Märkte (Santa Caterina und La Boqueria), drei Kathedralen und ein Meer erreicht, soll man still die Hände falten und das Schicksal preisen. Das geht einfach nicht besser in einer europäischen Innenstadt.

Und ein bisschen war es so, als ob mich Barcelona mit all dem Getöse endlich mal wieder aus dem Haus treiben wollte. Anders als in Kopenhagen, wo mich meine protestantische Arbeitsethik voll erwischt hat – verbunden mit seltsamen Nostalgie-Flashes, ich habe Dir ja davon erzählt – und ich irrsinnig viel gearbeitet habe, bin ich hier fast jeden Abend mit jemandem verabredet und versacke beim Cava. Barcelona ist eine Ausgehstadt, die übrigens auch ganz großartig allein funktioniert. Man stellt sich an eine Theke, ordert ein paar Tapas und das erste Glas von vielen, und zack ist man im Gespräch.

September ist ohnehin die perfekte Zeit: Die Stadt kehrt langsam aus den Sommerferien zurück, Läden werden wieder geöffnet und auch die Bars, die im August Betriebsferien gemacht haben. Am El Xampanyet zum Beispiel, 200 Meter von meiner

Wohnung entfernt, bin ich schon ein paarmal vorbeigegangen, ohne es wirklich gesehen zu haben. Als neulich zum ersten Mal die Rollläden hochgezogen waren und die Familie den Laden durchfeudelte, dachte ich: Das könnte nett werden.

Und das war es auch. Eine herzliche Thekenmannschaft, lecker Cava plus zwei Tapas für 5,50 Euro: der ideale Ort für einen Aperitivo. Ich traf mich hier mit Hans, dessen Wohnung ich fast gemietet hätte: einem weiteren Nomaden in meiner Sammlung. Gebürtiger Österreicher, als Fernsehrechtedealer in Barcelona, Köln, New York und Kapstadt zuhause. Und natürlich erzählte er mir als Erstes, wie alle anderen, seine schönsten Diebstahls- und Einbruchserlebnisse in Barcelona: »Es ist schlimmer als in Kapstadt.«

Diebstahl gilt hier nicht als Verbrechen, sondern als Ordnungswidrigkeit. Bei ihm wurde eingebrochen, man konnte den Täter sogar ermitteln – nur wurde nie gegen ihn vorgegangen. Der Einbrecher, der keine 70 Meter von ihm entfernt wohnt, spaziert also gemütlich weiter in Hans' geklauter Jacke durch die Gegend.

Meine zweite Lieblingsbar: das Vinya del Señor, direkt neben der wirklich wunderschönen Kirche Santa Maria del Mar, eine Empfehlung meiner Vermieterin Candela. Gegenüber wird der Herr gelobt, hier an der Bar über die Touristenmeile getobt: »Die Ramblas? Furchtbar! Wir kreuzen die höchstens mal, aber auch nur, wenn es nicht anders geht«, sagt Candela.

Sie ist Argentinierin aus Buenos Aires, wird ab Herbst Schiffsingenieurswesen studieren, um dann über alle Meere zu fahren, ist mit einem Japaner liiert und lebt seit drei Jahren hier.

Ihre zweite Option wäre New York gewesen, sie spricht fließend Englisch.

Mir gefallen ja solche Menschen, die den ganzen Globus als potentiellen Wohnort betrachten. Wie sähe ihr ideales Zuhause aus? Halb Barcelona, halb Berlin, sagt sie. »Die Leute dort sind so locker!«

Ihre Heimat Buenos Aires dagegen – nein, das kann sie sich nicht mehr vorstellen. »So laut! Und die Leute so rücksichtslos! Immer drängeln sie sich vor!«

Ich muss lachen: Berlin, eine Traumstadt für Menschen, die Rücksicht und Höflichkeit schätzen? War mir neu.

Candela ist bereits die Zweite hier, die Deutschland als Sehnsuchtsort nennt. Ihr Freund Momo, der mich vom Flughafen abgeholt hat, schwärmte ebenfalls. Er, Pakistani, hat 14 Jahre lang in Freiburg/Breisgau gelebt und seufzt bis heute beim Gedanken an die Zeit. Ich habe es längst aufgegeben, denjenigen, die von Deutschland träumen, zu widersprechen und seine Nachteile aufzuzählen: die Kühle, der Grundpessimismus, die Neigung zum Jammern auf höchstem Niveau. Stattdessen höre ich gut auf ihre Argumente. Die Sicherheit, die Sauberkeit, die Schönheit der Landschaft, die Vielfalt der Städte, die Geschichte … Ich muss zugeben, beim Zuhören überkommt mich immer ein kleines warmes Gefühl. Sie hat schon was, die olle Heimat. So von außen betrachtet.

Nach vier Monaten Englischsprechen am Stück (denn das war auch in Kopenhagen praktisch zweite Landessprache) habe ich eigentlich gedacht, dass mir der Rückfall in die gefühlte Sprachlosigkeit – ich mit meinem Minimalst-Spanisch und null Katalan – schwerfallen würde. Stattdessen: wieder das schon bekannte Entzücken, auf dem Markt das einzukaufen, was irgendwie interessant aussieht und dann zuhause per Google-Übersetzer herauszufinden, was es ist.

Anguila ahumada con azafran precortada: aha, Carpaccio von Räucheraal mit Safran. Hätte ich vermutlich nie gekauft, wenn ich es vorher gewusst hätte, aber es ist absolut köstlich. *Altramuces:* oh, Lupinenkerne. Und wie isst man die? Die glückliche Ahnungslosigkeit und damit das tägliche Entdecken von etwas Neuem hat mich wieder, und ich finde es ganz herrlich.

Zum Prinzip der Ahnungslosigkeit gehört ebenfalls, auf meinen Spaziergängen durch den Born auf Läden wie Vila Viniteca zu stoßen, in dem sich die Weinflaschen bis unter die Decke stapeln und sich die Verkäufer gerade ein kleines bisschen langweilen. Besser wird's nicht, denn jetzt bringe ich meinen Zaubersatz an, *No sè lo que es bueno,* ich kenne mich nicht aus. Und dann blond lächeln.

Es klappt praktisch immer. Man überschlägt sich, berät mich, gibt mir zu probieren, und am Ende ziehe ich glücklich mit etwas ziemlich Gutem von dannen. Darin steckt eine der wichtigsten Lehren dieses Jahres: Nichts ist schädlicher für erfolgreiches Reisen als bestens vorbereitetes Bescheidwissertum. Wie soll man denn überhaupt was lernen mit dieser Haltung? Dagegen abends ein bisschen schlauer sein als morgens – unbezahlbar.

Beim Schlauerwerden helfen mir auch die Kommentatoren meines Weblogs. Du liest es ja auch: Nicht nur überschütten sie mich mit guten Tipps für Bars und Restaurants und mit Kontakten zu Freunden und Bekannten, oft kommen auch ganz muntere Debatten in Gang. Oder eine dahingeworfene Frage wird fachmännisch beantwortet. Als ich mich zum Beispiel über den staubigen Strand von Barceloneta wunderte und mich fragte, bis wann es eigentlich Sand ist und ab wann Dreck, half sofort eine Geologin namens Uta aus:

»*Uta @meike* Sand hat eine Korngröße zwischen 63μm–2mm. Das meiste Strandmaterial besteht aber nicht unbedingt nur aus Sand (im Sinne der Korngröße), sondern auch aus Schluff und Kiesen. Aus sogenanntem gewaschenem Sand ist die nächst kleinere Korngröße, der Schluff, ausgewaschen. Der Schluff stiebt ansonsten wirklich.«

»*meike @Uta* Danke! Danke vor allem für das Wort »Schluff«. Immer wieder schön zu erleben, wie unvollkommen man seine eigene Sprache beherrscht, das Wort ist völlig neu in meinem Vokabular. Ist es das, was wir Laien mit Staub meinen? Und kann es sein, dass der Strand von Barcelona durchaus ursprünglich aus gewaschenem Sand bestand und die Stadt quasi beim Ausatmen einfach drübergeschlufft hat?«

»*Uta @meike* Die Stadt mit all ihren Baustellen und Autos tut alles dafür, dass Feinstaub produziert wird und dieser sich fein säuberlich Richtung Meer bewegt, wo er dann ordnungsgemäß runterrieselt und den Strand verunstaltet. Sicherlich werden auch Abwässer in das Meer geleitet, die genügend Sedimente mit sich führen und die dank der Meeresströmung am Strand wieder abgelegt werden. Da hat man es wieder … der Mensch ist schuld.«

Machen Spaß, solche Konversationen. Sie ändern aber auch mein Schreiben. Bislang war ich eine Einbahnstraßenkommunikation gewohnt: Ich schreibe einen Artikel ins Blaue hinein, er wird gedruckt, Ende der Geschichte. Von wenigen Leserbriefen mal abgesehen. Bloggen dagegen ist eine Unterhaltung: Ich weiß, wer mich liest; was ich schreibe, wird sofort kommentiert; Fragen und Kritik kann ich im Gegenzug schnell beantworten. Viel befriedigender! Unter den regelmäßigen Lesern hat sich inzwischen ein kleiner harter Kern von Leuten gebildet, die sich auch untereinander austauschen. Ich habe in Kopenhagen zwei Wochen Blogpause gemacht, und das Gespräch lief munter weiter – Frau Wirtin macht Urlaub, die Gäste treffen sich trotzdem in der Kneipe.

Einige Kommentatoren sind mir inzwischen richtig ans Herz gewachsen. Es ist ein irritierendes, aber beglückendes Gefühl, sich von Unbekannten so begleitet und verstanden zu fühlen. Vielleicht ist es ja eine doppelte Illusion: Man liest einander und fühlt sich in der Reduktion auf die paar Sätze näher, als das im wahren

Leben, in 3D und Echtzeit möglich wäre. Und natürlich: Im wahren Leben wären wir uns vermutlich nie begegnet.

Ein Fall beschäftigt mich besonders, weil er mich viel über meine Vorurteile gelehrt hat: Eine 60-jährige Hamburgerin namens Aimée, die ich in Hamburg nie und nimmer kennengelernt hätte – Stichwort: Elbchaussee/Golfclub/Poloclub, eine ganz fremde Welt für mich –, hat sich im Lauf des Jahres zu einer meiner wichtigsten Vertrauten entwickelt. Wir chatten inzwischen nahezu jeden Tag per Skype, sie hat ein bemerkenswertes Talent, immer die richtigen Fragen zu stellen, unbefangen, klug und heiter.

So stelle ich mir gute Therapeuten vor (sie ist keine): eine Instanz aus respektvoller Neugier und freundlicher Nähe, die einen auf eine Weise zum Reden bringt, wie das selbst bei guten Freunden wie Dir, mein Alter, nicht notwendigerweise funktioniert. Wir kennen uns einfach zu gut, und das heißt eben auch: Wir haben unauslöschliche Bilder voneinander im Kopf. Du kennst eine bestimmte, zum Teil vielleicht sogar veraltete Version von mir, die ich wiederum bestimmt oft unbewusst bediene und bestätige. Für Aimée hingegen bin ich ein weißes Blatt Papier, das ich völlig neu beschreiben kann – und genau das brauche ich in diesem Jahr, in dem nichts so ist, wie es war. Alles wird gerade auf den Kopf gestellt, auch die alten Kategorien von Nähe und Ferne, Fremdheit und Vertrautheit.

Nähe war am Anfang dieses Monats ja noch das große Problem: Wie ist mir Barcelona unter die Haut gekrochen und auf die Nerven gegangen! Und trotzdem fällt es mir ausgerechnet hier besonders leicht, mir die Stadt zu eigen zu machen. In anderen Städten lag mir immer daran, so viel wie möglich mitzunehmen, hier: so wenig wie nötig. Mir genügt der Born, mein kleines Dorf in der Stadt, und ebenso der tägliche Spaziergang im Park, der Feierabend-Cava im Vinya del Señor. Kann schon sein, dass es irgendwo am anderen Ende der Stadt eine bessere Bar gibt, es ist mir herzlich egal; die Jagd ist für diesen Monat eingestellt. Sicher kein Zufall, dass gerade in Europa die Kreise, die ich ziehe, wieder kleiner werden, die Wege kürzer und die Tage ruhiger. Vielleicht hatte ich nach all den Weltstädten Sehnsucht nach einem kleineren Kosmos, nach Vertrautheit und Überschaubarkeit. Jedenfalls ertappe ich mich dabei, immer wieder dieselben Restaurants und Obststände anzusteuern und sogar immer wieder denselben Armlehnstuhl an der Plaça de la Puntual. Ich stelle meine Einkaufstasche daneben, setze mich und gucke ein bisschen, höre den Frauen beim Plaudern zu und gehe dann nach zehn Minuten weiter.

Ein Ritual, das ich bislang in fast jeder Stadt gepflegt habe: einen Ort in der Nähe meiner Wohnung zu finden, den ich als Zweitwohnsitz nutze. In Shanghai war es ein Nudelsuppenladen, in London der Pub Prince Alfred, in Barcelona ist es das Grand Hotel Central bei mir um die Ecke. Das Hotel hat einen kleinen Swimmingpool auf dem Dach mit einem Hammerblick über den Born bis zum Meer. Erst kürzlich fiel mir in einem Londoner Club wieder auf, wie wichtig das Prinzip des *third place* immer für mich war: einen dritten Ort neben Zuhause und Arbeitsstelle zu haben, eine Art Druckausgleich zwischen dem einen und dem anderen. Ich in meinem Home-Office-Leben brauche also zumindest einen *second place*, zu dem ich entkommen kann. Ein Café ist gut, eine Eckkneipe besser, ein Hotel am besten. Wahrscheinlich weil ich hier in Gesellschaft von anderen Reisenden bin, die dasselbe suchen wie ich: eine Heimat auf Zeit, ein provisorisches Zuhause.

Zum Thema Vertrautheit und Fremdheit passt ganz gut, dass mich Katharina für eine Woche besucht hat. In London war es ganz großartig, dass sie übers Wochenende kam, hier … zuerst nicht so sehr. Ich fühlte mich aus meinem Trott gerüttelt. Gute Sache, wirst Du sagen. Stimmt ja auch. Die Sagrada Familia, La Pedrera, Parc Güell, das tolle Konzert im Palau de la Música Catalana hätte ich ohne sie bestimmt geschwänzt. Sie hat außerdem diesen sehr speziellen Blick auf die Dinge, die sie angesichts der engen Altstadt wunderbare Sätze sagen lässt wie »So viel Pracht und dann kein Platz zum Staunen.«

Gut, dass sie da ist, denke ich dann, sie macht mein Leben reicher. Und trotzdem hat es gedauert, bis wir einen gemeinsamen Rhythmus entwickelt hatten. Wir hatten uns Räder gemietet und ich raste vorweg, in meinem Tempo, ungeduldig. Sie fuhr fluchend hinterher, schäumend über meine Rücksichtslosigkeit.

Es funktionierte erst, als wir einen Ausflug in den Badeort Sitges gemacht und uns einen Tag lang einfach nur an den Strand geknallt haben. Da waren wir endlich wieder im selben Film: dieselbe Erwartung, dieselbe Erfahrung, und plötzlich war alles wieder entspannt und nah. Trotzdem macht mir das ein bisschen Sorge: Was riskiere ich hier eigentlich gerade, wenn ich mit meiner seit Jahrzehnten allerbesten Freundin fremdele? Entferne ich mich zu sehr von meinem Leben zuhause? Habe ich mich zu gut eingerichtet in diesem Egotrip? Bin ich überhaupt noch resozialisierbar nach diesem Jahr, verliere ich am Ende mehr, als ich gewinne? Fragen, Fragen, Fragen …

Aber Katharina und ich kriegen doch immer wieder die Kurve. Einfach weil wir so gut im Reden sind. Wenn etwas doof läuft, sagt eine von uns: »Das läuft jetzt doof« – und schon ist das erste Pflaster geklebt, der erste Schritt zur Heilung getan. Es ist wie bei uns, Micha: Wenn eine Freundschaft schon so lange dauert, haut man sie nicht mehr einfach in die Tonne, dazu ist sie viel zu kostbar.

Ich weiß aber auch, dass ich es Euch oft schwer mache, wenn ich mal wieder meiner Wege gehe und den Eindruck erwecke, niemanden auf der Welt zu brauchen. Ist nicht so, glaub mir. Weißt Du aber auch. Hoffe ich.

Ich danke Dir jedenfalls für Deine Geduld mit mir, ich weiß, dass ich oft eine Zumutung bin. Aber es sieht so aus, als ob ich hier draußen in der Ferne die Sache mit der Nähe wieder ganz neu lerne.

Sei umarmt, mein Lieber, von Deiner alten Meike

10 Dinge, die ich in Barcelona gelernt habe

1. Nichts auf erste Eindrücke zu geben. Geduld mit einem Ort und auch mit mir selbst zu haben. Liebe auf den fünften Blick ist nicht die schlechteste.

2. Sich nicht verrückt machen zu lassen. Die verbreitete Diebstahlshysterie hat mich in den ersten Tagen derart grimmig und verkrampft durch die Gegend wandern lassen, dass ich dachte: Lieber beklaut werden als ständig Angst vorm Beklautwerden haben. Vorsicht ist okay, krankhaftes Misstrauen nicht.

3. *When you're in Barcelona, do as the Barcelonese.* Und Siesta ist bestimmt auch in Hamburg nicht verkehrt.

4. Mit nichts kann man so unfroh seine Zeit verschwenden wie mit der Suche nach dem Allerbesten, das eine Stadt zu bieten hat. Schnell was finden, was man mag, und dann losleben. Das gilt möglicherweise auch für Männer, für Jobs, für die perfekten Jeans, für …

5. Von Antonio Gaudí dachte ich bisher immer: Kindertagesstätten-Architektur im Delirium tremens. Delirium stimmt, aber seit ich im Inneren der Casa Batlló war, statt nur von außen ihr Drachenschuppendach und die Teletubbie-Schornsteine zu belächeln, bin ich Fan. Wie sich die Türklinken in die Hand schmiegen, wie klug die fischkiemenartige Entlüftung funktioniert! Auch das ist Reisen: ein Überprüfen alter Überzeugungen. Die eine oder andere wird dann einfach achtkant über Bord geworfen.

6. Hätte ich zum Beispiel gedacht, dass ich mal andächtig einem experimentellen serbischen Akkordeon-Duo zuhören würde?

7. Katalanische Bratwürste sind besser als deutsche Bratwürste. Fakt. Es gibt sie gefüllt mit Feigen und Zwiebelconfit, mit Spinat und Pinienkernen, mit Foie Gras, mit Whisky und grünem Pfeffer, mit Oregano, mit Cidre und Ziegenkäse, mit Curry-Apfel, mit Schnittlauch und Minze, mit …

8. Ich dachte immer, das Fundament sei entscheidend für jeden Bau. Stimmt nicht. Wenn es in den obersten Stockwerken der Castellers, der katalanischen Menschentürme, wackelt, wackelt es bis hinunter in die Basis, und das Ding bricht zusammen.

9. Apropos: Jedes katalanische Freizeitvergnügen ist meschugge bis suizidal. Stierkampf haben sie gerade abgeschafft, alle anderen Formen von Irrsinn behalten. Die Castellers, die Umzüge mit funkensprühendem Feuerwerk …

10. Seltsam, dass man aus der Ferne oft besser sieht, was man hat, als aus der Nähe. Alles rückt in die richtige Perspektive. Ich bin so dankbar für meine Freunde.

Liebe Aimée,

das wird jetzt spannend: Werde ich es schaffen, Dir einen Brief zu schreiben, nachdem wir uns das ganze Jahr lang per Skype die Sätze wie Pingpongbälle um die Ohren gehauen haben? Werde ich nicht immer wieder ins Stocken geraten, weil ich eine Antwort, einen Einwand, eine Zwischenfrage von Dir brauche, um weiterzumachen? Wenn man so sehr im Dialog ist wie wir, ist jeder Monolog ein Problem. Aber ich möchte Dir einfach mal in aller Ruhe danken. Du weißt zurzeit, glaube ich, mehr von mir als sonst jemand auf der Welt, meine Freunde und Familie eingeschlossen – und das, obwohl wir uns nur ein einziges Mal kurz auf einer Party getroffen haben. Darf ich das ebenso großartig wie absonderlich finden? Oder zumindest »amysant«, wie Du immer schreibst?

Irgendwann habe ich aufgehört, mich über diese merkwürdige virtuelle Freundschaft zu wundern, die begann, weil wir beide einfach nicht aufhören konnten. Du hast was geschrieben, ich habe was geschrieben, dann wieder Du, dann wieder ich, Du, ich, Du, ich, ad infinitum und ohne Sinn und Absicht und Ziel. Einfach nur aus Vergnügen, einfach nur so. Insofern passt es perfekt zu diesem Jahr, in dem so vieles *nur so* ist, Selbstzweck, ohne auf etwas hinauszulaufen. Ich weiß nicht, wie es Dir geht – als Buchhalterin bist Du ja eine klare Kosten-Nutzen-Analyse gewohnt –, aber das erwartungslose, vergnügte Plaudern mit einer eigentlich Wildfremden (die täglich etwas weniger wildfremd geworden ist) gehört für mich inzwischen zur bestgenutzten halben Stunde des Tages.

Eines aber ahne ich: dass ich mich zu einem anderen Zeitpunkt nicht so bereitwillig auf das Gespräch mit Dir eingelassen hätte. Im Alltag ist es ja tatsächlich ein Zeitproblem; ich habe oft nicht mal genügend Luft für meine engen Freunde. Meist läuft es auf »Wir müssen endlich mal wieder«-Treffen hinaus, in denen man hastig die Eckpfeiler austauscht und zu den Feinheiten und Albernheiten und Überraschungen kaum noch kommt. Was ich inzwischen entsetzlich beschämend finde. Meine Zeit möchte ich im nächsten Jahr ganz anders aufteilen, das habe ich mir fest vorgenommen. Mehr Luft zum Trödeln lassen, mehr Platz für Zufälle schaffen und eben auch für Begegnungen und Gespräche.

Vermutlich ist Dir gar nicht klar, wie wichtig Du für mich und mein Projekt geworden bist. In einem Jahr des ständigen Wechsels bist Du eine rare Konstante, ein Kontinuum, das mein Chaosleben interpunktiert wie die Kanne Tee am Morgen. Wenn sich monatlich, oft täglich alles ändert, sind die wenigen Fixpunkte umso wichtiger.

Du hast die seltene Gabe, immer das Richtige zu sagen und das Richtige zu fragen. Wie es mir *wirklich* geht zum Beispiel und ob ich nicht über dieses und jenes traurig bin. Oder mich nicht hin und wieder einsam fühle. Das wollen viele gar nicht so genau wissen – vielleicht trauen sie sich auch nicht, einfach unbefangen nachzuhaken. Dabei ist das Wissenwollen doch so unendlich menschenfreundlich! Empathie und echtes Interesse am anderen bedeutet aber eben auch, manchmal indiskrete Fragen zu stellen, die in unserer nur scheinbar höflichen Wir-lassen-uns-gegenseitig-schön-in-Ruhe-Kultur (in Wirklichkeit eine Wir-ignorieren-uns-zu-Tode-Kultur) schon fast verpönt sind, weil sie wie ein Übergriff wirken. Diesen Mut muss man erst mal haben, um einander wirklich nahe zu kommen.

Nicht zuletzt durch unser regelmäßiges Chatten ist mir außerdem wieder mal deutlich geworden, wie dringend ich trotz meiner *I wandered lonely as a cloud*-Reiseromantik ein Gegenüber brauche – zur allmählichen Verfertigung der Gedanken beim Reden, wie mein Lieblingsaufsatz von Kleist das nennt. Um halb oder gar nicht Gedachtes in Worte fassen zu müssen und damit überhaupt erst zur Welt zu bringen, braucht es einen Adressaten. Und Du bist wirklich gut darin, Reibefläche zum Entzünden von Ideen zu sein.

Ich sehe Dich richtig vor mir, morgens mit dem Laptop im Bett, die Grapefruit und den Tee auf dem Tablett neben Dir, wie Du Dich mit mir, der fremden Frau, die gerade in Shanghai eine Mittagspause macht oder in Hawaii den Abend einläutet oder in Kopenhagen ebenfalls frisch aufgewacht ist, plaudernd für den Tag warmläufst. Und wie Du abends noch mal nach dem Rechten schaust. Du bist nur zehn Jahre älter als ich, sonst hätte ich gesagt: Das hat was sehr Mütterliches. Mal kurz die Temperatur nehmen. Schauen, wie es dem Kind so geht. Ich mag, wie unsere Konversationen mäandern von »Hast Du gut geschlafen?« bis zur besten Sauce zum Chateaubriand, vom korrekten Plural von »Krokus« bis zu dem Umstand, dass bei Euch traditionell eine blaue HSV-Kugel in der Weihnachtsbaumspitze hängt, vom letzten »Tatort«, den wir uns in der Mediathek reingezogen haben, bis zum korrekten Tempo, in dem man eine Herzmassage macht.

Das werde ich übrigens nie vergessen, wie Du mir die Wiederbelebung erklärt hast. »Im Rhythmus von *Staying Alive* – also flott! – 40mal mit durchgedrückten Armen pumpen, notfalls mit dem Fuß. Dann zweimal MzM. Rippen spielen keine Rolle, auch Fachleute lassen es krachen.« Staying Alive! Schöner geht's nicht. MzM war Mund-zu-Mund-Beatmung, richtig?

Ach, ich mag überhaupt dieses norddeutsche Steno zwischen uns.

Meike: »Isso.«

Aimée: »Sachichdoch.«

Meike: »Hasjarecht.«

Aimée: »Gernma.«

Und die schönen Wörter, die Du mir beigebracht hast! Schnüterig. Dobbas. Granalo. Der Wung. Und die Menschen, mit denen Du mich bekannt gemacht hast! Matthias in Buenos Aires, Lucie in Hawaii, Sue und Peter in London (und June!) – die hätte ich ohne Dich nie getroffen.

Dass ich Dir ausgerechnet aus Israel schreibe, dem Gelobten Land, ist kein Zufall. Seit ich hier bin, denke ich noch mehr als sonst schon in diesem Jahr darüber nach, was mir heilig ist. Woran ich glaube. Was meine Werte sind. Dagegen kann man sich gar nicht wehren: Dieses Land nötigt jeden zu einer Grundsatzdebatte mit sich selbst. Wenn du im Bus sitzt und links geht es nach Bethlehem und rechts zum See Genezareth, bist du so sehr mitten im Großenganzen, an der Quelle, bei den Fundamenten von Glaube, Liebe, Hoffnung & Menschsein, dass du nicht unberührt bleibst. Nicht mal ich.

Ich bin nicht religiös und finde das gelegentlich schade. Es muss toll sein, so eine Instanz im Leben zu haben, denke ich oft, so einen großen Trost, eine tiefe Geborgenheit. So stelle ich mir das zumindest vor, aber hier redet eine Blinde von den Farben. Wobei: Ich heule in Kirchen, immer. Setz mich ins Weihnachtsoratorium und ich kriege mich überhaupt nicht mehr ein. Da ist also irgendwo ein Bedürfnis oder zumindest eine Empfänglichkeit. Nur wird das von der organisierten Klerikalität so gar nicht befriedigt.

Ein großes Aha-Erlebnis dieser Art hatte ich neulich auf einem Kurztrip nach Jerusalem, und zwar in der Grabeskirche, dem Allerheiligsten des Christentums. Sie ist erbaut an der Stelle, wo laut Überlieferung Jesus gekreuzigt und begraben wurde. Um jeden Quadratzentimeter dieser Kirche werden erbitterte Kämpfe zwischen diversen christlichen Fraktionen geführt, die alle Besitzansprüche anmelden: die Griechisch-Orthodoxen streiten mit den Franziskanern, der Armenisch-Apostolischen Kirche, der Syrisch-Orthodoxen Kirche von Antiochien, den Kopten und der Äthiopisch-Orthodoxen Tewahedo-Kirche. Wer wann wo wie lange beten kann, ist genau geregelt. Oft werden die Gebetszeiten jedoch nicht eingehalten, es gab schon wiederholt Handgreiflichkeiten unter den Mönchen. Eine kleine Gruppe der Äthiopier lebt in einer Art Occupy-Camp auf einem der Kirchendächer, das von den Kopten beansprucht wird. Es ist einsturzgefährdet, der Streit um die Besitzrechte verhindert seit Jahren eine Renovierung. Zwischen den Gruppierungen ist der Dissens so groß, dass seit dem 12. Jahrhundert der Schlüssel zur Grabeskirche in der Hand ein und derselben muslimischen (!) Familie ist, die jeden Morgen um 4.30 Uhr aufsperrt und abends um 20 Uhr wieder abschließt.

Und als ob das an Absurdität noch nicht genügen würde, tobt vor und in der Kirche der heilige Bimbam: Devotionalienhändler mit Plastikkruzifixen und Weihrauchfässern und Rosenkränzen, Pilgergruppen mit einheitlichen Baseballmützen, die auf dem Rücken hölzerne Leihkreuze über die Via Dolorosa schleppen (die ausgerechnet von palästinensischen Jungs wieder an den Startpunkt zurückgebracht werden – der *Irrsinn!*), eine blitzlichternde Touristengruppe aus Bad Wörishofen in der Golgatha-Kapelle (»Ihr könnt das jetzt fotografieren, aber ihr habt das alles auch auf der DVD.« – »Ist die auch auf Deutsch?« – »Natürlich. In sieben Sprachen.«), Frauen, die sich über den Salbungsstein werfen, mitgebrachtes Öl darauf gießen und das Tuch, mit dem sie das abwischen, in Toppits-Plastikbeutel einzippern ... ach, ich höre ja schon auf. Ich merke gerade, dass ich mich in einen heiligen Zorn hineinschreibe. Wollte ich nicht. Siehst Du? Das passiert, wenn Du mich nicht stoppst.

Woran ich also glaube? An ein Leben vor dem Tod. An Empathie. Aufmerksamkeit füreinander. Sagen & Fragen. Dass es immer und immer und immer wieder darum geht, sich einander mitzuteilen und den anderen verstehen zu wollen. Du hast irgendwann mal geschrieben »Mir und den Menschen, die mir wichtig sind, wurde immer geholfen – das kann ich nicht immer direkt zurückgeben. Aber streuen.«

Daran glaube ich auch: an *random acts of kindness,* an sinnlose Freundlichkeit, die keine Gegenleistung erwartet. Ich glaube, die wirkt viral – ihrerseits ansteckend.

Ich glaube, dass sich ein Leben daran misst, wozu man Ja und wozu man Nein sagt. Ich glaube nicht, dass man einen Gott braucht, um ein moralisches Gerüst zu haben. Und ich glaube an Veränderung. Daran, »dass nichts bleibt, dass nichts bleibt, wie es war« (wir sind die Hannes-Wader-Generation, Du und ich, oder?).

Ich trage keinen Schmuck, das Geklingel an Arm und Hals macht mich nervös. Die einzige Ausnahme ist ein schmaler silberner Ring an meinem Zeigefinger. Den habe ich mir gekauft, als ich vor ein paar Jahren von der Liebe meines Lebens verlassen worden bin. (Oder sagen wir besser: meines bisherigen Lebens. Ich habe ja noch ein paar Jahrzehnte.) Ich war über Monate unzurechnungsfähig, untröstlich; ich wollte nicht mehr, ich konnte nicht mehr. Eine richtig schlimme Zeit. »Die größte Katastrophe, die Sie bisher erlebt haben«, diagnostizierte damals mein mitfühlender Hausarzt, der mich erst mal unter Beruhigungsmittel setzte.

Aber nie habe ich so viel gelernt wie in dieser Phase. Dass ich nicht so tough bin, wie ich dachte. Dass ich Freunde habe, die das auch nie geglaubt haben. Dass ich plötzlich unglaublich viel Zeit und Energie für meine eigenen Projekte hatte. Und dass das Leben immer weiter geht, dass das Loch in meinem Leben ein Durchschlupf in ein neues ist.

Jedenfalls: der Ring. Ganz fein in seine Seite ist graviert: »This too will pass«, auch dies geht vorbei.

Der Spruch geht auf eine hebräische Legende zurück. Ein König – nach einigen Quellen Salomon – verlangte nach etwas, das ihn froh machen solle, wenn er traurig war, und traurig, wenn er glücklich war. Sein treuer Berater brachte ihm nach langem Suchen einen Ring mit der Inschrift »gam zeh ya'avor« – auch dies geht vorüber.

Die Vergänglichkeit sowohl des größten Glücks wie auch des größten Unglücks zu akzeptieren, das habe ich in den letzten Jahren wirklich gelernt. Stoisch bin ich deshalb noch lange nicht geworden, aber entspannter. Mein Ring war mir am Anfang Trost, Durchhalteparole, kleiner silberner Hoffnungsschimmer. Inzwischen erinnert er mich daran, die glücklichen Zeiten zu nutzen und zu genießen. Denn auch die bleiben nicht für immer, umso kostbarer sind sie.

Fange ich hier gerade an zu predigen? Liegt alles an Israel! Wie gesagt: das Großeganze liegt einem hier immer so verdammt auf der Zunge.

Tel Aviv war eines der ersten Ziele, das ich damals im Zug auf der Rückfahrt von *Wer wird Millionär?* auf meinen Zettel geschrieben habe. Mit keinem anderen Ort hatte ich schon vorher so viele verschiedene Emotionen verbunden: Neugier, Angst, Demut, Bewunderung, Verständnislosigkeit, Schuld. Von Kindeszeiten an war Israel gefühlt jeden Abend in der *Tagesschau;* es war für mich kein Ort, sondern ein Ausnahmezustand.

Dieser Ausnahmezustand ist inzwischen so sehr Normalität, dass ich wie vermutlich die meisten innerlich abschalte, wenn die Worte Hamas, Hebron, Gazastreifen, Grüne Linie, Golan in den Nachrichten fallen und fast dieselben Meldungen verlesen werden wie vor 25 Jahren. Mich machen solche lang andauernden Konflikte ebenso hilflos wie wütend. Ich bin in der glücklichen Naivität einer Nachkriegsgeborenen vielleicht einfach zu ahnungslos für sie. Jedenfalls wollte ich endlich ein Gefühl dafür bekommen, worum es hier geht. Ein Gefühl, sage ich – es zu verstehen, maße ich mir gar nicht erst an.

In diesem Land laufen viele Fäden meines Sabbatical-Jahres zusammen. Schon die Idee einer einjährigen Auszeit ist ja ein biblisches Konzept: »Sechs Jahre sollst Du Dein Feld besäen und sechs Jahre Deinen Weinberg beschneiden und die Früchte einsammeln. Aber im siebten Jahr soll das Land dem Herrn einen feierlichen Sabbat halten. Da sollst Du Dein Land nicht besäen und auch Deinen Weinberg nicht bearbeiten«, heißt es im Buch Mose.

Mir hat das immer sehr eingeleuchtet: Ein Tag Sabbat pro Woche ist gut, aber ein Sabbatjahr ist deutlich besser.

Auf YouTube sah ich mal einen Vortrag des österreichischen Graphikdesigners Stefan Sagmeister, der alle sieben Jahre sein erfolgreiches New Yorker Studio dichtmacht, ein Jahr lang keine Aufträge mehr annimmt und in der Zeit seinen eigenen Interessen folgt. (Google doch bitte mal seinen TED-Vortrag »The power of time off«, der lohnt sich.) Seine Überlegung: Warum nicht statt der üblichen Dreiteilung des Lebens in 25 Jahre Ausbildung, 40 Jahre Arbeit und 20 Jahre Rente lieber fünf der Rentenjahre in regelmäßigen Abständen zwischen die Arbeitsjahre schieben?

Ein Jahr hat er beispielsweise auf Bali verbracht, mit einheimischen Handwerkern gearbeitet, spielerisch und zu seiner eigenen Erbauung Ideen entwickelt. Sagmeister sagt (und nach meinen bisherigen Erfahrungen glaube ich ihm das sofort), dass seine Arbeit in den sechs Folgejahren fast ausschließlich auf Einfällen beruht, die er in der Auszeit hatte.

Genau so muss man ein Sabbatical angehen, finde ich: nicht als Erholung und Belohnung, sondern als Düngerphase, als Vorbereitung und Voraussetzung für die Ernte- und Arbeitsjahre danach.

Wenn schon die Auszeit religiöse Wurzeln hat, gilt das für das Reisen erst recht: Die frühesten Reisenden waren Pilger, die nach Mekka, zum Ganges oder nach Jerusalem aufbrachen. Was auch sonst als eine Wallfahrt zu einem heiligen Ort hätte im Mittelalter Grund sein können, etwas so Verrücktes zu tun wie seine Heimat zu verlassen?

Es lief also alles auf Israel und dort auf Tel Aviv hinaus, *Sin City,* Jerusalems verlotterte kleine Schwester. Es klingt verrückt nach neun Monaten Weltreise, aber bei der Einreise und in den ersten Tagen war ich zum ersten Mal wirklich nervös. Überhaupt nicht wegen der Gefahren oder wegen HaMatzav, *der Lage,* wie die Israelis den gordischen Knoten ihrer Existenz so trocken nennen, sondern weil ich Deutsche bin. Wie würde es mir hier gehen, wie würde ich empfangen werden? Eine ähnliche Scheu hatte ich zuletzt mit Anfang 20 bei meinen ersten längeren Reisen. Wenn mich damals jemand für eine Holländerin oder Schwedin gehalten hat, habe ich das nie korrigiert. Ich mochte nicht identifiziert werden mit meinem Land, an dem mich damals so viel empörte. Ich hätte einiges dafür gegeben, keine Deutsche zu sein. Wie man das eben so empfand in dem Alter und zu dem Zeitpunkt.

Das ist gottlob längst vorbei, aber hier in Israel stieg die alte Befangenheit wieder in mir hoch. Lauter kleine Situationen: Ich gehe in ein Weingeschäft in meiner Straße und bitte auf Englisch um Beratung. Der weißbärtige Besitzer antwortet nach einem langem Blick auf Deutsch. Sehr höflich, sehr sachlich – und mir wird trotzdem sehr anders.

Ich fahre im Taxi zu einer Dinnereinladung, der Fahrer plaudert auf Jiddisch mit mir. Ich verstehe das meiste. Auch dass seine Tante im KZ Bergen-Belsen war, was er ganz beiläufig erwähnt, ohne jeden Vorwurf, fast wie eine Anekdote.

Anderes Erlebnis: Ich höre Radio auf Hebräisch und verstehe natürlich kein Wort. Aber plötzlich mitten in einem Werbespot ein deutscher Satz: »Und der Gewinner des deutschen Designpreises 2011 ist der – Kia Rio!« Applaus, weiter ging es dann auf Hebräisch. Da wird Deutsch also als Verkaufshilfe eingesetzt, als Beweis für Qualität.

Mit anderen Worten: gemischte Erlebnisse, gemischte Gefühle. Aber überhaupt keine schlechten. Nicht ein einziges Mal hat man mir etwas Negatives entgegengebracht, alle Probleme finden ausschließlich in meinem Kopf statt. Wie so oft im Leben.

Vollends geheilt war ich, als ich neulich wie jeden Samstag einen frisch gepressten Granatapfelsaft neben dem Bauhaus Center in der Dizengoff-Straße trank. Ich setzte mich auf die Bank davor und bin, wie praktisch immer hier in Tel Aviv, mit meinem Banknachbarn ins Quatschen gekommen.

Diesmal war es eine etwa 60-jährige Bildhauerin aus London, geboren und aufgewachsen in Israel, die zu einem Klassentreffen ihrer Kunsthochschule angereist war. Wir plauderten über nationale und individuelle Identitäten, und sie sagte: »Ich sage einem Fremden nie, dass ich aus Israel bin. Die Debatten sind mir einfach zu anstrengend. Stattdessen behaupte ich immer, ursprünglich aus Österreich zu sein, von daher sind nämlich meine Eltern eingewandert.«

Überhaupt ist auffällig, wie leicht hier im Unterschied zu anderen Städten der Kontakt fällt: Auf der Strandpromenade stellt sich ein alter Mann zu mir, während ich aufs Meer schaue, erzählt mir in bestem Englisch Geschichten von Andromeda und Perseus, hält am Ende meine Hand und baggert ganz entzückend und munter vor sich hin. Wie alt er sei, frage ich.

»83«, sagt er.

»Ach, wenn Sie nur drei Jahre jünger wären …«, sage ich.

Er lacht und lässt mich ziehen.

Und noch eine Begegnung: Ich gehe durch Neve Tzedek, den ältesten Teil von Tel Aviv, und gucke und fotografiere und entdecke in der Shabazi Street ein merkwürdiges Haus. Sind das … Beachtennis-Schläger da ums Fenster herum genagelt? Tatsächlich. Ein kleiner alter Mann spricht mich plötzlich von hinten an: »Das ist meine Wohnung! Wollen Sie sie mal sehen? Kommen Sie mit!«

Klare Sache: Hinter ihm her, Treppe hoch, rein in die Wohnung. Und dort das, in allen Räumen:

Schläger aus Glas und aus Marmor, gehäkelte Schläger und Schläger als Puzzle, ein zweieinhalb Meter langer Tisch in Form eines Schlägers, Trophäen, T-Shirts, Fotos – ich stehe und staune und lache.

Amnon Nisim ist 67 und spielt seit sechzig Jahren jeden Morgen um sechs vor dem Gordon-Strand Matkot – das israelische Beachtennis, bei dem keine Punkte gezählt werden, eine nationale Obsession. Vor dreißig Jahren hat er angefangen, seine Wohnung zu einem Matkot-Museum zu machen. Viele Exponate haben Künstler speziell für ihn angefertigt. Amnon schiebt mir zu Ehren (»Sie sind doch deutsch?«) eine CD von Caterina Valente ein und singt mit, holt Süßes aus dem Kühlschrank und zeigt mir seine gigantische Plattensammlung: »Elvis! Originalpressung!«

Mit anderen Worten: Nirgends habe ich bisher so viele charmante, offene und flirtige Leute auf einem Haufen getroffen. Ich hatte Sorgen, als Deutsche geschnitten zu werden? Ha! Was Besseres, als groß und blond zu sein, kann einem hier gar nicht passieren.

Und damit wären wir wieder beim Thema: Woran glaube ich?

Daran. An Begegnungen. Daran, sich selbst ein Bild zu machen und nicht das zu glauben, was man zu glauben meint oder was man glauben soll. Hinfahren, hingucken, hinhören – daran glaube ich. Und daran, mich immer wieder eines Besseren belehren zu lassen. Möglicherweise auch durch den Glauben anderer Menschen.

Ich habe mir mit Bedacht den Oktober für Tel Aviv ausgesucht – in diesem Jahr der Monat mit den meisten jüdischen Feiertagen. Gelandet bin ich zu Rosh Hashanah, dem Neujahrsfest nach jüdischem Kalender (unser »Guter Rutsch« geht übrigens vermutlich auf *Rosh* = Anfang zurück), es folgten der Versöhnungstag Jom Kippur, Sukkot, das Laubhüttenfest, und Simchat Tora, das Fest der Gesetzesfreude.

Ich wusste also, da kommt was auf mich zu. Aber nicht, was.

Als ich am Tag vor Jom Kippur nachmittags noch mal aus dem Haus ging, um schnell etwas für den Feiertag einzukaufen, stand ich allein auf menschenleerer Straße vor verschlossenen Geschäften. Autos fuhren zu diesem Zeitpunkt etwa so viele wie sonst gegen drei Uhr nachts. Über Tel Aviv lag eine Stimmung wie frisch gefallener Schnee. Die Welt war wie ausgeknipst und in Watte gepackt, so leise. Ich glaube, ich hatte zuletzt 1973, am autofreien Sonntag während der Ölkrise, ein ähnlich entrücktes Gefühl mitten in einer Stadt. Da erst habe ich verstanden, dass dies nicht einfach nur ein beliebiger Feiertag ist.

Zu Jom Kippur, der wie alle jüdischen Feiertage mit Sonnenuntergang des Vortags beginnt, geht das Land auf Totalentzug. Selbst normalerweise nicht so Strenggläubige fasten für 25 Stunden und trinken nicht einmal Wasser. Es fahren keine Busse und keine Bahnen, der Flughafen ist geschlossen, die Grenzen sind dicht, das israelische Fernsehen stellt seinen Sendebetrieb ein, das Radio schweigt. Es ist der Tag der Ruhe und der Reue. Viele verbringen ihn in der Synagoge, unterbrochen durch eine kleine Mittagsschlafpause.

Ich finde dieses Konzept der konsequent zelebrierten Auszeit absolut bezwingend. Und okay: Ich hatte zwar nicht geplant zu fasten, aber da ja nun mal der Supermarkt geschlossen und der

Kühlschrank leer war ... Also bin auch ich auf Entzug gegangen, tatsächlich zum ersten Mal in diesem Jahr. Kein Handy, kein Laptop, kein Internet – was mir absurd schwer gefallen ist.

Ich habe gelesen, gestickt, ein bisschen Ukulele gespielt, geschlafen, nachgedacht. Und war dann doch erstaunt, wie schnell der Tag vorbeiflog.

Mit Sonnenuntergang begann der Verkehr wieder über die Ben Yehuda zu brausen, aus den offenen Fenstern drang Tellerklappern und Musik, das Leben ging weiter. Und ich dachte: Das kommt auf die Liste für zuhause. Einen Tag pro Woche alles ausschalten, ganz zur Ruhe kommen, das muss doch gehen. Na schön, vielleicht einen Tag pro Monat?

Was mich überrascht hat: wie undogmatisch selbst Orthodoxe sein können – zumindest in Tel Aviv, in Jerusalem mag das anders sein. Vielleicht liegt es ja am Meer, dem großen Gleichmacher. In der Nähe meiner Wohnung gibt es zum Beispiel den orthodoxen Nordau Beach. Er liegt hinter einem Bretterzaun  und trennt tageweise nach Geschlechtern. Sonntags, dienstags und donnerstags können hier die Frauen baden, montags, mittwochs und freitags die Männer, am Sabbat ist geschlossen. Als ich ihn besuchte, lagen dort zu meiner Verblüffung neben orthodoxen Frauen mit verhüllten Haaren, die vollbekleidet schwimmen gehen, etwas abseits, aber ungestört, zwei jüngere Frauen, die sich oben ohne sonnten – Nordau ist trotz oder wegen der strengen Sitten der einzige Strand in Tel Aviv, wo das möglich ist. Die Atmosphäre: gelassen entspannt; wie immer, wenn Frauen unter sich sind. Bisschen wie Damensauna. Bauch raushängen lassen und ungestört ratschen – leben und leben lassen.

Du hattest mich neulich gefragt, ob ich mich nie gefährdet gefühlt habe. Nein, wider besseres Wissen nicht. Wenn man in Tel Aviv durch die Straßen geht, die Dizengoff entlang in die Innenstadt, geht man über eine moderne, hedonistische Boutiquen- und Cafémeile, wie sie überall in Europa zu finden wäre. Keine 100 Kilometer weiter südlich, im Gazastreifen, werden derweil Bombenangriffe auf ein Lager der Al Quds geflogen. Und nichts davon, nicht das Geringste bekommt man hier in der Stadt mit. Ich habe es immer noch nicht geschafft, die Nachrichtenbilder mit meiner eigenen Lebenswirklichkeit zu verbinden.

Aber die Gefahr ist da, natürlich ist sie das. Vor ein paar Tagen war ich in einem Vorort zum Essen eingeladen. Anna ist Deutsche und lebt seit 22 Jahren hier, ihr Mann Dori ist Israeli, seine Familie stammt ursprünglich aus Bagdad. Selbstverständlich haben sie einen Bunker im Keller, der ist hier Bauvorschrift bei jedem Hausbau.

»Ich nutze ihn als Weinkeller«, sagt er, der Sommelier, lächelnd.

Und sie: »Niemals würde ich mein Kind mit dem Bus fahren lassen«, aus Angst vor einem Attentat. »Und wann immer ich einen Bus überhole, ziehe ich unwillkürlich den Kopf ein.«

Wie sie es aushalten? Die beiden schweigen.

»Wir denken seit zwei Jahren darüber nach zu gehen«, sagt Dori schließlich. »Wir haben die Schnauze voll.«

Einfach zu lange mit dem Krieg, den Anschlägen gelebt, die erste Intifada mitgemacht, die zweite. Immer wieder gehofft, dass es endlich vorbei ist. Jetzt ist der Sohn 11, mit 17 müsste er für drei Jahre zur Armee. Vorher, das schwören sie sich, gehen sie. »Aber wir haben hier unser Leben, unsere Familie, unsere Arbeit. Und die Sonne. Und den Strand.«

Auch als ich mich spontan entschloss, mir ein Auto zu mieten und durch die Negev-Wüste nach Eilat ans Rote Meer zu fahren, um einen Tauchkurs zu machen, wurde ich gewarnt. Meine Vermieterin Gabrielle impfte mir ein, »die richtige Straße« zu nehmen. Auf der anderen, derjenigen, die näher an der ägyptischen Grenze liegt, habe es neulich nördlich von Eilat einen Zwischenfall gegeben. »Hast du *Babel* gesehen?« Ich wusste gleich, welche Filmszene sie meinte. Hier war sie Wirklichkeit geworden: Heckenschützen hatten vom Sinai aus zunächst auf einen Bus, dann auf einen Privatwagen geschossen, acht Menschen waren dabei gestorben. Okay, dann nehmen wir wohl mal besser die richtige Straße …

Ich bin nicht tollkühn, Aimée, wirklich nicht. Aber ich bin auch kein ängstlicher Typ. Ich gehe nie vom *worst case* aus, warum sollte ich auch? Es ist ungleich wahrscheinlicher, bei einem Verkehrsunfall zu sterben als bei einem Terrorakt – hat mich das je davon abgehalten, auf die Straße zu gehen? Ängste sind Zeit- und Lebensverschwendung. Fast nie trifft das Befürchtete ein, und falls doch, dann wird man halt damit fertig. Der Mensch ist ein elastisches kleines Tierchen, jeder hält mehr aus, als er denkt.

Wenn man bedenkt, wo ich mich in den letzten neun Monaten schon überall getummelt habe, ist mir bisher praktisch nichts passiert. In Buenos Aires hatte eine Diebin mal probiert, meine Tasche aufzuschlitzen, das habe ich aber rechtzeitig bemerkt. In England fuhr mir jemand in den Leihwagen, den ich mir fürs Wochenende gemietet hatte – ebenfalls alles gut gegangen, und in Deutschland wäre die Abwicklung definitiv nerviger gewesen.

Immerhin habe ich begonnen, über ein paar Vorsichtsmaßnahmen nachzudenken, die vor allem meinem Alleinreisen geschuldet sind. In San Francisco hatte ich in einer Laufzeitschrift ein ID-Armband für Jogger entdeckt, mit dessen Hilfe man im Fall eines Unfalls identifiziert werden könnte und die behandelnden Ärzte schnell an medizinische Daten und Kontakt zu Angehörigen gelangen. So ein Ding trage ich jetzt, zumindest dann, wenn ich ohne Papiere unterwegs bin. Denn es stimmt ja: Ich latsche mutterseelenallein über den Globus, und wenn mir ein Baum auf den Kopf fällt, wüsste keiner, wohin er die Leiche schicken sollte.

Und damit beenden wir das Thema, ja?

Kommen wir lieber zu Eilat. Zum Tauchkurs. Völlig ungeplant, fix organisiert (mein Hamburger Arzt mailte die vorgeschriebene Tauglichkeitsbescheinung ohne jede Untersuchung, der Gute), zackig in die Tat umgesetzt. Ich bin inzwischen wahnsinnig gut darin geworden, Ideen sofort zu verwirklichen. Auf Reisen ist man sowieso entschlossener, finde ich, und auch mutiger: Die »Jetzt oder nie«-Situation hilft enorm dabei, ich habe ja nur einen Monat Zeit.

Carpe the hell out of this diem, las ich neulich irgendwo – *damn right,* sage ich da. Bloß nicht lang zaudern und bloß keine Zeit auf die Suche nach dem Schönsten, Größten, Besten verschwenden. Man findet es ohnehin nicht und versaut sich durch den missgelaunten Verdacht, dass man es woanders möglicherweise hätte besser treffen können, wirklich jede Chance auf entspannte Zufriedenheit.

Auch beim Anmieten meiner Apartments habe ich nie lange gefackelt: Ich habe immer nur kurz die Angebote der einschlägigen Websites airbnb.com oder sabbaticalhomes.com studiert und dann das erste, das mir gefiel, halbwegs günstig lag und erschwinglich war, sofort genommen. Das Basta-Prinzip.

Im Fall der Tauchschule habe ich ebenfalls nur nach »Tauchkurs Eilat« gegoogelt, das Erstbeste gebucht – und hatte mal wieder ein verdammtes Glück. Wir wären eigentlich zu dritt gewesen im Kurs, doch am Abend zuvor hatten die anderen beiden kurzfristig abgesagt. Also bekam ich Einzelunterricht bei David, einem enorm entspannten und charmanten Kerl, der vor 20 Jahren als Kind aus der Ukraine nach Israel eingewandert ist. Er schmiss mich fast sofort ins warme Wasser. Erst zwei Stunden Theorie: Auftrieb, Überdruck, Druckausgleich – bäh, Physik. Aber lebenswichtige Physik, also passte ich halbwegs auf. Dann packten wir die Ausrüstung, ich quälte mich in eine Neoprenpelle, wir fuhren ans Meer. Kein Schwimmbadtraining, wozu auch? Der beste Pool ist das Rote Meer.

Ich schätze, dass jeder etwas hysterisch wird, der zum ersten Mal im Leben die Erfahrung macht, unter Wasser zu atmen. Ich wurde gleich doppelt hysterisch, denn keine zehn Meter vom Strand entfernt beginnt schon der Wahnsinn. Was wir nur aus dem Chinarestaurant-Aquarium kennen, schwimmt hier einfach so in der Gegend herum. Clownfische, Papageienfische, Picasso-drücker schießen ungerührt durch die Beine der Badenden, ein getüpfelter Schlangenaal windet sich am Boden, ein Vieh, das aussieht wie ein Stein, drückt sich in einen Felsen, ein Seeigel trudelt über den Meeresboden.

Lektion 1: Nicht unter Wasser lachen, dabei kommt nur Wasser in die Maske.

Lektion 2: Fische kann man nicht mit der Hand fangen, sie wirken immer näher, als sie sind. (Bis auf den Schlangenaal, den habe ich gestreichelt.)

Wir üben Mundstück verlieren, Maske ausblasen, aus der Flasche des Tauchpartners atmen. Ich kämpfe mit dem Druck auf

den Ohren, bin anfangs zu ungeduldig mit mir und dem Druckausgleich. David zeigt auf Fische und Korallen, wir gehen tief und immer tiefer. Sechseinhalb Meter, sagt er später, 40 Minuten waren wir beim zweiten Tauchgang unten – ich hatte für beides nicht das geringste Gefühl, weder für Zeit noch für Raum.

Manchmal denke ich, es ist vielleicht ein bisschen viel für die Synapsen, was ich in diesem Jahr erlebe. Jeden Monat eine neue Welt, neue Eindrücke, neue Menschen, neue Lebensbedingungen. Und jetzt auch noch dieser neue Kosmos unter Wasser. Gelegentlich platzt mir das Hirn.

Vor Freude, vor Verwunderung über diese Welt, auf der ich mich doch nun schon ein halbes Jahrhundert herumgetrieben habe. Aimée, wir können uns freuen: Wir leben auf einem richtig netten Planeten.

Nach drei Tagen schraube ich mein Tauchzeug fast blind zusammen und habe unter Wasser im Griff, wann ich meine Tauchweste aufpumpen oder leeren muss, um die Tiefe (inzwischen 12 Meter) zu erreichen. Es ist wie Autofahren lernen: Anfangs konzentriert man sich verbissen auf das Schalten, das haklige Spiel zwischen Gas und Kupplung, später automatisiert sich das völlig und man kann die schöne Landschaft genießen. Schon nach drei Tagen hatte ich da unten dieses völlig entspannte Gefühl von: Das ist mein Element, hier gehöre ich her. Was, schon wieder auftauchen? Das waren doch erst 55 Minuten!

An Tag 4 mache ich meinen Tauchschein, kriege ein Kärtchen in die Hand gedrückt, dass ich jetzt zertifizierte Sporttaucherin bin, und fahre delirisch wieder in Richtung Norden. Aber das Wasser lässt mich noch nicht los: Wenigstens einmal kurz muss ich im Toten Meer schwimmen und das obligatorische Foto machen: auf dem Rücken Zeitung lesend. Ich habe mir nicht viel davon versprochen, aber wenn ich schon mal in der Gegend bin …

Ich biege also in Ein Bokek ab, schwindele einem Hotelparkplatzbewacher was von einer Reservierung vor, ziehe mich um, wate über den Salzstrand ins warme Wasser und lasse mich sinken. Zuerst muss ich einfach nur hell lachen. Unglaublich! Das ist ja … So fühlt sich das also an! Wie ein Korken, so leicht. Man kann ohne Bodenberührung senkrecht im Wasser stehen, auf der Seite liegen, die Knie anziehen, unsinkbaren Blödsinn machen, yippie! Schnell jemandem mit trockenen Händen die Kamera in die Hand drücken, Beweisfoto machen. Und dann: einfach nur treiben lassen.

Irgendwann verändert sich das Gefühl. Von der juchzenden Kinderfreude darüber, dass hier alle Lebenserfahrung mit dem

Wasser völlig hinfällig ist, zu etwas tief in die Eingeweide, nein: zu Herzen Gehendem. Auf dem Wasser liegen wie auf einem Bett, gewärmt, getragen, geborgen. Nach einiger Zeit den Kopf ablegen und merken: auch der ist getragen. In den Nachmittagshimmel schauen und zusehen, wie er immer dunkelblauer wird. Und zuhören, wie die anderen Badenden immer stiller werden. In der Dämmerung treiben wir, die wir noch geblieben sind, einfach nur stumm und glücklich in der warmen Lake, die Haut schon jetzt so zart wie nie, das Hirn so leer, das Herz so weit.

Wasser war schon immer mein Breitbandtherapeutikum. Wann immer ich im Leben nicht weiter wusste, bin ich ans Meer gefahren. Ich gucke mir die unendliche Weite an, das große Blau, und weiß: Vor mir liegt ein Ozean an Möglichkeiten. Alles geht. Und zwar immer mehr, als ich mir überhaupt vorstellen kann. Wie der große Philosoph Udo Lindenberg sagt: Hinterm Horizont geht's weiter. Ich schaue aufs Meer und entdecke das Meer in mir – die Ruhe, die Kraft, die Freiheit und oft genug auch das Abenteuer.

Ich bin im Norden aufgewachsen, und wahrscheinlich ist das Meer deshalb mein Element. Menschen aus dem Süden gehen vielleicht eher in die Berge, andere in den Wald. Ich glaube, jeder hat seine eigene Seelenlandschaft. Eine, die zu ihm spricht, die ihm etwas Wichtiges zu sagen hat. So einen Ort zu haben, an den man jederzeit zurückkehren kann wie zu einer Kur, ob tatsächlich oder in Gedanken, ist unendlich tröstlich. Und da ich ja vorhin vom Glauben sprach, würde ich so weit gehen zu sagen: Das Meer ist meine Kirche.

Ich hätte schwören können, dass ich höchstens 15 Minuten im Toten Meer gelegen habe – es war mehr als eine Stunde. (Unter den zehn schönsten Stunden dieses Jahres hat die schon jetzt einen Spitzenplatz.) Daraufhin habe ich mich kurz entschlossen über Nacht in einem Badehotel eingemietet, dieses süchtigmachende Gefühl wollte ich unbedingt am nächsten Morgen wieder haben.

Früh um halb acht dümpelten schon ein russisches und ein israelisches Herrenkränzchen mit Morgenzigarre in der Lake, aber schon ein paar Meter weiter war es, als wären sie gar nicht da. Jeder existiert hier in seiner eigenen kleinen Welt.

Und wieder eine Stunde völligen Abtauchens. So kenne ich mich überhaupt nicht; normalerweise rattert mein Hirn in Situationen, in denen ich mich entspannen soll, gnadenlos weiter. Ich bin zum Beispiel eine komplette Meditationsversagerin, ich habe noch nie an nichts gedacht. Aber hier im To-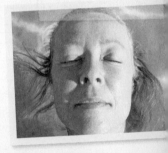ten Meer übernimmt ganz schnell das Amphibiengehirn, die Atmung wird tiefer, der Puls langsamer. Ich kann quasi zuhören, wie mein Metronom immer gelassenere, ruhigere Ausschläge macht.

Alles ist hier wie abgefedert. Das Wasser trägt wie ein Gentleman, der Wind weht mild, durch den hohen Brom- und Magnesiumgehalt der Luft ist die Sonne ein glasiger Schein, UVB-Strahlen werden herausgefiltert. Das Tote Meer ist der tiefste Punkt der Erde, 420 Meter unter dem Meeresspiegel, und genau so fühlt es sich auch an: Man lässt sich sinken und wird gehalten, sicher aufgefangen im tiefen Schoß der Erde.

Bei der nächsten Lebenskrise würde ich sofort die Koffer packen und eine Woche Totes Meer buchen. Sie sollen mich mit

Schlamm einreiben, mit Salz massieren und dreimal am Tag eine Stunde ins Wasser schmeißen – und ich bin so gut wie neu.

»Salzwasser heilt alles«, schrieb Tania Blixen, deren Haus in der Nähe von Kopenhagen ich im August besichtigt habe, »in welcher Form auch immer: ob als Schweiß, Tränen oder Meerwasser.«

So. Mir ist gerade zu meinem Schrecken aufgefallen, dass ich schon über alles Mögliche geschrieben habe – aber noch gar nicht über Tel Aviv. Vielleicht fangen wir besser mit der Schwesterstadt Jaffa an, einem der ältesten Häfen der Welt. Deren Geschichte ist, wie bei allem, was 4000 Jahre alt ist, komplex. Mal sehen, ob ich das noch zusammenkriege: Gegründet – der Legende nach – von Japheth, dem Sohn Noahs. 1468 v. Chr. an die Ägypter gefallen. Dann babylonisch, persisch, phönizisch bis zu Alexander dem Großen, der einfach in die Stadt geritten kam und sie ohne Gegenwehr übernahm. Kein Wunder, zu diesem Zeitpunkt war es auch schon egal, wem sie gehörte. Dann byzantinisch, im 11. Jahrhundert kurzes Kreuzfahrer-Intermezzo, dann wieder ägyptisch. 1515 Teil des Osmanischen Reichs, 1799 Napoleon. Dann wieder Ägypter, dann Türken. Seit 1917 unter britischer Besatzung. Seit 1948 israelisch. Seit 1950 vereint mit Tel Aviv, das 1909 aus Jaffa heraus gegründet wurde. Heute ist ein Drittel der Bevölkerung arabisch.

Warum erzähle ich das? Weil das Thema der problematischen Identität und Zugehörigkeit nicht erst seit der Staatsgründung von Israel besteht, sondern in der DNA dieses Landes steckt, in jeder einzelnen Stadt. Tel Aviv gibt es gerade mal 100 Jahre, und selbst hier erzählt jedes Haus eine andere Geschichte.

In der Avenue Rothschild zum Beispiel, dem Vorzeigeboulevard der Bauhaus-Bewegung aus den Dreißigern – nirgendwo auf der Welt gibt es mehr Gebäude aus dieser Zeit –, steht ein unscheinbares Haus. Es wurde von einem russischen Architekten namens Berlin für eine jemenitische Familie gebaut. Es beherbergte lange im ersten Stock eine Armenküche für orthodoxe Juden und im Erdgeschoss ein chinesisches Restaurant für die Reichen. Heute befindet sich hier eine Szenebar. Wie sich allein in diesem Haus die Völker, die Schichten, die Nutzungen mischen und abwechseln, finde ich faszinierend; gleichzeitig ist es typisch für dieses Promenadenmischungsland.

Und die Geschichte ist natürlich längst nicht zu Ende: Das Haus ist, wie alle lange verwahrlosten Bauhaus-Schätze, Objekt von Spekulation und Luxussanierung, um ausländische Investoren anzulocken, bevorzugt russische Oligarchen. Aber weil das Schicksal eine Menge von Karma versteht, werden die frisch getünchten und teuer verkauften Häuser regelmäßig von den hier unter Naturschutz herumfliegenden Fledermäusen mit Kot bombardiert. Nur auf eines ist Verlass in dieser Stadt und in diesem Land: »dass nichts bleibt, dass nichts bleibt, wie es war«.

Das gilt auch für die meisten Besucher, würde ich mutmaßen. Wie gesagt, Israel ist kein gewöhnliches Reiseland. Natürlich kann man sich auch wunderbar an den Strand von Tel Aviv oder Herzliya legen und das ausgelassene Nachtleben mitnehmen. Aber man müsste schon sehr seelentaub sein, wenn man nicht wieder und wieder von existentiellen Fragen berührt und mit seinen eigenen Widersprüchen konfrontiert würde.

An einem friedlichen Samstagnachmittag schaute ich an der Mole Anglern zu, die ungerührt ihre Ruten auswarfen, während ein paar Dutzend Kilometer weiter südlich im Gazastreifen elf Menschen bei Luftangriffen starben. Wie geht das nur, fragte ich mich bei ihrem Anblick. Um mir am nächsten Tag dieselbe Frage zu stellen, als ich mich dabei ertappte, dass ich ganz normal joggen ging, als ob es nur einer dieser Tage gewesen wäre. Ich habe mich kurz erschreckt: Was machst du da, du kannst doch nicht … Doch. Kann ich.

Dieses Erschrecken über sich selbst passiert einem in Tel Aviv oft genug, in Jerusalem aber, nur 50 Kilometer weiter im Landesinneren und mit dem Taxibus Sherut leicht zu erreichen, ist es unent-

rinnbar. Ich war für ein paar Tage hingefahren, um mir Klagemau-
er, Grabeskirche, Felsendom anzusehen, über die Via Dolorosa
zu wandern und zu versuchen, in dieser seltsam erstarrten Stadt,
in der alle auf etwas zu warten scheinen, jeder die Hand an der
Kehle des anderen, ein paar Antworten zu finden.

Natürlich war ich auch in Yad Vashem, der Holocaust-Ge-
denkstätte.

»Jetzt warst du in so vielen unterschiedlichen Kulturen, anderen Ländern, im fernen Asien und Bonbon-Honolulu, hast Dich
in den schrägsten Sachen ausprobiert und bist in bunte neue Welten abgetaucht, aber erstmals, nach dieser langen Zeit (auch wenn
es Dir vielleicht vorkommt wie ein Lidschlag), erstmals habe ich
das Gefühl, jetzt wo Du in Jerusalem bist, dass Du in der Fremde bist«, schrieb mir jemand an jenem Tag. Da konnte er noch gar
nicht wissen, wie recht er hatte. Denn selten hatte ich ein stärkeres
Gefühl der Fremde als hier, zurückgeworfen ins grässlich ferne,
grässlich vertraute Deutschland vor 70 Jahren.

Yad Vashem ist nicht nur die hinlänglich aus den Nachrichten bekannte Kranzabwurfstelle, sondern ein kluges, nämlich sehr sachli-
ches Museum über die Judenvernichtung. Es erzählt Geschichten,
nicht Geschichte. Es versucht, die Opfer nicht ein zweites Mal zu
begraben – unter grauenhaften Statistiken und unfassbaren Zahlen –, sondern sie sichtbar zu machen. Ich ging über das Origi-
nal-Straßenpflaster des Warschauer Ghettos, stieg über die Eisen-
bahnschienen von Auschwitz, und alles wurde entsetzlich präsent.
Geschichte, das sind die Lügen der Sieger, las ich gerade im neuen
Roman von Julian Barnes. Yad Vashem widerlegt geduldig jeden
Versuch einer Lüge mit Dokumenten und noch mehr Dokumenten.

Schon gleich zu Beginn der Ausstellung war es um meine Fas-
sung geschehen: In einer Vitrine am Eingang lagen angekokelte
Fotos aus den Taschen von Gefangenen des estnischen Konzen-
trationslagers Klooga. Beim Anrücken der Roten Armee wurden
die etwa 2000 Insassen erschossen, vor ihrer Hinrichtung hatten

sie sich auf Holzscheite legen müssen, die anschließend angezündet wurden, um alle Spuren zu tilgen.

Doch die Russen waren schneller da als gedacht, das Feuer hatte noch nicht alle Leichen erfasst. Und auch nicht alle Fotos. Eines der geretteten Bilder zeigt vier lachende Jungs in Badehosen, ein weiteres einen ernsten jungen Mann und eine ernste junge Frau, die Köpfe zusammengesteckt beim gemeinsamen Kreuzworträtsellösen. Welche Erinnerungen mit diesen Fotos verbunden waren und warum sie wichtig genug für ihre Besitzer waren, um sie mit ins KZ zu nehmen, darum geht es in Yad Vashem. Immer wieder werden Einzelschicksale aus der Namenslosigkeit ans Licht geholt. Keines davon soll exemplarisch sein, jedes einfach nur – ein Leben.

Weißt Du, Aimée, ich brauche keinen Gott und keinen Glauben, um Demut zu lernen. In Wirklichkeit ist das Reisen schon der beste Weg dahin. Es träufelt dir Ehrfurcht vor dem Leben der anderen ein; es zeigt dir, dass du nur ein ganz kleines Menschlein unter vielen bist, ein hundsgewöhnliches Geschöpf, das nach lächerlich kurzer Zeit schon wieder von der Erde verschwunden sein wird. Religion lehrt Achtung und schützt vor Selbstüberschätzung, Reisen tut es auch.

Und beides bringt dir Dankbarkeit bei. Die funktioniert ganz gut als Glaubensersatz, finde ich. »Wäre das Wort Danke das einzige Gebet, das du je sprichst, so würde es genügen«, sagt Meister Eckhart.

Ich danke Dir also für Deine bisherige freundliche Begleitung und dafür, dass Du mir in der Ferne immer näher wirst. Vielleicht geht es nur so? Vielleicht haben wir einander nichts zu sagen, wenn wir uns im Januar zum ersten Mal bei einem Tee gegenübersitzen werden? Ach, ich habe eigentlich keine Sorge darum.

Wir sehen uns! (Und morgen früh chatten wir erst mal wieder eine Runde, ja?)

Einen herzlichen Wung von Meike

10 Dinge, die ich in Israel gelernt habe

1. Tauchen. Unter Wasser atmen. Im Toten Meer treiben. Schwerelos sein. Lauter existentielle Erfahrungen, unvergesslich.

2. Wieder mal gemerkt: Oft braucht man einen Fußtritt, um das zu tun, was einen glücklich macht. Ich wollte schon seit Jahren, Jahrzehnten tauchen lernen – so lange, dass ich es längst vergessen hatte. Bis mich eine Blogkommentatorin mit der Nase draufstieß. Jetzt frage ich mich: Welche Wünsche habe ich eigentlich noch so verschleppt und verschlampt?

3. Wasser trinken. In der Wüste, in Eilat und am Toten Meer braucht man vier Liter am Tag, man trinkt sie ganz automatisch. Das muss man nur eine Woche lang machen, und endlich habe ich auch danach geschafft, wozu man mich sonst immer prügeln musste: genug zu trinken. Alles Gewohnheitssache.

4. Hüttenkäse lieben lernen. Aber bei dem hervorragenden israelischen keine große Kunst.

5. Granatapfelsaft. Möglicherweise das beste Getränk der Welt.

6. Hinfahren, hingucken, mit Leuten reden. Es gibt wirklich keinen anderen Weg, sich ein Bild von der Welt zu machen. Wusste ich ja schon vorher, aber der Wahnsinn namens Nahost ist mir erst hier wirklich nahegekommen.

7. Und trotzdem: »Wir sehen die Dinge nicht, wie sie sind. Wir sehen sie, wie wir sind.« (Anaïs Nin)

8. Widersprüche akzeptieren und aushalten lernen, auch in mir selbst. Zwiespältige Gefühle möchte man ja immer gern aus dem Weg räumen. Manchmal geht das aber nicht und manchmal wäre es auch ein echter Verlust.

9. Trauern um einen, den ich nicht gekannt habe. Eine Leserin bittet mich, für ihren kürzlich verstorbenen Chef eine Kerze anzuzünden. »Ich habe für diesen tollen Menschen über 13 Jahre arbeiten dürfen. Er wird sich freuen, wenn jemand in seinem geliebten Israel an ihn denkt.« Mich hat die Bitte so gerührt (sie sagt so viel über den Verstorbenen und noch mehr über seine Mitarbeiterin), dass ich das gern getan habe. Und plötzlich war sogar die Grabeskirche wieder ein guter Ort.

10. Gelegenheiten entschiedener nutzen. Mir ist nach Tauchen, mir ist nach einem Tag mehr Totes Meer, mir ist nach einem Spaziergang im Sonnenuntergang? Machen! Jetzt oder nie.

Addis Abeba,
Äthiopien

Lieber Jonas,

es ist jetzt ein gutes Jahr her, dass Du innerhalb einer Minute mein Leben geändert hast. Als Du nämlich bei der 500 000-Euro-Frage als Publikumsjoker aufgestanden bist und das Mikrofon in die Hand genommen hast.

»Wo befindet man sich der Wortherkunft nach, wenn man sich ›verfranzt‹ hat? A. Flugzeug, B. Bibliothek, C. Bergwerk, D. Hochgebirge.«

Ich hatte keine Ahnung, natürlich nicht. Du warst mein letzter Joker, von Deiner Antwort hing alles ab – und von meiner Entscheidung, Dir zu vertrauen und das gesamte Geld auf Deine Antwort zu setzen. Im Fall eines Irrtums wäre alles futsch gewesen.

Vorher hatte ich einfach nur im Nebel gestochert. Auf keinen Fall Flugzeug, das Wort ist bestimmt viel älter. Oder … Kann es was mit dieser Tango-Charlie-Pilotensprache zu tun haben?

»Air Franz«, kalauerte Günther Jauch, ich nutzte die Vorlage, um über die Air France abzulästern, er konterte mit seinen Schreckenserlebnissen auf Ryan-Air-Flügen. »Sie wollen mir doch nicht im Ernst erzählen, dass Sie immer mit Ryan Air fliegen, Herr Jauch«, sagte ich (dass ich aber auch nie die Klappe halten kann), er sagte »Schon auch« – mit anderen Worten: wir hatten uns verquatscht und die Frage längst aus dem Blick verloren.

Es ist seltsam, wenn man da auf dem Stuhl sitzt: Man – jedenfalls ich – funktioniert auf Autopilot, das Stammhirn übernimmt.

Das Spiel entwickelt eine Eigendynamik, in der man nur noch Statist ist. Ich habe instinktiv agiert und reagiert, ohne genau zu wissen, was ich da eigentlich tat.

Als die Sendung zwei Wochen nach der Aufzeichnung ausgestrahlt wurde, saß ich mit ein paar Freunden vor dem Fernseher; ich hatte ihnen vorher nichts verraten. Das Bizarre war: Ich guckte mir selbst genauso gespannt zu wie sie. Hin und wieder murmelte ich: »Ein Irrsinn, hier zu pokern« und »Oh nee, was soll das denn jetzt?«

Keine Ahnung, wer diese Fremde da auf dem Stuhl war – mir kam sie nur vage bekannt vor.

Erst im Fernsehen habe ich auch richtig sehen können, wie Du aufgestanden bist, als die Frage an den einzelnen Publikumsjoker freigegeben wurde. Du, der 19-jährige, und ein älterer Mann, Ihr wart die einzigen. Du warst schneller, das habe ich aus dem Augenwinkel mitbekommen. Deshalb habe ich mich auch für Dich entschieden: Der war fix, der wird's hoffentlich wissen, dachte ich.

Du warst mindestens so aufgeregt wie ich, hast aber ganz ruhig erklärt, dass es Antwort A sei, Flugzeug. Weil früher in den Flugzeugen ein Navigator saß, der mithilfe von Karten den Kurs ermittelte und in der Fliegerei »der Franz« genannt wurde. Wenn der sich geirrt hatte mit seinen Berechnungen, habe man sich eben »verfranzt«.

Ich fand das eine derart phantastische Geschichte, dass ich sie sofort geglaubt habe. Und Dir spontan für den Fall, dass sie stimmt, eine Belohnung versprochen habe, wie sie auch mein Telefonjoker bekommen sollte, der mir bei der 125 000-Euro-Frage geholfen hatte: 12 500 Euro.

Also sagte ich: »A. Flugzeug.«

Jauch sagte: »Ich bin raus aus der Nummer, ich habe das noch nie gehört.«

Du sagtest beruhigend: »Das stimmt schon.«

Und Jauch sagte: »Jetzt machen wir erst mal Werbung.«

Mannmannmann. Meine Nerven. Ich war mir zwar sicher, aber was heißt das schon? Es sind ja schon oft Leute, die sich todsicher waren, fürchterlich abgeschmiert. 500 000 Euro oder 500 Euro, das würde sich jetzt gleich entscheiden. Alles oder ein bisschen. Komisch – die Idee, auf Nummer sicher zu gehen, war mir in diesem Moment überhaupt nicht gekommen. Stammhirn halt.

Und dann … und dann … und dann … war es richtig. 500 000 Euro! Was für ein unfassbarer Dusel.

Und jetzt, 13 Monate später, neigt sich das glückliche Jahr, das mir dieser Dusel beschert hat, langsam dem Ende zu. Glücklich, weil reich an Zufällen, die fast alle so schön waren wie jener, der Dich an diesem Tag im Publikum hat sitzen lassen, neben Deiner Mutter und Deinen Großeltern, denen Du die Eintrittskarten zur Goldenen Hochzeit geschenkt hattest. War doch so, oder? Zu und zu schön.

In Flugzeugen habe ich seitdem oft gesessen, verfranzt habe ich mich nie. Es sei denn, man betrachtet diese ganze Unternehmung als eine gewaltige Kursabweichung: ein Jahr lang ganz gezielt vom rechten Weg abkommen, um ein paar Wagnisse einzugehen, ein paar neue Pfade zu entdecken und ein paar weiße Flecken auf der Landkarte zu füllen. Ganz besonderen Nachholbedarf hatte ich in dieser Hinsicht in Afrika. Dass eine afrikanische Stadt unter meinen zwölf Zielen sein würde, fand ich unverzichtbar; nur welche?

In Kapstadt war ich erst im Jahr davor gewesen, Marrakesch fand ich zu einfach, Kairo zu unsicher. Ich wollte mich als alleinreisende Frau frei bewegen können – auch nicht gerade leicht in vielen Städten. Mombasa? Dakar? Timbuktu?

Schließlich entschied ich mich für Addis Abeba. Ich kann Dir nicht mal einen wirklich überzeugenden Grund dafür nennen, nur lauter klitzekleine Gründe: Ich habe ein paar CDs mit äthiopischem Jazz aus den siebziger Jahren, die ich sehr mag, mich faszinierte die Geschichte von Kaiser Haile Selassie inklusive seiner Rolle als Messias der Rasta-Bewegung, ich fand spannend, dass

Äthiopien seit dem Fund unserer Urururururundsoweiter-Ahnin Lucy als Wiege der Menschheit gilt, mich beeindruckte, dass es als einziges afrikanisches Land niemals kolonialisiert worden ist, und mich interessierte Addis als Sitz der Afrikanischen Union, also als eine Art Brüssel von Afrika. Es klang alles leicht skurril, eigensinnig, seltsam aus der Zeit gefallen, gar nicht recht afrikanisch – aber wenn ich ehrlich bin, hatte ich nicht die geringste Ahnung, was mich erwarten würde. Ach so, dass Addis eine der höchstgelegenen Hauptstädte der Erde ist, wusste ich noch: Die Stadt liegt auf einer Hochebene bei 2400 Metern.

Von allen Städten auf meiner Liste war Addis Abeba diejenige, in der ich mir mich vorher am wenigsten vorstellen konnte. Man entwickelt ja auch von unbekannten Orten meist eine Phantasie, sieht sich in Cafés sitzen, über Märkte schlendern oder U-Bahn fahren – man verortet sich in der Vorstellung. Addis: Fehlanzeige. Keine Idee, kein Plan; und ich fand es sogar gut so. Ich war weit offen für alles, was mir über den Weg laufen würde.

Es begann rumpelig. Normalerweise lebe ich in möblierten Wohnungen, so eine war allerdings in diesem Fall online nicht zu finden. Also eine Pension. Über das Internet hatte ich etwas entdeckt, das sich bezaubernderweise Mr. Martin's Cozy Place nannte, einem Deutschen gehörte und zwölf Euro pro Nacht kosten sollte. Ein angemessenes Leben in einem so armen Land, fand ich, und habe für einen Monat gebucht.

Ich landete morgens um fünf, der Taxifahrer kannte die Adresse nicht. Schließlich fanden wir ein Metalltor am Ende einer Sandpiste neben der Ausfallstraße. Dahinter einige Häuser um einen Innenhof verteilt, durch den Hühner liefen. Fand ich alles noch ganz *cozy*. Aber nachdem ich eine halbe Stunde auf dem harten Bett in dem frisch mit knallroter Lackfarbe gestrichenen Zimmerchen gesessen hatte und mir fast schwindlig von den Farbdämpfen geworden war, nachdem ich die aus der Wand hängende Steckdose und die einsame Neonröhre an der Decke gesehen hatte – die einzige Lampe im Raum –, das Gemeinschaftsbad am Ende des Flurs besucht und die Vorschlaghämmer vom Hochhausbau nebenan gehört hatte, dachte ich: Möglicherweise bleibe ich doch nicht den ganzen Monat in dieser Bude. Möglicherweise nicht mal einen Tag. Dieser Ort wäre der sichere Weg in die Depression gewesen, und damit wäre weder mir noch der Stadt gedient.

Ich bin in diesem Jahr unglaublich gut in »Love it, change it or leave it« geworden. Wenn man keine Zeit zu verschwenden hat, radikalisieren und beschleunigen sich die Entscheidungen ganz enorm. Sie versachlichen sich aber auch. Ohne Zögern und ohne Trauer habe ich beispielsweise für jedes Ding, das neu in meinem Koffer landete, ein altes hinausgeworfen. Anders geht es nicht. Man wird wahnsinnig pragmatisch beim Reisen. Was funktioniert, bleibt, was nicht, nicht.

Und das gilt auch für Pläne.

»Love it« oder »change it« würde mir bei Mr. Martin's Cozy Place nicht gelingen. Folglich: »leave it«. Gottlob gab es ein wackliges WLAN, das lang genug hielt, um auf der LonelyPlanet-Website, der ich in solchen Ländern immer traue, die Empfehlung für ein Mittelklassehotel mit Internetanschluss zu finden. Die hatten was für zwei Tage frei, also hin. Der Rest würde sich finden.

Am Nachmittag bin ich wie immer ziellos herumgestromert, um ein Gefühl für die Stadt zu bekommen. Addis Abeba ist wie die meisten afrikanischen Städte eine Mischung aus Wellblechhütten, staubigen Straßen, Ostblock-Architektur und postmodernistischen Protzbauten, die von chinesischen Investoren eilig hingeklotzt wurden. Eine langsam gewachsene Stadt, wie wir sie kennen, ist es nicht, eher eine Wucherung. Aber ich habe die leise Ahnung, dass der eklatante Clash von Hütte und Palast, Beeindruckungsarchitektur und miesester Infrastruktur erst vor wenigen Jahrhunderten genau so auch in jeder europäischen Stadt zu finden gewesen wäre.

Wie auch schon in Mumbai läuft kein Weißer einfach so zum Spaß durch die Straßen. In Addis hat man erstens immer ein Ziel und zweitens einen Wagen mit Fahrer, der einen dorthin bringt. Ich mag es mir aber nicht nehmen lassen, zu Fuß zu gehen, auch wenn das oft anstrengend ist: Kinder heften sich an meine Fersen, Männer bieten mir Begleitung an; höflich, aber nervig.

Also suchte ich mir doch ein Ziel, das Nationalmuseum, wo die größten Schätze des Landes – nein: der Menschheit! – aufbewahrt werden: die Skelette von Lucy und Ardi, den ältesten Hominiden der Welt. Urmenschen, 3,2 beziehungsweise 4,4 Millionen Jahre alt, beide in Äthiopien gefunden. Zu sehen, wie die Fundstücke lieblos in verstaubten Kisten mit ein paar kargen vergilbten Zeichnungen erläutert präsentiert werden (auch wenn es nur Replika sind), drehte mir das Herz um. Dasselbe gilt für die spektakulären Kronen und Staatsroben von Haile Selassie: unbeleuchtet und unerklärt in verschmierten Glaskästen, es ist herzzerreißend. Was könnte man mit etwas Geld für eine tolle Ausstellung daraus machen! Aber genau das fehlt natürlich. Und wenn es da wäre, gäbe es hier weitaus Dringenderes zu zahlen.

Ende von Tag 1: leichte Zweifel, schwere Beklommenheit. Wenn das schon der kulturelle Höhepunkt von Addis gewesen sein soll – war es eine blöde Idee, hierher gereist zu sein?

An Tag 2 wurde diese Frage knapp und klar beantwortet: nein. Es war eine Spitzenidee. Denn da hatte ich eine Begegnung, die mir den ganzen Monat retten sollte.

Vor einiger Zeit hatte mich eine Frau auf Facebook kontaktiert, deren Name mir auf Anhieb nichts sagte: Brigitte Maria Mayer. Irgendwas klingelte zwar von fern, aber ich habe sie eigentlich nur als Kontakt bestätigt, weil sie in Addis lebte. Nun war ich hier, habe mich mit ihr auf einen Kaffee verabredet und bei der Gelegenheit endlich gegoogelt, wer das eigentlich ist.

Aber natürlich! Verdammt!

Brigitte Maria Mayer, Fotografin, Filmemacherin, Witwe des Dramatikers Heiner Müller. Sie lebt derzeit in Addis, weil sie die letzten zweieinhalb Jahre daran gearbeitet hat, ein Filmprojekt über das Leben Jesu zu verwirklichen, mit dem Arbeitstitel »Der Wohnsitz Gottes«. Sie wollte in Äthiopien drehen, dem einzigen afrikanischen Land mit eigener christlicher Tradition, also keinem von Missionaren eingeprügelten Glauben. In einem Land zudem, das in weiten Teilen bis heute so aussieht wie zu biblischen Zeiten.

Die Schauspieler waren schon gecastet, fast nur Laien, für die sogar Schauspiel- und Stimmtraining organisiert wurde; 200 Kostüme waren genäht worden, alles war vorbereitet – und dann hat der Patriarch von Addis Abeba vor drei Wochen endgültig die bereits erteilte Drehgenehmigung zurückgezogen, ohne die hier nichts geht. Alle Einsprüche von Konsulat und Kulturbehörden haben nichts genützt, sogar ein Unterstützungsbrief von Angela Merkel blieb erfolglos. Und jetzt? Alles anders, alles umschreiben, vielleicht in Deutschland drehen, dann aber eine Studioproduktion. Nicht zu vergleichen mit dem, was hier an Bildern entstanden wäre. Niederschmetternd. Die Erfahrung, dass alles in letzter Minute zusammenkrachen kann, hat sie nicht als Erste gemacht. Auch Angelina Jolie wollte das in Äthiopien spielende Entwicklungshilfe-Drama »Beyond Borders« hier drehen, musste aber nach Namibia ausweichen.

All das erzählte mir Brigitte bei einem Tee in der Bar des Hilton, dem Wohnzimmer der Diplomaten, Entwicklungshelfer und Journalisten, das sich jeden Nachmittag mit müden Gesichtern füllt. Angesichts der Tatsache, dass gerade zweieinhalb Jahre Arbeit zunichte gemacht worden waren, klang sie angegriffen, aber gefasst. Und vor allem kein bisschen weniger begeistert von Äthiopien.

»Auf jeden Fall müssen Sie raus aus Addis, das ist ja klar«, sag-

te sie. »Nach Bahir Dar, dann nach Gondar, in die Simien Mountains, Axum, Lalibela. Zehn Tage mindestens.«

Sie hatte ihren Laptop mitgebracht und zeigte mir atemberau-
bende Fotos, die sie auf Locationsuche im Norden gemacht hatte: archaische Landschaften, alttestamentarische Gesichter voller Würde, alles in einem Licht wie aus einem Breitwandfilm der
fünfziger Jahre. Ich sah die Bilder und verstand, warum sie die
letzten Jahre so sehr um ihren Film gekämpft hatte.

Und beschloss augenblicklich: Da muss ich auch hin.

Eine Woche später packte ich eine kleine Reisetasche und flog
nach Bahir Dar. Nicht allein: Eine junge Äthiopierin namens
Netsanet begleitete mich, sie würde mich zehn Tage durch den
Norden führen. Die Tour war nach Indien die erste in diesem Jahr,
die nicht von mir selbst organisiert wurde, sondern in diesem Fall
vom Studiosus-Ableger Marco Polo. Ich würde es immer wieder
so machen: sich auf die Schnelle über mehrere Orte einen Über-
blick zu verschaffen, dafür brauchst du einfach eine gute Logis-
tik. So gern ich allein reise, aber an dieser Stelle brauchte ich einfach Hilfe.

Ich lege Dir ein paar Fotos bei, die Dir zeigen, warum ich Addis so schnell und so leichten Herzens hinter mir gelassen habe.

Hier eine ziemlich typische Straßenansicht. Wellblechsiedlun-
gen, dahinter Hochbauten in verschiedenen Phasen der Fertig-
stellung. Und überall, wie an dieser Mauer, improvisierte Zelte
aus Lastwagenplanen, es gibt aber auch Leu-
te, die einfach nur zusammengerollt in einem Müllsack schlafen,
direkt an der Straße, im Regen.
Der Anblick ist für mich immer
noch erschütternd, obwohl ich
merke, dass mich nach Indien
nichts mehr so leicht schockiert.

Auf den Großbaustellen leisten vor allem Frauen die Knochenarbeit und schleppen die Zementeimer, während die Männer mit den Händen in den Taschen danebenstehen. Davor hängen Plakate mit Aufschriften wie »From shabby to chic – witness the transformation!« Zynisch. Um Platz für die neuen Prachtbauten zu machen, werden Tausende von Slum-Hütten plattgemacht und ihre Bewohner an den Stadtrand verbannt.

Eine Bar.

Eine Metzgerei.

Einer der größten Buchläden von Addis, Megabooks. Ausschließlich Fachliteratur. Buchhaltung, Ingenieurswissenschaften, Englisch als Fremdsprache. Halt alles, was wirklich wichtig ist. Ich denke an deutsche Buchsupermärkte – Haarewaschen mit Apfelessig, Aussöhnung mit dem Inneren Kind, Diddlmaus-Duftbriefpapier – und frage mich, welches das ärmere Land ist.

Die Fotos erzählen natürlich nur die halbe Wahrheit. Die ganze ist: Die Leute sind wunderbar hier. Ich habe selten in so viele lächelnde Gesichter gesehen, mich auf Anhieb so wohl gefühlt. Daran hat auch nicht geändert, dass mir vor meiner Abreise in den Norden das passierte, was auf einer so großen Reise eigentlich schon längst überfällig war: Mir wurde meine Tasche geklaut. Immerhin hat es 308 Tage gedauert, kein schlechter Schnitt auf einer Weltreise.

Am meisten habe ich mich über mich selbst geärgert, denn ich weiß es ja besser. Hab das Ding immer schön quer vorm Körper getragen, im Gedränge auch mal unter den Arm geklemmt. Ich kenne alle Tricks, bilde ich mir ein, alle Ablenkungsmanöver. Aber ein einziges Mal habe ich die Tasche wie der größte Anfänger aller Zeiten kurz neben mich gestellt, beim Besichtigen eines kommunistischen Mahnmals, wo weit und breit keine Menschenseele zu sehen war – bis auf den Moment, als sich ein Junge lautlos von hinten anschlich, die Tasche griff und loswetzte. Ich für hundert Meter brüllend hinterher, klar, aber der Kleine war schneller, vor allem, als er sich in die Büsche schlug. Mann, habe ich geflucht. Aber dann auch gleich wieder gelacht: einen Äthiopier im Laufen schlagen zu wollen … komplett aussichtslos.

Und es war auch kein großes Drama: umgerechnet 50 Euro und mein E-Book-Reader waren hops; glücklicherweise hatte ich vor meinem Spaziergang, als ob es ich geahnt hätte, die größte Menge des Bargelds, Kreditkarten und den Pass in den Safe gepackt. Fotoapparat und Handy waren in meiner Jackentasche. Denn ich bin zwar blöd, aber nicht *so* blöd. Und vor allem nicht so blöd, einen Diebstahl persönlich zu nehmen. Das ist er nicht. Gerade in einem Land wie Äthiopien ist er nur die fällige Umschichtung von Reich zu Arm – betrachten wir das Ganze also als unfreiwillige Spende.

Selbst der Verlust des Readers war zu verschmerzen: Meine Bücher habe ich auch auf einer App im iPhone, das wird schon gehen für den Rest der Reise. Einmal mehr: Die Technik, das Internet, die Digitalisierung der Welt macht das Reisen so unendlich viel entspannter als früher.

Wenn ich jetzt darüber nachdenke, ist es eigentlich bemerkenswert, dass mir bislang so wenig passiert ist. Einmal kam mir ein Lkw-Fahrer auf einem einsamen Parkplatz in der Negev-Wüste ein bisschen dumm, dem bin ich einfach davongefahren. Sonst? Keine Probleme, keine Krankheiten. (Bis auf den einen obligatorischen Tag Durchfall in Indien, der vermutlich Teil der Visabestimmungen ist – ohne den darf da keiner wieder raus.) Warum haben die Leute nur so viel Angst und befürchten auf Reisen immer das Schlimmste? Nach meiner Erfahrung ist es eine Frage der *self-fulfilling prophecy*: Ich habe immer das Beste erwartet, und das Beste ist dann auch fast immer eingetreten. Und wenn nicht: *so what?*

Aber jetzt zu meiner Reise in den Norden. Ich blättere gerade durch meine Fotos auf dem Laptop und stelle fest: Die Geschichte erzählt sich am besten in Bildern. Man muss es gesehen haben, es ist nämlich wirklich unbeschreiblich. Ebenso wie mich die Fotos von Brigitte Maria Mayer in Gang gesetzt haben, hoffe ich, dass Dir mein Fototagebuch ein bisschen was von der überwältigenden Schönheit dieses Landes erzählt. Betrachte es als Deinen persönlichen Dia-Abend. Doch, da musst Du durch.

Eine Reise in den Norden Äthiopiens:

- Bahir Dar
- Gondar
- Axum
- Mekele
- Lalibela

Tag 1: Bahir Dar

Die Tisisat-
Wasserfälle
des Blauen Nils.

Der Tana-See.
Der höchstgelegene
See Afrikas, aus ihm
entspringt der Blaue Nil.

Wir besuchen das Kloster Ura Kidane Mehret
auf der Halbinsel Zeghe, nur per Boot und zu Fuß
zu erreichen. In der Klosterkirche: prächtige
Malereien rund ums Allerheiligste, das man barfuß
auf alten Teppichen umrundet. Bin sofort gefangen
von der heiteren Atmosphäre und diesem innigen
Kinderglauben, der aus allen Gemälden spricht.

Mein Lieblingsheiliger
Gebre Manfuss Qiddus,
der 300 Jahre
fastend durch die
Wüste zog und einen
verdurstenden Vogel
aus seinem Auge
trinken ließ.

Das äthiopische Grundnahrungsmittel Injera, ein schwammiges Fladenbrot, wird aus Teff gemacht, und Teff wird seit Jahrtausenden bis heute so gewonnen: Ochsen trampeln das klitzekleine Korn aus den Halmen und dürfen hinterher das Heu fressen.

Der kaiserliche Palastkomplex der alten Hauptstadt Gondar. Gegründet im 17. Jahrhundert von Fasilides, von seinen Nachfahren erweitert, jeder hat einen Palast hinzugefügt.

Einmal jährlich, am 19. Januar, wird das Bad des Fasilides mit Flusswasser gefüllt. Gefeiert wird Timkat, das Fest der Heiligen Drei Könige und gleichzeitig eine Taufzeremonie. Die Dorfjugend schwingt sich von den Ästen der Würgefeigen, deren Wurzeln die Mauern überwuchert haben, ins Becken und alle schwimmen lustig durcheinander.

Tag 3: Gondar und Simien Mountains

Qusquam Mariam außerhalb von Gondar. Eine Feier zum Abschluss der Fastenzeit, bei der die Bundeslade in einer Prozession um die Kirche herum getragen wird. Wie immer in solchen Fällen war ich

zunächst unglaublich befangen, bis Netsanet mich ermutigte, ins Innere der Kirche zu gehen.

Ich saß da und hätte nicht sagen können, in welchem Jahrhundert wir uns befinden: Die weißen Gewänder, die Trommeln, die Rasseln muss es so auch schon vor 1700 Jahren gegeben haben, als das orthodoxe Christentum Staatsreligion wurde. Es ist fast wie bei einer Jamsession, die Priester und Diakone stehen in einer Ecke zusammen, singen und tanzen. Ich saß eine Zeitlang bei den Frauen im inneren Kreis der Rundkirche auf einer Bastmatte, ließ mir von ihnen das helle Lilililili-Rufen beibringen, habe furchtbar viel gelacht, weil sie auch so viel lachten, und brach irgendwann in Tränen aus – ich will das gar nicht analysieren, aber es hat viel mit dem Bedürfnis nach Zugehörigkeit zu tun, das nach elf Monaten Unterwegssein in diesem Moment einfach übermächtig wurde. Eine alte Frau neben mir sprach auf Amharisch auf mich ein und tätschelte mein Bein, ich antwortete entschuldigend und tränenüberströmt auf Englisch, wir guckten uns an und verstanden uns nicht und verstanden uns doch und ich heulte gleich noch mehr.

Im Garten vor
der Kirche

Danach fuhren wir weiter in die Simien Mountains. Das seltsam entrückte Gefühl, das man hier oben im Norden hat – als lebte man nach einer Zeitreise wieder im ersten Jahrtausend – setzte sich fort: Ziegen- und Eselsherden laufen über die Schotterwege, Weißgekleidete wandeln durch die Felder, die immer noch mit Holzpflügen bestellt werden. Ich wanderte an Canyons entlang, saß auf einer Wiese zwischen rotbrüstigen Dschelada-Pavianen, die nur hier im äthiopischen Hochland leben, und trank abends mit ein paar Engländern am offenen Feuer ein bis mehrere Bier. Ein guter Tag? Ich würde sagen: ein ziemlich grandioser Tag.

"Wozu das Gewehr?", fragte ich unseren
Gebirgsführer Abu. "Hyänen und Leoparden",
antwortete er bündig. Oh. Okay.

Tag 4: Simien Mountains bis Axum

Ein reiner Reisetag. Wir brachen um sechs Uhr auf,
um der Hitze zu entgehen. Acht Stunden für die 250
Kilometer nach Axum. Ich wollte es nicht glauben, aber
Netsanet sollte Recht behalten. Acht Stunden über
steinige, staubige, holprige Schott-ott-otterpisten,
Serpentinen rauf, Serpentinen runter, durchgeschüttelt
bis auf die Knochen. In Axum haben wir drei uns schnell und
maulfaul voneinander verabschiedet, jeder wollte nur
noch ins Bett, und das nachmittags um zwei.

Das sind übrigens meine Reisebegleiter Netsanet und Dereje. Netsanet ist 24 und arbeitet seit ihrem Uni-Abschluss vor zwei Jahren als Reiseorganisatorin und Führerin. Ursprünglich wollte sie Ingenieurswissenschaften studieren, doch dort war alles voll, also wurde sie zwangsweise zu Tourismusmanagement verdonnert; freie Studienwahl gibt es in Äthiopien nicht. Sie selbst war noch nie im Ausland. Wie auch? Reisen ist nur für die ganz Reichen. Wohin würde sie reisen, wenn sie könnte? „Ägypten", sagt sie. Wir reden viel über Lebensplanung. Sie ist die jüngste von sieben Geschwistern und will Heirat und Kinder so weit wie möglich hinauszögern: „Meine Schwestern waren mal solche tollen Frauen – aber wie langweilig sind sie geworden, seit sie Mütter sind." Dereje ist 32 und arbeitet seit neun Jahren als Fahrer. „Ich liebe meinen Job. Er ist so entspannt", sagt er – und das, nachdem er einen Höllentag wie den heutigen hinter sich gebracht hat. Zwischendurch telefoniert er mit seiner eineinhalbjährigen Tochter („Hello sweetie!").

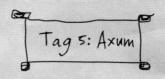
Äthiopische Geschichte ist eine wilde Mischung aus Legenden und nur wenigen handfesten archäologischen Erkenntnissen. Vieles ist reine Glaubenssache: dass die äthiopischen Kaiser Nachfahren von König Salomon und der Königin von Saba seien. Und dass die Original-Bundeslade (die Steintafeln mit den zehn Geboten, das Allerheiligste des Judentums) von deren Sohn, Menelik, aus Jerusalem entführt und bis heute in einer kleinen Kapelle in Axum aufbewahrt wird, zu der nur ein einziger auserwählter Mönch Zugang hat – es ist alles großartigster Indiana-Jones-Stoff.

Hier der Zugang zu einer Grabkammer, angeblich die von Balthasar, einem der Heiligen Drei Könige. Sie ist eben nicht Teil eines Touristentrampelpfades wie vergleichbare Fundorte in Griechenland, Italien oder der Türkei.

Und noch eine Entdeckung: Ich lasse mich endlich von
Netsanet und Dereje plattquatschen und probiere
meinen ersten äthiopischen buna, den hiesigen Kaffee.
Denn Äthiopien ist nicht nur Wiege der Menschheit,
sondern auch Wiege ihres beliebtesten Rauschmittels.
Kaffee verdankt seinen Namen der Provinz Kaffa, und
natürlich gibt es auch um ihn etliche Legenden: von
Hirten, deren Ziegen plötzlich so lustig durch die Gegend
sprangen, nachdem sie von einem Busch gegessen
hatten, und von Bohnen, die zufällig ins Feuer fielen.
Buna wird frisch geröstet und gemahlen, dann sehr
lange zusammen mit Wasser gekocht und verliert
dadurch seine Bitterkeit. Und verdammt, das Zeug
schmeckt auch mir ollen Teetante. Das Tässchen hat
ordentlich Wumm, den Rest des Nachmittags
springe ich selbst wie ein Zicklein durch die Stadt.

Tag 6: von Axum nach Mekele

In Yeha steht ein vermutlich jemenitischer Tempel aus dem 5. Jahrhundert v. Chr., die Steine mit atemberaubender Präzision aufeinandergepasst. Mich faszinierte aber wie immer mehr das Ungekämmte: ein kleines Kirchenmuseum, das sich im ersten Stock eines winzigen Gebäudes auf dem Gelände befindet. Man steigt eine Holzstiege empor und steht in einem wundersamen Dachboden. Ein Mönch, der hier wohnt (in einer Ecke liegt zusammengerollt seine Matratze), zeigt mit langem Bambusstab auf seine Schätze: Silberkreuze, alte Bibeln aus Ziegenhaut, Steine und Tonkrüge. An der Wand hängen lederne Gebetsbuchhüllen und selbstgezogene Kerzen. Magisch.

Abends in Mekele landete ich im Gaza, einem ziemlich guten Beispiel für äthiopisches Nachtleben: ein riesiges Restaurant, natürlich mit Band und Tänzern – und ebenso natürlich mit einem offenen Fleischer-Büdchen, wo Fleisch frisch vom Tier geschnitten und zu Kitfo, dem roh gegessenen Hackfleisch, verarbeitet wird. Die Stimmung war wie immer großartig. Ich war jetzt schon ein paarmal nachts aus, und jedes Mal war es ausgelassen: Es wird laut mitgesungen und zwischen den Tischen getanzt. Ein einziger großer Spaß.

Ein weiterer Reisetag liegt vor uns: neun Stunden Autofahrt.
Kein Problem, links und rechts neben der Straße gibt es
so viel zu sehen – Menschenkarawanen auf dem Weg zum
Markt, Ziegen-, Esel-, Kamel- und Rinderherden, die oft
genug den Verkehr aufhalten, morgens meist Läufergruppen,
aus denen vielleicht der nächste äthiopische Superstar
hervorgeht... Dereje spielt seltsam hypnotisierende
äthiopische Kirchenlieder und singt dazu (Netsanet grinsend:
„he is a very religious boy"), aber auch Reggae und Country.
Unser gemeinsamer Lieblingssong nach einer Woche:
Don Williams, I'm Getting Good At Missing You. Und jeden
Spätnachmittag, wenn die Sonne golden über dem Land
steht, sage ich wie ferngesteuert: „Dies ist meine absolute
Lieblingstageszeit", was schon zu vielen Parodien geführt
hat, ebenso wie die Tieranekdoten, die Netsanet bevorzugt
erzählt. Kurz: Wir haben einander liebgewonnen,
von mir aus könnte es ewig so weitergehen.

Das Old Abyssinian Coffee House ist perfekt für ein Feierabendbier. Eine ähnliche Idee hatte auch Kevin, mit dem ich schnell ins Gespräch kam. Er sei Ire, habe in Dublin ein Restaurant. Er erzählte, dass er beim Kochen gern experimentiere, in der Antarktis schon mit Schnee gekocht habe und in der Wüste mit Sonne. Wir redeten noch ein bisschen über das Land, die Leute, die Schönheit, die Freundlichkeit. Als ich ihn später googelte, musste ich lachen: Kevin Thornton ist in Irland ein bekannter Fernsehkoch und hat es auf zwei Michelin-Sterne gebracht. Hier, in Äthiopien, war er einfach nur ein netter Kerl mit einem Bier in der Hand, der mit mir diese Landschaft teilte. Auch dafür liebe ich das Reisen.

Tag 8: Lalibela

Wenn man nur einen Ort in Äthiopien ansehen könnte, sollte es Lalibela mit seinen elf Felsenkirchen sein. Am Ende dieses Tages war ich zutiefst beschämt: Wie kann es sein, dass die ägyptischen Pyramiden weltberühmt sind und diese Bauten, ein mindestens ebenso großes Weltwunder, kaum bekannt?

Die zehn bis dreizehn Meter hohen Bauten wurden direkt
aus dem Basalt herausgeschlagen. Von oben nach unten
wurde der Fels um sie herum abgetragen, anschließend
wurden sie ausgehöhlt – wenn man das so profan nennen will,
denn im Inneren finden sich feinst herausgemeißelte Säulen
und Apsiden. Jede Kirche ist anders, folgt einem eigenen
Baustil, und das, obwohl sie alle im 13. Jahrhundert im Auftrag
König Lalibelas entstanden sind. Als Kind, sagt die Legende,
sei der König von einem Schwarm Bienen umgeben worden,
die ihm jedoch nichts antaten, Lalibela heißt entsprechend
„Den die Bienen als Herrscher anerkennen". Später soll
er von seinem eifersüchtigen Bruder, dem damaligen König,
vergiftet worden sein und habe drei Tage im Koma gelegen.
Dabei sei ihm der Bauplan eines zweiten Jerusalem als
Vision erschienen. Bis heute ist Lalibela der neben Axum
heiligste Pilgerort äthiopischer Christen.
Zu Weihnachten kommen 500.000 Gläubige hierher.

„Was, um Himmels willen, ist das denn?", fragte ich, als ich dieses Ding am Horizont auftauchen sah. „Da trinken wir jetzt ein Bier", sagte Netsanet. Das Ding heißt Ben Abeba und ist ein neues Café-Restaurant in Lalibela, vor gerade mal vier Wochen eröffnet. Architekturstudenten hatten hier völlig freie Hand, etwas Einmaliges zu entwerfen. Genau der richtige Platz für unseren Abschiedsabend.

Netsanet und ich würden am Morgen nach Addis fliegen, Dereje fährt den Wagen in zwei Tagesetappen über die gut 700 Kilometer zurück. Noch ein Bier, ein letztes Essen (später der Umzug in einen Laden mit Gesang und Tanz und Tej, dem äthiopischen Honigbier), und jede Menge Gelächter.

Das waren die beglückendsten, ergreifendsten, überraschendsten zehn Tage dieses Jahres. Und die wichtigsten, keine Frage. Die, in denen mir mehrere Lichter aufgegangen sind. Meine Güte, wie wenig Ahnung ich doch von der Welt habe! Das wird mir jetzt erst klar. Ich dachte immer, ich sei einigermaßen herumgekommen. Aber ich wusste nichts von Lalibela, nichts vom Axumitischen Reich. Nie gehört, nicht in der Schule und auch nicht später, und diese Ahnungslosigkeit kreide ich mir ganz allein an. Wenn ich mir überlege, mit welchem banalen Mist ich mich oft beschäftigt habe, wenn ich mir weiter überlege, wie viel Schönheit und Reichtum und Wissen wohl noch auf Erden existiert und von mir in meinem Eurozentrismus einfach nie zur Kenntnis genommen wurde ... Schwindelerregend und kläglich.

Fast schäme ich mich jetzt, bei der Auswahl meiner zwölf Städte nicht kühner gewesen zu sein. Aber ich hatte es nicht besser gewusst. Und vielleicht musste ich erst mal diesen ersten Schritt in die Welt hinaus machen, damit ein zweiter dann möglich werden kann. Ich habe irgendwann mal gesagt, dass ich vom Leben überrascht werden möchte. Und weiß der Himmel, der Wunsch ist in Äthiopien in Erfüllung gegangen.

Es war, als ob ich durch die Reise in den Norden erst wirklich in diesem Land angekommen bin. Denn auch in Addis Abeba war hinterher alles anders: Ich ließ mich endlich auf die Stadt ein. Geholfen haben dabei auch einige Aufträge, die ich auf Bitten von

SZ-Magazin-Lesern ausgeführt habe. Eine der Mails kam von Ruth Paulig, einem Gründungsmitglied der bayerischen Grünen. Ihr Bruder Heinrich habe in den Siebzigern in Addis als Mathematikprofessor an der Uni gearbeitet und sehne sich sehr nach Äthiopien zurück, schrieb sie. Aufgrund eines Schlaganfalls könne er aber nicht mehr reisen. Ob ich ihm bitte ein Tütchen Berbere besorgen könne, das scharfe äthiopische Gewürz, das er so liebt? Und vielleicht auch mal bei seiner alten Haushälterin Birke vorbeischauen würde, die mit ihren sechs Kindern bei ihm gelebt habe? Ihr ein bisschen Obst bringen – das ist so teuer geworden – und Geld für Medikamente?

Aber natürlich, sehr gern. Birke wohnt in einem winzigen Haus unweit des zentralen Platzes Arat Kilo. Ihr Sohn Getenet, den ich per E-Mail erreicht habe, holt mich netterweise ab, allein hätte ich den Weg durch die engen Gassen kaum gefunden, Straßennamen gibt es hier nicht.

Der Besuch entwickelt sich schnell zu einer Reise in die Vergangenheit. Birke holt alte Fotoalben hervor, »ihren Schatz«, sagt Getenet. Darin unzählige Bilder nicht nur ihrer eigenen Familie, sondern auch welche von all den Menschen, für die sie im Lauf ihres Lebens gearbeitet hat, Deutsche, Franzosen, Familien, deren Kinder sie aufwachsen und schließlich gehen sah. Auf mehreren Fotos ist sie mit einem weißen Baby auf dem Arm zu sehen: Michael, der in Addis geborene Sohn von Heinrich – heute ein erfolgreicher Wissenschaftler, er leitet einen Forschungsbereich an der TU München.

Wir reden viel über Vergangenheit und Erinnerung. Ich frage Getenet, dessen Kinderbilder ebenfalls im Album kleben, wie alt er sei.

»41 oder 42«, sagt er.

Das weiß er nicht? Nein, das kann er nur schätzen. In Äthiopien gibt es keine Geburtsurkunden, und seine Mutter kann sich nicht genau erinnern.

Nicht mal an den Geburtstag?

Nein: Er hat sich selbst einen gewählt. »Ich mag die Zahl 7, und ich mag den Monat Mai. Und ich mag  Donnerstag. Also habe ich geschaut, in welchem Jahr der 7. Mai auf einen Donnerstag fiel.«

Natürlich gibt es *buna*, natürlich reden wir über die Sorgen, die die Familie gerade hat. Jeyuwork, die Tochter, die ihre Mutter zusammen mit einem Nachbarsmädchen pflegt, hat gerade ihren Job verloren. Sie hat in einem Andenkenladen in einer Einrichtung des SOS-Kinderdorfs gearbeitet, dort sind nach einem Korruptionsfall mehrere Stellen gestrichen worden. Getenet, ein Fahrer für eine Aids-Charity, unterstützt die Familie, ist aber viel unterwegs. Die Diabetes-Medikamente, die Birke braucht, sind teuer und müssen voll bezahlt werden, eine Krankenversicherung gibt es hier nicht. Ich räume sofort mein Portemonnaie leer.

Mich beschäftigen solche Geschichten immer sehr: Man trifft sich kurz im Leben, berührt einander, dann geht jeder wieder seiner Wege. Ich bin nur Zaungast in diesem Jahr, schaue kurz rein und bin dann auch schon wieder weg. Was bleibt, sind ein paar Fotos. Momentaufnahmen. Ich soll unbedingt die Bilder schicken,

die ich an diesem Vormittag gemacht habe, sagt Getenet. Die wird er ausdrucken. Und die werden wahrscheinlich bald neben all den anderen im Album seiner Mutter kleben.

Zwei Tage später, als ich nach einer langen Tour durch die Stadt in mein Hotel zurückkomme, wartet Jeyuwork, Birkes Tochter, in der Lobby auf mich. Sie muss Stunden dort gesessen haben, sie will nicht sagen, wie lange. In ihrer Tasche hat sie eine Tüte mit selbst gemachtem Berbere, dem Gewürzpulver, das Heinrich Hartmann so liebt. Ob ich ihm das nach Deutschland mitbringen könne?

Natürlich, nichts lieber als das. Ich hole noch mal etwas Geld aus meinem Zimmer für die Familie, wieder mit dem schlechten Gewissen, vorerst nicht mehr tun zu können.

Umso mehr Respekt habe ich vor Leuten, die sich dauerhaft auf dieses Land einlassen, die hier eine Aufgabe und eine Heimat gefunden haben. Zum Beispiel Meike und Ingo Becker, mir wärmstens ans Herz gelegt von einem gemeinsamen Münchner Freund. Die beiden leben seit fünf Jahren hier. Ingo ist Architekturprofessor, er ist für ein Programm zum Bau von 15 Universitäten hierher gekommen, eines der größten deutschen Entwicklungshilfeprojekte in Äthiopien. Ihre Kinder, 18 und 14, gehen auf die Deutsche Schule.

Die beiden nahmen sich Zeit, mich durch die Stadt zu kutschieren, mir die Universität, Ingos Entwürfe für Flüchtlingsunterkünfte und die trostlosen Außenbezirke zu zeigen, aber auch das Nachtleben von Addis. Wir aßen im Juventus Club, einem

wunderbar herunterge-
kommenen alten Sport-
verein. Abends trifft
man sich hier an lan-
gen Tischen zu italieni-
scher Pasta, Kinder sau-
sen durch den Raum oder
toben sich in der Turnhal-
le nebenan aus, ein paar
Entwicklungshelfer hän-
gen an der Bar ab, in ei-
nem Nebenraum tagt eine
Pokerrunde.

Das war schon mal gut. Dann wurde es richtig, richtig gut. Ich
hatte schon vorher vom Jazzamba gehört, einem Jazzclub im alten Ballsaal des Taitu Hotels, des ältesten Hotels Äthiopiens. 20
Jahre lang war der Saal verwaist, seit Juni spielt hier wieder jeden
Abend eine Band. Die Atmosphäre ist großartig: der Saal picke-
packevoll mit gut besetzten Tischen, darüber ein paar funzelige
Kronleuchter.

Auf der Bühne, wie jeden Freitag, das Addis Acoustic Pro-
ject, eine noch junge Band mit einer Legende an der Mandoline,
Ayele Mamo. In den Fünfzigern und Sechzigern war Addis eine
Jazz-Hochburg; als das kommunistische Derg-Regime die Macht
übernahm, war es vorbei mit der Freiheit. Doch jetzt finden die
alten Musiker eine neue Bühne. Für einen Gastauftritt tritt Girma
Negash ans Mikro, ebenfalls ein Held der guten alten Zeit – heute
fährt er Taxi. Dann kommt noch Melaku Belay hinzu, einer der
besten traditionellen Tänzer der Stadt, spätestens jetzt dreht der
Laden völlig durch und ich auch. Die Stimmung ist sensationell.
Ein bisschen Buena Vista Social Club, ein bisschen Familienfei-
er, ein bisschen hysterisch. Ich kann mich nicht erinnern, wann
ich zuletzt so gelöst, so ausgelassen, so glücklich war. Völlig ein-

verstanden mit dem Ort, dem Abend, mit mir selbst. Als ob alle Sterne in einer perfekten Konstellation stünden, die es nur alle tausend Jahre gibt. Unvergesslich und ein großes, großes Geschenk, so etwas erleben zu dürfen.

An einem anderen Abend saßen wir im urgemütlichen alten Haus der Beckers, durch dessen Garten zwei Hunde, zwei Riesenschildkröten, eine Ziegenherde und eine Hühnerschar laufen. Wir guckten Fotos von ihren Reisen durchs Land an, atemberaubend schöne und herzzerreißend traurige Bilder, die meine Frage, was sie hier hält, schon von ganz allein beantworten. Die beiden sagen mir das, was mir schon andere in Addis gesagt haben: »Das Leben hier hat einfach mehr Sinn als zuhause. Es ist frustrierender, aber eben auch ungleich befriedigender als in Deutschland.«

Die Erfahrung, einen spürbaren Unterschied im Leben anderer zu machen, etwas zu bewirken und zu verändern, einen wirklichen Lebenszweck zu erfüllen, das ist es am Ende, was zählt, sagen sie. Was bleibt und was sie bleiben lässt.

Ich saß daneben und hörte stumm zu. Was fange ich eigentlich mit meinen Kräften an, nutze ich sie auf die bestmögliche Weise? Macht es einen Unterschied, ob es mich gibt oder nicht? Selbstverständlich sollen wir nicht alle Entwicklungshelfer werden, Gott bewahre. Aber möglicherweise mehr Sinn und weniger Unsinn produzieren? Wann immer es möglich ist? Und es ist oft möglich, das weiß ich zumindest für mein Fach sehr genau. Ich merke, dass die Reise gerade erst beginnt. Oder genauer: Erst in Deutschland wirklich beginnen wird.

Lieber Jonas, dieser Brief ist viel länger geworden, als ich geplant hatte; ich fürchte, ich habe Dich ziemlich zugetextet. Aber ich bin so berührt und begeistert von diesem Land – gerade weil ich vorher so wenig wusste von ihm –, dass ich mich nicht bremsen konnte. Um Pascal zu zitieren: »Bitte entschuldigen Sie den langen Brief, ich hatte keine Zeit, einen kurzen zu schreiben.«

Und langsam muss ich mal ins Bett. Morgen, an meinem letzten Tag hier, will ich den Great Ethiopian Run mitlaufen, einen Zehn-Kilometer-Lauf durch Addis. Es muss ein Riesenspaß sein, ein ambulantes Volksfest, da muss ich einfach dabei sein. Vor diesem Monat hätte ich nie und nimmer geglaubt, dass mich ausgerechnet Äthiopien so sehr ins Herz treffen würde. Einmal noch gemeinsam mit ein paar Tausend Menschen durch die Stadt laufen, scheint mir die beste Art, mich zu verabschieden.

Und Dir danke ich ein weiteres Mal, dass Du zur richtigen Zeit am richtigen Ort warst. Du hast so viel möglich gemacht, dafür wirst Du auf ewig einen Platz in meinem Herzen haben.

Liebe Grüße von Meike

10 Dinge, die ich in Äthiopien gelernt habe

1. Kaffee trinken. 51 Jahre lang war ich fest davon überzeugt, keinen Kaffee zu mögen. Dabei mochte ich nur den deutschen Filterkaffee nicht. *Buna* hingegen, dieses starke, schokoladige, sahnesanfte, völlig unbeißende äthiopische Teufelszeug …

2. Als Konsequenz daraus mein altes Mantra, alles mindestens einmal zu probieren, überarbeiten in: Nie aufhören mit dem Probieren. Vielleicht habe ich es nur vor Jahren nicht gemocht, jetzt aber schon. Oder ich habe nur eine bestimmte Variante von etwas nicht gemocht. Ich verändere mich, die Dinge verändern sich – mit anderen Worten: revidieren, revidieren, revidieren.

3. Das gilt auch für mein ursprüngliches Reisekonzept, nur Städte zu besuchen. Was wäre mir entgangen, wenn ich die ganze Zeit in Addis geblieben wäre! Also: Pläne über den Haufen werfen, wenn sie sich im Lauf der Zeit als ungenügend entpuppen, Gelegenheiten nutzen, nicht starrsinnig sein. Ideen sind oft nur Initialzündungen, um den Karren in Bewegung zu setzen. Wenn er aber erst mal rollt, darf man sich auch wieder von ihnen verabschieden. Und ihn in eine andere Richtung lenken.

4. Meine Ignoranz in Sache äthiopischer Kultur und Geschichte und meine Überraschung, all diesen Reichtum im Norden zu finden, war eines der größten Aha-Erlebnisse dieses Jahres. Nur weil ich noch nie davon gehört habe, bedeutet es nicht, dass es nicht existiert.

5. Zeitungen und Fernsehnachrichten erzählen einem nichts über ein Land. Vor diesem Monat hätte ich mit Äthiopien Dürre, Hungersnöte, Landflucht assoziiert. Und wenig mehr. Fatal.

6. Nicht scheu sein. Als bekennende Norddeutsche bin ich, vorsichtig gesagt, nicht sehr ranschmeißerisch. Einfach so mitsingen und mittanzen, wenn andere das tun – schwierig. Aber machbar, wie ich seit dem letzten Abend in Lalibela weiß.

7. Anderen vertrauen, Freundlichkeit akzeptieren. In Addis haben mir die Beckers einen Fortgeschrittenenkurs verpasst.

8. Hardcore-Anekdote in Sachen Freundlichkeit akzeptieren: Auf der Fahrt durch den Norden haben wir mittags Rast gemacht, uns wie immer vor dem Essen die Hände gewaschen (*Injera*!). Fließend Wasser gab es nicht, so hat Dereje uns Frauen mit einem Schöpfgefäß die Hände gewaschen. Nach dem Essen ging ich auf die Toilette, hatte das mit dem fehlenden fließenden Wasser längst vergessen und merkte, als es zu spät war: Verdammt, die Spülung funktioniert nicht. Verdammtverdammtverdammt. Doch als ich die Klotür aufmachte, stand dort eine strahlend lächelnde alte Frau mit einem Eimer Wasser bereit, den sie sich auch nicht aus der Hand nehmen lassen wollte. Sie ging an mir vorbei und goss ihn mit Schwung in die Schüssel. Dankbarkeit hat viele Gesichter, meines war an diesem Tag schamrot.

9. Ich will einen Hund und ein Hund will mich. Die Erkenntnis habe ich Finn, einem irrsinnig charmanten äthiopischen Straßenköter, zu verdanken. Mal sehen, ob das zuhause Folgen hat.

10. Und die wichtigste Einsicht, nicht zum ersten Mal: Ich hatte schon vor Jauch großes, großes Glück. Der irrsinnige Zufall, in eines der reichsten Länder der Erde hineingeboren zu sein, jederzeit ein Dach über dem Kopf gehabt zu haben, dazu eine gute Ausbildung, einen Beruf, den ich liebe, die Freiheit, alles tun zu dürfen, was ich will, reisen zu können, wohin ich will … Nichts daran ist selbstverständlich, nichts davon verdient. Ich war schon oft im Lauf des Jahres dankbar, aber nie so sehr wie in Äthiopien.

Havanna,
Kuba

Dezember

Lieber John,

mich macht nicht viel sprachlos, wie Du weißt. Aber nichts in diesem Jahr hat mich so sehr überrascht wie Dein Kommentar in meinem Reiseblog, nachdem wir ein Vierteljahrhundert nichts mehr voneinander gehört hatten. Einfach so, als ob es das Normalste der Welt wäre – *hello again*. Ich fasse es immer noch nicht.

Dein plötzliches Wiederauftauchen war umso irrer, als ich neulich (neulich! ha! vor einem halben Jahr) sehr an Dich denken musste. Als ich nämlich im Juni zum ersten Mal in meinem Leben in San Francisco war, wie wir das 1981 auf unserer Westküstentour geplant und dann gelassen hatten, wegen meines blöden Rappels, sofort nach Hause zu wollen. Ich Vollidiotin. All die Jahre habe ich es nie geschafft, dorthin zurückzukehren, obwohl San Francisco immer eine meiner Sehnsuchtsstädte geblieben ist. Wenn ich mir vorstelle, dass ich sie schon mit 21 hätte kennenlernen können statt erst mit 51! Ob sich mein Leben verändert hätte? Ob ich auch damals schon mit dem Gedanken gespielt hätte, dort zu leben, so wie ich es jetzt tue? Oder hätte ich gar nichts anfangen können mit dieser Stadt, wäre ich zu jung gewesen für sie?

Dieses »Was wäre wenn«-Spiel könnte ich natürlich auch auf uns anwenden. Was wäre passiert, wenn wir ein Paar geblieben wären? Wenn ich Dich begleitet hätte zu Deinen Army-Einsätzen in die Ukraine, den Kosovo, nach Bosnien, Rumänien, Hol-

283

land – wer wäre ich geworden? Wie hätte es mich verändert? Wo wäre mein Zuhause? Hätte ich ein ähnliches Gefühl der Desorientierung, wie ich es schon nach einem einzigen Reisejahr habe? Mich erschreckt fast ein wenig, wie leicht mir das Leben hier draußen gefallen ist, wie wenig ich mich nach Deutschland gesehnt habe. Wie egal es letztlich ist, wo ich lebe. Hätte ich nicht mehr Sehnsucht nach Zuhause haben müssen? Und was genau meine ich eigentlich damit, wenn ich von »Zuhause« rede?

Du siehst, ich schwimme gerade ziemlich. Wie hast Du es geschafft, nach all Deinen Auslandsjahren wieder in Amerika Fuß zu fassen? Oder hast Du es vielleicht gar nicht geschafft? Entschuldige, wenn ich Dich hier nur mit Fragen bombardiere, aber bitte schreib mir, ich bin gespannt auf Deine Erfahrungen. Ich habe die dumpfe Ahnung, dass ich sie in ein paar Tagen, wenn ich wieder in Deutschland bin, gut gebrauchen kann.

Ich schwimme übrigens wirklich: Ich schreibe Dir dies von Bord eines Frachters mitten im Atlantik, ein paar Hundert Seemeilen nordöstlich der Azoren, würde ich schätzen. Abschicken kann ich diese Mail erst, wenn ich wieder zuhause bin, denn auf der Bahia Laura, einem 250 Meter langen Containerschiff mit Kurs auf den Hamburger Hafen, bin ich auf die allerglücklichste Weise von der Welt abgeschnitten: kein Internet, kein Telefon, kein gar nichts. Das nächste Land, sagt der Kapitän, ist vier Kilometer entfernt – der Meeresboden. Die Vorstellung von 3000 bis 4000 Metern Wasser unter mir finde ich überhaupt nicht beängstigend, sondern eher beruhigend. Ich fühle mich getragen und geschaukelt und eingelullt wie von einer gewaltigen blauen Wiege.

Ich habe ein paar Tage gebraucht, bis ich mich an den totalen Reizentzug an Bord gewöhnt habe. Zu sehen gibt es nichts als Wasser, Himmel und alle paar Tage ein anderes Schiff am Horizont, zu riechen nur Salzluft und Diesel, zu hören Maschinenstampfen und Wind, zu spüren – Zeit. Sehr, sehr, sehr viel Zeit. Exakt das war der Grund, warum ich mich für diese Art der Heimreise entschieden habe: Ich möchte meine Erlebnisse sacken lassen können (circa 4000 Meter tief …). Und ich möchte ganz allmählich nach Hause kommen, mit einem genauen Gefühl für die Entfernung.

Damit meine ich nicht nur die Seemeilen, die zwischen der Karibik und Hamburg liegen. Diese Fahrt ist sowohl eine Passage zwischen zwei Kontinenten wie auch zwischen zwei Lebensformen, dem Reisen und dem – tja, was ist das Gegenteil davon: Nichtreisen? Wenn es nach mir ginge, könnte die Fahrt gern doppelt so lang dauern wie die zwölf Tage, die wir brauchen werden. Ich habe es überhaupt nicht eilig.

Das war vor fünf Wochen noch ganz anders, als ich von Addis Abeba über Istanbul nach Frankfurt unterwegs war, um dort den Flug nach Havanna zu erwischen, mein letztes Ziel dieses Jahres. Das Umsteigen bedeutete, dass ich zum ersten Mal seit elf Monaten wieder deutschen Boden betreten würde. Und so sehr ich im Lauf des Jahres Flughäfen als Katapulte betrachtet habe, die mich in die jeweils nächste Umlaufbahn schießen würden: Dieses Mal war es anders. Beim Anflug auf das nebelgraue Frankfurt dachte ich plötzlich: Ich höre jetzt auf.

Ich hatte diese ganz starke Phantasie, den schon durchgecheckten Koffer einfach allein fliegen zu lassen, mich in den nächsten Zug nach Hamburg zu setzen und mich dort drei Tage aufs Sofa zu legen, ohne jemandem zu verraten, dass ich wieder zuhause bin. Denn gesättigt war ich, angefüllt bis oben hin, das Highlight Äthiopien puckerte noch frisch in den Adern. Es hätte jetzt einfach enden können, ohne dass ich das Gefühl gehabt hätte, irgendetwas versäumt zu haben. Die Versuchung war groß, muss ich zugeben. Vielleicht auch deshalb so groß, weil ich sie zum ersten Mal überhaupt verspürte: Nicht ein einziges Mal während des ganzen Jahres habe ich gedacht, dass ich genug hätte von der Welt und vom Reisen.

Oder rede ich mir das jetzt nur ein? Doch, das tue ich bestimmt. Reisende sind ja große Selbstbetrüger, das müssen sie auch sein, um die unvermeidlichen mauen und lauen Momente zu überstehen; die werden einfach ignoriert oder weggelacht oder glorifiziert, aus reinem Selbstschutz. Du weißt ja, wie unzuverlässig Augenzeugen sind. Das gilt erst recht für Langzeitreisende. Wir vergessen viel, die Sensationen lagern sich wie Sedimentschichten übereinander ab und quetschen die Erinnerungen platt. Was habe ich eigentlich in Shanghai getan? Und Sydney, ist das nicht schon Jahre her? Dieser Tage fühle ich mich manchmal wie ein Japaner nach zweiwöchiger Europa-Tour, der nur anhand der Fotos rekonstruieren kann, wo er war.

Von Laufwettbewerben, in denen ich gestartet bin, kenne ich es, dass einen beim Anblick der Ziellinie plötzlich die Kräfte verlassen. Profisportler überlisten sich, indem sie ein imaginäres Ziel einige Dutzend Meter hinter dem tatsächlichen anvisieren. So ähnlich habe ich es auch gemacht: Am Ende war es deshalb nicht der Gedanke an einen Monat im warmen Kuba, der mich umgestimmt hat, oder mein norddeutscher Sturkopf, der unbedingt die Zwölf vollkriegen wollte (der aber auch ein bisschen), sondern die Vorstellung, anschließend die Heimreise mit dem Schiff antreten zu dürfen. Und dazu musste ich leider erst mal rüber auf die andere Atlantikseite. Verrückt, oder? Hinzufliegen, um zurückschippern zu dürfen? Egal. *Whatever works.*

Ob es daran lag, dass ich innerlich schon abgeschlossen hatte mit der Reise – die ersten Tage in Havanna waren jedenfalls zäh. Ich wanderte wie immer kreuz und quer durch die neue Stadt, aber ich war müde. Lustlos. Und schuldbewusst wegen dieser Lustlosigkeit. Und verdrossen über mein schlechtes Gewissen. Und verärgert, dass ich jetzt zum Ende hin so schlappmachte. Eine Todesspirale der schlechten Laune. Was war bloß mit mir los? Ein vorgezogener Kater nach einem besoffen machenden Jahr?

Nicht sehr geholfen hat, dass ich als allein durch die Gegend schlendernde hellblonde Zielscheibe ununterbrochen von Kerlen angequatscht wurde. Man hatte mich zwar schon schonend darauf vorbereitet, aber es am eigenen Leib zu erleben war noch mal was anderes: Nirgendwo ist es nerviger, alleinreisende Frau zu sein und es auch bleiben zu wollen, als in Havanna, finde ich. Es fing schon vor der Passkontrolle an. Ein älterer Herr in der Schlange vor mir starrte mich die ganze Zeit an und sagte schließlich: »You are very beautiful. I will wait for you on the other side.«

Danke, vielen Dank, sehr nett, aber: Nein danke. Bei meinem ersten Spaziergang durch die Altstadt ging es dann an jeder Ecke weiter: »You are beautiful! I love you! Where are you from?«

Ich konnte mich auf keine Bank, keine Kaimauer setzen, ohne dass sich jemand ungebeten neben mich setzte und zu baggern anfing. Ein freundliches »no gracias, chao« nützte nichts, es half nur ein überhasteter Aufbruch. Die Standardfrage, woher ich komme, beantwortete ich irgendwann nur noch mit »Dinamarca«, Dänemark, weil mir so zumindest das übliche radebrechende »Wie gäht, alleskla?« erspart blieb, mit dem Deutsche beglückt werden. Dänisch hat hier keiner im Programm. Richtig die Schnauze voll hatte ich, als ein Kerl mich auf der Uferpromenade minutenlang verfolgte und irgendwann von hinten meine Hand ergriff: »Hola guapa.«

Ich: »No.«

»Hola.«

»¡Adios!«

»Hola.«

»¡Déjame!«

»Hola querida.«

»¡¡¡FUCK OFF, goddammit!!!«

»Hola ...«

All das hat natürlich nicht das Geringste mit meiner plötzlichen überirdischen Schönheit zu tun, sondern ausschließlich mit dem Versuch, durch einen Flirt zu ein paar Kröten zu gelangen. Oft sind die Kerle *jineteros,* die Touristen für Prozente in Restaurants oder Privatpensionen schleppen, oft aber auch Hobby-Gigolos, die sich auf die Bespaßung einsamer älterer Damen spezialisiert haben. Wie auch immer: supernervig, weil es mich noch muffiger gemacht hat, als ich ohnehin schon war.

Nach ein paar Tagen hatte ich raus, wie es funktioniert: schnell gehen, als hätte ich einen dringenden Termin, und mich taub stellen. Na super: Die einzige Methode, in Ruhe gelassen zu werden, war, zum eiligen Arschloch zu werden. Arrogantes Desinteresse – dafür hätte ich Deutschland nie verlassen müssen.

Ich habe mich oft gefragt, ob ich dieses Jahr anders erlebt hätte, wenn ich ein Mann wäre. Keine Frage, dass man als Mann mehr Bewegungsspielraum hat; in einige Ecken der Erde, die mich interessiert hätten (Afghanistan, Turkmenistan), habe ich mich dann doch nicht gewagt. Gleichzeitig hatte ich den Eindruck, als Frau offenere Türen vorzufinden, leichter in Kontakt zu kommen mit den Leuten, die von mir ja nichts befürchten mussten. Gibt es etwas Harmloseres als ein alleinreisendes Blondchen? Um die kümmert sich jeder gern, ob aus Mitleid oder Fürsorge. Viele der Einladungen dieses Jahres, da bin ich sicher, hätte ich als Mann nicht bekommen, einige Bekanntschaften sicher nie gemacht. Und bevor Du fragst: Nein, ich bin brav geblieben. Ziemlich. Keine Lust auf Komplikationen und vor allem keine Lust darauf, wegen eines Kerls irgendwo hängen zu bleiben.

Mein Frausein kommt mir auch hier auf dem Schiff zugute, allein unter 24 Seeleuten und einem einzigen weiteren Passagier, einem Gartenpfleger aus Sachsen, den ich aber so gut wie nie zu Gesicht bekomme. Für die philippinischen Matrosen bin ich ein Unikum, so was hatten sie noch nicht an Bord, und als wir am zweiten Weihnachtstag auf dem Achterdeck ein Spanferkel grillten, haben sie mir die schönsten Stücke heruntergesäbelt.

Auch sonst habe ich es gut: Ich kann mich frei an Deck bewegen (zweimal nach vorn zum Bug und wieder zurück = ein Kilometer), bediene mich aus der Bordsammlung von DVD-Raubkopien aus allen Häfen der Welt (hauptsächlich Ballerfilme und Hongkong-Action), lasse mir vom britischen Chefingenieur Tony den Maschinenraum erklären (»Doll! Bei mir hier unten war noch nie eine Frau!«) und vom deutschen Kapitän die Brücke. Die Tage verbringe ich entweder im einzigen Liegestuhl des Schiffs mit einem Hörbuch aus dem iPhone, die Augen auf unendlich, oder dösend und lesend in meiner Koje in der Eignerkabine. Nichts tun können, nichts müssen, einfach nur langsam nach Hause dümpeln – es ist herrlich.

Die einzigen Termine, die ich habe: Frühstück von 7.15 Uhr bis 7.30 Uhr, Mittagessen um 12 Uhr, Abendessen um 17.30 Uhr. In der Offiziersmesse – wir sind zu acht – herrscht nüchterne Kantinenatmosphäre, dagegen kann die weihnachtliche Plastiktanne in der Ecke noch so viel anblinken. Alle schaufeln wortlos das Essen in sich hinein, länger als eine Viertelstunde sitzt keiner am Tisch. Wer aufsteht, sagt – und das oft als einziges – »Good afternoon« oder »Good evening« und verschwindet umgehend. Monatelang mit denselben Leuten Tag und Nacht zusammenzuarbeiten killt jedes Bedürfnis nach ausschweifender Dinnerkonversation. Ich mag das irgendwie, diese schweigende Gemeinschaft hart arbeitender Männer.

Auch auf Kuba dachte ich nach einigen Tagen: *It's a man's man's world.* Beim Frühstücken in meinem Hotel zum Beispiel traf ich drei deutsche Herren in den Siebzigern, Brüder auf Nostalgietour. Die beiden älteren sind zur See gefahren, »die schönste Zeit meines Lebens«, sagte der eine, »aber dann habe ich meine Frau kennengelernt und dann ... Tja.« Er war zum ersten Mal 1951 als Schiffszimmerer auf Kuba, »da war vielleicht noch was los hier! Jetzt dagegen ...« – er lachte ein bisschen traurig.

Sie hatten in den letzten Tagen nach ihren alten Kneipen gesucht. Alle dicht, bis auf eine, Dos Hermanos unten am Hafen. Ich versprach ihnen, dort abends mal einen Rum auf sie zu trinken.

Am Nachmittag traf ich dann in der Innenstadt zwei junge Amateurboxer, die seit Jahren um den Globus reisen, um Kampfsportarten zu trainieren, zum Beispiel zum Muay Thai nach Bangkok und jetzt nach Kuba zum Boxen. »Der beste Ort dafür. Wir waren keine zwei Stunden hier und standen schon im Ring.«

Dazwischen habe ich mir für zwei Dollar das Zimmer 511 im Hotel Ambos Mundos angeschaut. Hier wohnte Ernest Hemingway sieben Jahre lang ab 1932. Seine Schreibmaschine steht hier, ein paar Angelruten, afrikanische Speere. Im Schrank hängt eine Lederweste mit auffällig dicken E. H.-Initialen, damit auch ja jeder mitkriegte, was für ein Kerl da vor einem stand. An der Wand: Fotos seiner Eroberungen, Marlene Dietrich ist auch dabei.

Spätestens da wurde mir klar: Kuba ist ein Männermuseum. Die Jungs, die Männer hängen hier ihrer Sehnsucht nach. Sie träumen von der guten alten Zeit, die ja auch tatsächlich noch in Form von US-Oldtimern durch die Straßen klappert, träumen von einem Phantasieleben als Großwildjäger oder Hochseeangler oder Boxer oder Revolutionär oder Frauenbeglücker. Hier ging das alles mal. Und hier geht es noch, immer mit einer schönen Zigarre im Mund und einem Añejo im Glas.

Die Altstadt von Havanna ist die perfekte Kulisse für dieses Märchen aus Mojitos und Merengue. Ein gigantisches Freiluftmuseum einer untergegangenen Ära, wie in Aspik gegossen, postkartengerecht zerbröckelt. Ich habe mich dabei ertappt, zum ersten Mal durch eine Stadt zu gehen, als sei sie ein Vergnügungspark, zu meinem Entertainment hingestellt, ein karibisches Disneyland der Fifties.

Natürlich ist das eine Anmaßung. Was uns wie ein Trip in die Vergangenheit vorkommt, ist für die Einwohner schlicht die Gegenwart. Was uns als Kulisse für ein paar eskapistische Wochen mit Rückfahrticket dient, ist für sie unentrinnbare Realität. Schon der ästhetisierende Touristenblick verzerrt die Wirklichkeit: Wir sind aus unseren westlichen Städten so sehr das wilde Durcheinander der Epochen gewohnt, das optische Hupkonzert aus 18.-Jahrhundert-Kirchen, Jugendstilvillen, Sixties-Wohnblöcken, modernistischen Glaspalästen, dass uns eine Eindeutigkeit wie in Havanna schon fast künstlich vorkommt. Ist es nicht paradox, dass wir nur solche »Das gibt's doch nicht«-Orte als »authentisch« empfinden, unsere eigene kompliziertere Lebenswirklichkeit aber nicht?

Hinterher reist jeder Besucher mit dem dreisten Wunsch ab, dass es möglichst so hübsch heruntergekommen bleiben möge, es fotografiert sich einfach besser – scheiß auf die Einwohner, die lieber in heilen Häusern wohnen würden und einen Job hätten, statt auf den Stufen der Verwahrlosung zu hocken und sich von Leuten wie mir beim prima authentischen Zigarrenrauchen knipsen zu lassen.

Vielleicht gehörte es zu meinem Reiseblues, aber zum ersten Mal hatte ich ernsthaft Probleme mit meiner Rolle in diesem Spiel.

Was mache ich hier eigentlich?

Ich habe ja aus denselben Gründen Havanna auf meinen Reiseplan gesetzt wie die meisten Kuba-Besucher: hin, so lange die Kaputtheit noch so schön intakt ist; wer weiß, was nach Fidels Tod passiert. Damit erfülle ich das alte Diktum von Hans Magnus Enzensberger: »Der Tourist zerstört, was er sucht, indem er es findet.«

Devisenbringer wie ich krempeln die Gesellschaft um. Plötzlich ist es einträglicher, Zimmermädchen zu sein als Lehrerin; Ärzte verlassen die Krankenhäuser und fahren lieber Taxi; Lebensmittel wandern in die Hotels, nicht auf die Märkte. Und die

Leute schlucken ihren Stolz herunter und schmeißen sich in der Hoffnung auf ein paar Kröten an die Fremden ran. Die dann davon genervt sind, so wie ich. Es sei denn, die Einheimischen spielen brav als Besichtigungsobjekte und Statisten in unserer Selbstinszenierung mit und singen abends in den Bars die Lieder, die wir aus »Buena Vista Social Club« kennen.

Du merkst schon, ich krankte mächtig an mir und meiner Reise, Kuba drohte zum selbst verschuldeten Fiasko zu werden – und das ausgerechnet zum Schluss. So wollte ich das Jahr eigentlich nicht beenden, verdammt! Gerade noch rechtzeitig hat mich in dieser Situation das gerettet, wovor ich eigentlich ziemlichen Bammel gehabt hatte: Annette, eine Münchner Journalistenkollegin, stieß für zwei Wochen zu mir.

Als sie mich zu Beginn des Jahres fragte, ob ich was dagegen hätte, wenn sie mich auf Kuba besuchen würde, hatte ich gesagt: Natürlich nicht, toll, nur zu. Doch je näher der Termin rückte, desto mulmiger wurde mir. Wir kannten uns kaum, privat eigentlich gar nicht, und zwei Wochen können lang werden, wenn man sich nicht versteht. Worauf hatte ich mich da nur wieder eingelassen?

Wie sich herausstellte, auf die Erlösung. Annette kam, trank als Erstes einen Rum mit mir und blies mir mit ihrer energisch guten Urlaubslaune meine dumpfen Brütereien aus dem Hirn. Ich war matt nach elf langen Monaten, sie frisch und unternehmungslustig. Ich ließ mich dankbar mitreißen, meine Muffigkeit hatte sowieso keine Chance gegen sie.

Auch darin habe ich, wenn ich mal an dieses Jahr zurückdenke, unglaubliches Glück gehabt: Immer wenn ich durchhing – am schlimmsten in Mumbai, aber auch in Barcelona –, schwebte ein Bergwachthubschrauber in Form eines Freundes ein. »Denn wo Gefahr ist, wächst das Rettende auch«, Hölderlin, oder? Stimmt jedenfalls. Oder ist es genau andersherum: Immer wenn ich wusste, dass ich aufgefangen werden würde, ließ ich mich ein bisschen sacken? Ich kann es Dir nicht sagen.

Annette jedenfalls entpuppte sich als die perfekte Reisebegleitung: Sie hat selbst schon den halben Globus gesehen, ist angenehm unbedürftig und hat Nerven wie Stahl. Die braucht man hier auch: Während einer Taxifahrt in einem schrottreifen Lada schwang bei Tempo 70 plötzlich die Tür neben ihr auf. Der Fahrer griff leicht gelangweilt hinter sich und schloss sie, ohne den Fuß vom Gas zu nehmen. Anscheinend Routine für ihn.

Was jede normale Frau sofort zum Aussteigen bewogen hätte, brachte Annette nur zum Lachen, und mir wurde klar, warum es mit uns so gut klappte: Die Frau ist völlig unhysterisch. Dinge, die schiefgehen, amüsieren sie eher – und liefern ihr eine Anekdote mehr. Sie trinkt Rum und isst 300-Gramm-Steaks wie ein Kerl und kann wie einer schweigen. Und sie trifft im richtigen Moment die richtigen Entscheidungen: An einem der Tage zog sie allein durch die Stadt, während ich arbeiten musste. Zufällig kam sie am Teatro Mella vorbei, wo am Abend das Eröffnungskonzert des Jazzfestivals stattfinden sollte. Sie radebrechte sich durch, erfuhr, dass es gegen alle Auskünfte wohl doch noch Karten gäbe und in eineinhalb Stunden die Kasse geöffnet würde, parkte sich kurzentschlossen vor einem Mojito in einem Café in der Nähe, kaperte zwei Stunden später zwei Tickets für uns und bescherte uns damit einen der tollsten Abende dieses Monats. Bei aller Liebe zum Alleinreisen – es ist verdammt angenehm, mal nicht immer nur das Steuer in der Hand zu haben, sondern auch einfach mal der Beifahrer zu sein (möglichst in einem Vehikel, in dem alle Türen schließen).

Noch besser natürlich: Man lässt sich fürstlich in einer Märchenkutsche durch die Gegend fahren wie von Adalberto mit seinem 56er Chevrolet, den wir für einen Tag angeheuert hatten. Erstes Ziel für uns beide, Ehrensache für zwei Schreiber: Ernest Hemingways Haus Finca Vigia, etwa 15 Kilometer außerhalb

der Stadt. Er hat hier von 1939 bis 1960 gewohnt.

Wir hatten einen Riesendusel, denn zufällig fanden dort gerade Dreharbeiten mit seiner Enkelin Mariel Hemingway statt, die einem amerikanischen TV-Team alles über ihren Opa erzählte, während wir vor den offenen Fenstern lauschten. Eine bessere Führung durch das schöne Haus hätten wir nicht bekommen können. Dass Ms. Hemingway und das Team überhaupt Zugang hatten, ist allein schon eine Sensation: Langsam weicht Euer Embargo für Kuba anscheinend auf, auch in den Hotels sieht man die ersten amerikanischen Reisegruppen, meist alte Exil-Kubaner, die vor der Revolution nach Miami geflüchtet waren und nun noch einmal die alte Heimat wiedersehen wollen.

Und trotzdem, trotz aller kleinen Öffnungen, durch die vorsichtig Frischluft in Fidels hermetisches Reich bläst: Über allem hängt der Geruch des Untergangs. Eau de Götterdämmerung. Alles erzählt immer nur von gestern, nichts von morgen. Gestern ist gut, morgen ist Angst. Das ist für ein paar Wochen auszuhalten, auf Dauer würde ich verrückt werden hier. Wenn es immer nur darum geht, das zu beschwören, was gewesen ist, wenn sich das

Leben immer nur um dieselben abgewetzten Mythen dreht, bis der Letzte ins Grab gesunken ist – niederschmetternd.

Ich habe auf Kuba einige Deutsche getroffen, die schon seit Jahrzehnten auf der Insel wohnen, darunter einen Fotografen und einen Tourenveranstalter. Warum sie so lange geblieben sind? Gerade weil es hier so schwierig sei, die Dinge geregelt zu bekommen, antwortete der eine. »Jeder Tag ist eine Herausforderung. In Deutschland läuft alles so vollautomatisch ab.«

Der andere: »Weil ich mich hier als Mensch wahrgenommen fühle. In einer deutschen Fußgängerzone guckt dir doch keiner in die Augen.«

Man könnte Auswanderer vermutlich in solche unterteilen, die vor etwas weglaufen, und solche, die auf etwas zulaufen. In fast allen Städten von Shanghai bis Addis Abeba habe ich vor allem Letztere kennengelernt, Kuba aber scheint die erste Sorte anzuziehen.

Und ich? Ich hätte mir fast überall vorstellen können, länger zu bleiben, sehr lange sogar. San Francisco, London, Sydney, Buenos Aires, sogar in Shanghai. In jeder Stadt habe ich etwas entdeckt, was mich komplettiert, ernährt, bereichert hat. Es wären, wenn Du so willst, Ersatzteillager für mich: Ich finde dort, was mir fehlt. Leichtigkeit, Genuss, Chuzpe, das berauschende Gefühl von *anything goes*. Was ich mich nun frage: Fände ich das vielleicht auch zuhause? Habe ich nur nicht gut genug geguckt? Oder muss ich, um so glücklich zu bleiben, wie ich es in diesem Jahr war, künftig zwischen den Welten pendeln?

Das Schöne ist: Der Zufall oder das Glück oder das Schicksal hat mir in Annette genau den richtigen Gesprächspartner für dieses Rumoren geschickt. Sie ist gerade selbst in einer Umbruchsituation und stellt ihr Leben neu auf die Füße. Wir haben nächtelang bei viel Rum auf der Plaza Catedral gesessen, einem heimeligen kleinen Quadrat mit Säulengängen an zwei Seiten, einer Kathedrale an der dritten und einer Bar an der vierten Seite –

unser steinernes Wohnzimmer. (Wenn sich übrigens bei Dir der Eindruck breitmachen sollte, wir hätten viel getrunken, so ist das völlig korrekt. Man hat keine andere Wahl auf Kuba.) Dass alles ganz anders werden müsse und schon dabei ist, anders zu werden, darüber haben wir viel geredet und auch, wie das geht. Über Mut und Möglichkeiten, über das Verlassen des Alten und die Suche nach dem Neuen.

»Du musst dein Ändern leben!«

»¡Salute!«

»¡Venceremos!«

Die privaten Revolutionen muss jeder für sich selbst anzetteln, auf einen Máximo Lider kann man nicht bauen.

Wir streiften durch die Stadt, guckten uns im Revolutionsmuseum das goldene Telefon des Diktators Batista und die Fotos des lässigen jungen Che Guevara an, aßen Eis in der legendären Eisdiele Cordelia und Kaninchen mit Nelken im Paladar La Guarida. Wir ließen uns die Haare schneiden bei Papito, der in seiner Privatwohnung eine Art Friseurmuseum mit angeschlossenem Salon betreibt, und tranken dicke heiße Schokolade im Museo del Chocolate. An einem stürmischen Tag fuhren wir mit dem Bus an den Strand von Santa Maria del Mar und hörten mit anderen,  die sich mit uns vor einem Regenschauer unter ein Blätterdach geflüchtet hatten, bei steifen Mojitos einer Drei-Mann-Kombo zu – ungeplantes Glück. Die allerbeste Sorte Glück.

Ohnehin waren solche bedeckten Tage in

Havanna für mich fast die schönsten: An einem Sturmtag war der Malecon, die berühmte Uferstraße, für Autos gesperrt. Wir gingen fast allein über die breite Straße bis zum Hotel Nacional und guckten den Kindern beim Wettrennen gegen die Gischt zu. Wind! Wellen! Algen und Sand im Gully! Es war wie ein ferner Gruß von Zuhause, von der Nordsee, die mich schon bald wieder empfangen würde, und vom Atlantik, den ich zuvor überqueren musste.

Annette flog zurück, ich blieb noch ein paar Tage bis Weihnachten. Vor meiner Heimreise arbeitete ich fieberhaft meine Aufträge ab – »für den Fall, dass der Kahn sinkt«, wie eine Redakteurin nur halb im Scherz mailte. Ich schrieb und aß und schrieb und trank und schrieb und trank noch mehr – eine Hemingway-Existenz, nur ohne Hochseefischerei. An Heiligabend aß ich ein Chateaubriand in Hemingways verwaister Lieblingsbar La Floridita und trank drei Daiquiris dazu, etwas melancholisch. Aber nicht wegen Weihnachten, das war mir herzlich egal, sondern weil es mein letzter Tag in meiner letzten Stadt war. Ein letztes Mal würde ich meinen Koffer packen, ein letztes Mal mein 22-Kilo-Leben in die Hand nehmen.

Ich weiß noch, dass ich Dich damals immer dafür bewundert habe, wie sehr Du Deine Sachen im Griff hattest und wie wenig sie Dich. Nach einem Jahr Leben aus dem Koffer mit immer denselben Klamotten (plusminus ein paar T-Shirts, die hinein- und wieder hinauswanderten) weiß ich, glaube ich, wie es geht. Ich hätte nie gedacht, dass ich das mal sagen würde, aber ich empfand die Uniform, zu der ich mich selbst diszipliniert habe, diese Kleidungsdiät aus wenigen dunkelblauen Teilen und drei Paar Schuhen plus Flip-Flops, als enorm befreiend. Nie habe ich einen Gedanken daran verschwenden müssen, was ich anziehe; es gab ja nun auch wirklich Spannenderes. Ich denke, es wird Konsequenzen für meinen Kleiderschrank zuhause haben. Vielleicht stürze ich mich aber auch, wer weiß, erst mal ausgehungert auf alles, was dort hängt, und trage anfangs täglich drei verschiedene Outfits.

Wie immer das Letzte im Koffer, bevor ich ihn schloss, waren die Dinge, die mir unterwegs zugelaufen und im Lauf des Jahres zu meinem mobilen Zuhause geworden sind: meine kleine Teekanne, längst wieder dunkel angelaufen, ein indischer Morgenmantel, dessen Gürtel schon ein wenig ausfranst, ein paar Bambuspantoffeln, die mir meine Shanghaier Vermieterin zum Abschied geschenkt hatte. Ich habe jeden einzelnen Tag mit diesen drei Gegenständen begonnen, sie sind mir so lieb geworden wie kaum etwas sonst, das ich je besessen habe. Vielleicht werden sie mir jetzt das Heimkommen ebenso erleichtern wie das Fortsein.

Aber um zurückzukommen, musste ich erst mal wieder ins Flugzeug steigen. Der einzige Frachter Richtung Hamburg ist die Bahia Laura, die auf der Südamerikaroute von Valparaiso durch den Panamakanal und die Karibik über Rotterdam und zurück pendelt. Für einen Rundtörn braucht sie 56 Tage. Ihre von Kuba aus nächstgelegenen Häfen sind Cartagena in Kolumbien und Caucedo in der Dominikanischen Republik.

Bis kurz vor Weihnachten stand der genaue Abreisetermin in den Sternen. Den diktiert die Ladung und das Wetter, er kann sich auch mal zwei, drei Tage verschieben. Aber dann ging alles ganz schnell: Am ersten Weihnachtstag flog ich von Havanna nach Santo Domingo und kämpfte mich durch die Einreiseregularien am Flughafen, nur um eine halbe Stunde später, im Büro der Hafenbehörde von Caucedo, wieder auszureisen. Ein schnauzbärtiger Mann, der gerade Reis und Bohnen aus einer Plastikschale aß, stempelte meinen Pass ab und sagte: »Buen viaje.«

Nie war ich kürzer in einem Land, ein Turboabschied aus einem langen, sehr langen Jahr.

Je älter man wird, so klagen viele, desto schneller vergeht die Zeit. War nicht eben erst 2010? Durch die ewige Wiederkehr des

Gleichen scheint jedes Jahr wie das letzte zu sein, ununterscheidbar, ganz anders als bei Kindern, die ständig Neues entdecken und Premieren erleben. Ich weiß nicht, wie es bei Dir ist, jetzt, wo Du wieder Zivilist bist. Verrinnt das Leben gleichförmiger, vermisst Du die stressige, aber intensive Zeit in aller Welt?

Mein Jahr war jedenfalls wie ein Kinderjahr, so lang. Ein endloser Sommer voller Sensationen, die größten aller Großen Ferien. Ich bin sehr gespannt, ob es mir gelingen wird, diesen simplen Trick der Lebensverlängerung – das Vermeiden von Gewohnheit – auch zuhause anzuwenden. Es dürfte deutlich anstrengender werden als unterwegs.

2012 ist mittlerweile zwei Tage alt, es hat angenehm unspektakulär begonnen. Weihnachten spielte an Bord keine große Rolle, wie auch? Am ersten Feiertag lagen wir ja noch im Hafen von Caucedo und das Schiff musste gelöscht werden; bei Frachtpassagen zählt jede Minute. Am zweiten Feiertag hatte der Kapitän abends immerhin eine Flasche Rotwein auf den Tisch gestellt. Und die Reederei hatte für jeden einen bunten Teller mit Lebkuchen und Schokoweihnachtsmännern spendiert, der mich, den alten Weihnachtsmuffel, dann doch gerührt hat.

Silvester bestand aus einem 30-Liter-Fass Bier in der Offiziersmesse, zwei Untertassen mit Erdnüssen und dröhnend lauten Jennifer-Lopez-Videos von einer DVD. Die polnischen Offiziere saßen auf dem Sofa und tranken still, wir anderen hingen an der Bar und tranken etwas lauter. Kapitän Bergmann erzählte von Santos in Brasilien und seinem legendären Rotlichtviertel. Mit 16 war er zum ersten Mal da gewesen, von nix eine Ahnung. Irgendwer drückte ihm ein Mädchen in den Arm, auch so ein junges Ding. Große Liebe, klar, man tauschte Adressen und schickte sich Fotos. 30 Jahre später saß er mal wieder in einer Bar in Santos, da tippt ihm von hinten eine auf die Schulter: Ihre Freundin da drüben würde ihn kennen. Ach ja? Ja. Das Mädchen von damals. »Die kam dann rüber«, sagte Bergmann und schüttelte den Kopf, »und hatte allen Ernstes das Foto von mir als 16-jährigem im Portemonnaie. Nach all den Jahren. Unglaublich.«

Und dann? Nichts weiter, bisschen geredet, fertig. Kein Hollywood-Happy-End. Das Leben ist nicht so. Oder ist es das doch? Dass Du Dich nach all den Jahren wieder gemeldet hast, ist jedenfalls schon mal verdammt hollywoodreif, muss ich sagen. Wir werden sehen, mit welchem Ende.

Das Ende meines Jahres jedenfalls war ein sanftes Hinaus- und Hinübergleiten, ganz nebensächlich, und ich war froh darüber. Bis Mitternacht (bei 38 ° 30,2 N und 023 ° 41,5 W, also etwa 100 Seemeilen östlich der Azoren) haben nur fünf Leute durchgehalten: Czeslaw und Boguslaw, Tony, Bergmann und ich. Wir stießen mit einem letzten Glas Bier an, wünschten uns gähnend Happy New Year und verzogen uns dann schnell in unsere Kojen.

Das war's.

Party vorbei, Reisejahr vorbei.

Die Reise ist es noch nicht ganz. Wir fahren gerade durch die Biskaya und die See wird deutlich ruppiger. Als ich zugestiegen bin, hat mich jeder, wirklich jeder gefragt, wie seefest ich sei. Winter sei Orkanzeit, es werde garantiert ungemütlich. »Erwarten Sie das Schlimmste, hoffen Sie das Beste«, hatte Sergio, der Dritte Offizier, gesagt. Inzwischen weiß ich, was er gemeint hat.

Jetzt erlebe ich auch mal am eigenen Leib, was Physiker und Seeleute mit den *six degrees of freedom* meinen, die ein Schiff hat. Hinter diesem poetischen Begriff verbirgt sich bei schwerer See eine Achterbahnfahrt, die sich gewaschen hat. So ein Dampfer fährt ja nicht nur vorwärts, sondern er stampft (bewegt sich also auf und ab) und rollt (schwankt von Seite zu Seite) und giert (bricht nach links und rechts aus). Diese sechs Bewegungen passieren in der Regel gleichzeitig, was man sehr schön am Pegelstand der Suppe heute Mittag sehen konnte, die im Teller nicht

nur sanft von links nach rechts schwappte, sondern sich walzerartig im Kreis drehte. In meiner Kabine ist aus gutem Grund alles so konstruiert, dass sich bei Sturm nichts vom Platz bewegen kann. Die Schreibtischlampe klebt mit Saugnäpfen auf dem Tisch, Schranktüren und Schubladen sind nur mit viel Kraft zu öffnen, Gläser in ausgefrästen Löchern fixiert. Doch seit wir die Biskaya erreicht haben, gibt es kein Halten mehr. Die Schreibtischlampe löste sich von ihren Gumminoppen und segelte quer durch die Kabine, eine in London gekaufte Teetasse, die mich sechs Monate lang unfallfrei begleitet hat, segnete nach einer besonders tückischen Welle ebenfalls das Zeitliche – sie bekommt ein Seemannsgrab.

Mir dagegen geht es fabelhaft. Kein Schwindel, keine Übelkeit und leider überhaupt keine Appetitlosigkeit. Der junge kroatische Schiffselektriker Marin, der in der Offiziersmesse neben mir sitzt, wird jeden Tag ein bisschen grüner, wenn er mir beim Essen zusieht, und zählt die Tage rückwärts (»noch fünf Tage bis Hamburg, noch vier«). Ich hingegen sehe mit Beklommenheit, dass das Ende der Reise jetzt wirklich unaufhaltsam näher rückt.

Wie es zuhause sein wird? Keine Ahnung. Kalt, schätze ich. Grau. Das hatte ich beides seit zwölf Monaten nicht mehr, von wenigen Regentagen abgesehen. Ich freue mich wahnsinnig auf meine Freunde und Familie, doch vieles werde ich verändert vorfinden. Bei meinen Freunden ist eine Menge passiert in diesem Jahr, das ich nur von ferne begleiten konnte: eine böse Trennung, eine Kündigung, eine neue Liebe, eine schwere Krankheit, ein Jobwechsel. Auch wenn wir die ganze Zeit in Kontakt waren, so war ich doch für ein Jahr nicht Teil ihres Alltags. Das merke ich bei einer Freundin ganz besonders, die nur noch schleppend oder gar nicht mehr auf meine Mails reagiert. Ich bin aus ihrem Leben verschwunden, und jetzt verschwindet sie aus meinem. Keine Ahnung, ob wir uns wieder annähern können.

Ich werde den Faden jedenfalls nicht einfach dort wieder aufnehmen können, wo ich ihn habe fallen lassen. Eine Rundreise ist so ein langer Trip auf keinen Fall. Ich werde nicht wieder am Ausgangspunkt ankommen – es gibt ihn nicht mehr und auch ich bin nicht mehr dieselbe. Noch kann ich Dir nicht sagen, worin das andere besteht, bislang ist es ein eher diffuses Gefühl, das sich sicher erst zuhause scharf stellen wird.

Denn dort werden einige Fragen auf mich zukommen: einfach zurück ins Geschirr und *business as usual?* Unvorstellbar. Aber wie geht es weiter? Vor allem: Wie geht es ohne Reisen weiter? Ich habe zwar schon jede Menge Aufträge und Termine, der Januar ist zu meinem Erschrecken bereits ausgebucht mit Arbeit und Verabredungen, aber wie es mir dabei gehen wird, ob in mir nicht alles dagegen rebelliert, wieder zuhause zu sein – keine Ahnung. Keine Erfahrungswerte. Ich werd's ja sehen.

Was mich in dieser Situation tröstet, ist ein Buch, das ich noch in Havanna auf dem Open-Air-Buchmarkt an der Plaza de Armas entdeckt habe. Es ist ein echter Glücksfund: ein in abgewetztes blaues Leinen gebundener Jahresband *National Geographic* von

1958, dem Jahr vor der Revolution. Wer weiß, woher er stammt, vielleicht aus einer Bibliothek, vielleicht hat ihn ein vor der Revolution fliehender amerikanischer Abonnent zurückgelassen. Ich habe das Buch sofort gekauft, ohne viel zu handeln, obwohl es mindestens zwei Kilo wiegt und ich normalerweise jedes Gramm zu viel vermeide (zumindest im Koffer). Aber die alten Reisereportagen haben mich beim Durchblättern augenblicklich gefesselt.

Auf einer Bank unter den Bäumen der Plaza habe ich die erste in einem Rutsch durchgelesen: William O. Douglas, Richter am Obersten Bundesgericht, schreibt von seiner Autotour durch Pakistan, Afghanistan, Iran und Irak, vom Khyber Pass immer südlich der russischen Grenze über Kabul, Teheran und Bagdad bis nach Istanbul, in einem ganz normalen Kombi. »Und was machen Sie, wenn Ihr Auto kaputt geht?«, wird er vor der Abfahrt gefragt. »Kein Problem, ich nehme meine Frau zum Reparieren mit.«

Und tatsächlich gibt es jede Menge Fotos von seiner Frau Mercedes, einer kleinen kompakten Blondine vom Typ Miss Ellie, wie sie im Kleid unterm Wagen liegt und schraubt, assistiert von einer mitreisenden Freundin der Familie. Wie aufregend das damals gewesen sein muss, wie mutig man sein musste!

Jetzt liege ich also hier in meiner Koje und inhaliere die mehr als 50 Jahre alten Reportagen über Kaschmir, Polen und die Ägäis, über die Navajo und die Eisfischer in Minnesota. Und schon beginnt es wieder zu prickeln, schon beginnt mein Herz, das jetzt doch eigentlich endlich mal Ruhe geben sollte, wieder zu klopfen. Es mag verrückt sein unter diesen Umständen, ich bin ja noch nicht mal wieder zuhause. Aber ich merke: Ich bin noch längst nicht fertig.

Mach weiter, sagt das Buch, du hast gerade erst angefangen. Es gibt noch viel zu tun.

Kann sein, dass ich auf das Buch höre. Diese Dinger haben ja meistens recht.

Lieber John, wir hören voneinander, wenn ich wieder in meinen Heimathafen eingelaufen bin, ja? Ich bin sehr gespannt, in welcher Ecke der Erde wir uns wiedersehen werden. Ich freue mich jedenfalls sehr darauf.

Rolling home, Deine Meike

Sieben Dinge, die ich in Havanna gelernt habe. Und drei auf hoher See.

1. Weltweit nerven Männer häufiger, als dass sie nicht nerven.

2. Nichts finde ich mittlerweile alberner als den ideologischen Grabenkrieg zwischen globetrottenden »Travellern« und pauschalbuchenden Touristen, der selbstverständlich nur vom hohen Ross der angeblich so coolen Globetrotter herab geführt wird. Wie fließend bis nonexistent die Grenzen sind, habe ich an mir selbst gemerkt, am meisten auf Kuba.

3. Ich bin resozialisierbar. Nach elf Monaten überwiegenden Alleinreisens waren die zwei Wochen mit Annette, in die ich mit zwiespältigen Gefühlen gestartet war, erleichternd harmonisch und sehr bereichernd. Man muss sich einfach mal auf jemand anderen einlassen, das wird immer gut.

4. Ich bin Nichtraucherin, immer schon gewesen. Und hatte trotzdem großes Vergnügen daran, eine von Annettes lässigen »Senior Service«-Zigaretten zu rauchen, einfach nur so. Ich werde garantiert nicht zur Raucherin. Aber ich könnte und ich dürfte, und nur darum geht es. Was für ein Vergnügen, sich immer wieder entscheiden zu dürfen.

5. Beim Nachdenken darüber, wie das Leben weitergehen soll, hilft ein gewisser Abstand. Sehr gut: 8000 Kilometer weit weg sein. Noch besser: ein Jahr nicht zuhause gewesen sein. Am allerbesten: vor einem Glas Rum sitzen. Am allerallerbesten: die ganze Sache durch die Augen eines anderen betrachten.

6. Ich arbeite besser im Bikini. Wenn ich mich schon im Swimmingpool-Outfit an den Schreibtisch setze, bin ich schneller fertig. Empirisch bewiesen. Versuchsreihe wird zuhause im Sommer fortgesetzt.

7. Der beste kubanische Rum ist der Santiago de Cuba Ron Extra Añejo 20 Años. Und er schmeckt am besten auf einem Sofa der Außenterrasse des Hotel Nacional. In Deutschland kostet er 170 Euro die Flasche – und kann zu dem Preis dort gar nicht so gut schmecken. Wobei … einen Versuch ist es wert.

8. Auf einer Schiffsbrücke gibt es einen Geschwindigkeitsregler von »stop« bis »volle Kraft voraus«. Die erste Stufe nach »stop« heißt »dead slow«. Das ist eine Geschwindigkeit, die man sich zu Herzen nehmen sollte.

9. Bei Windstärke 9 schläft man am besten, wenn man in der Koje die Form eines Seesterns einnimmt, alle Glieder von sich gestreckt, um mit maximaler Lakenhaftung möglichst wenig umherzurollen.

10. Meer sieht von Stunde zu Stunde anders aus. Um das nicht zu verpassen, muss man Stunde um Stunde darauf starren. Es ist *dead slow*, aber die bestgenutzte Zeit, die man sich vorstellen kann.

Und jetzt?

Hamburg. Der erste Tag

Ich wache auf, es ist schon hell, mein erster Blick fällt auf einen
Stapel Bücher neben mir auf dem Nachttisch. Eine schön gebun-
dene Ausgabe von Thoreaus *Walden* liegt da auf einem halb ge-
lesenen 700-Seiten-Thriller und *Wie ich die Dinge geregelt kriege*
von David Allen (mit einem Fahrschein als Lesezeichen zwischen
den Seiten 40 und 41: »Die wichtigste Änderung: Alles aus Ihrem
Kopf verbannen«).

Meine Bücher. Mein Nachttisch. Mein Bett.

Zuhause.

Diese Bücher liegen seit einem Jahr unberührt da, obwohl in
der Zwischenzeit ein paar Freunde in meinem Bett übernachtet
haben. Diese Bücher sagen: Mein Leben hat auf mich gewartet,
ich könnte jetzt einfach dort wieder einsteigen, wo ich aufgehört
habe; die Bücher interessieren mich sogar noch.

Ich bin wieder da.

Ich ziehe meinen Bademantel an, setze Teewasser auf, greife
blind einen Becher aus dem Schrank, das vertraute somnambule
Gefühl in der eigenen Küche. Mit dem Tee ziehe ich ins Arbeits-
zimmer. Auf dem Boden: fünf hüfthohe Stapel mit Briefen, Pa-
keten, Katalogen, alles ungeöffnet.

Nein, nicht jetzt, das mache ich später auf. Als Erstes eine To-
do-Liste schreiben. Ich suche einen Kugelschreiber. Der erste
schreibt nicht. Der zweite auch nicht. Was ist bloß los? Beim

dritten Kugelschreiber verstehe ich es endlich: alle eingetrocknet. Sie sind ein Jahr lang nicht benutzt worden.

In dem Moment wird mir klar: Mein Gott, ich habe ein ganzes Jahr verpasst. Nichts hat auf mich gewartet, die Welt hat sich weitergedreht. Die Dinge sind nicht mehr, wie sie waren. Und ich bin es auch nicht.

Gestern Nacht war das noch anders. Die Elbe war stockdunkel, der Januarwind blies kalt über die Marschen, die Bahia Laura war nach zwölftägiger Atlantikfahrt auf dem Weg in meinen Heimathafen Hamburg. Nur noch wenige Stunden, dann würden wir anlegen. Ich stand im Dunkeln auf der Brücke hinter den Männern, hörte den leisen Anweisungen des Elblotsen zu (»zwanzig Grad steuerbord«) und sah die Lichter am Flussufer auftauchen, erst die von Cuxhaven, dann die von Brunsbüttel, dann das ferne orangefarbene Leuchten von Hamburg. An Blankenese vorbei, an Teufelsbrück. Ich kenne die Strecke so gut – nur andersherum, heraus aus der Stadt, nicht hinein.

»Zehn Grad steuerbord.«

Ich versuche die Tränen mit dem Fernglas zu tarnen, das ich mir an die Augen presse. Bloß nicht vor den Jungs heulen, bloß nicht. Die Gummiaufsätze vor den Linsen laufen langsam voll.

Zwei Hafenlotsen gehen längsseits an Bord, Schlepper machen vorn und achtern ihre Taue fest. Dann geht alles ganz schnell. Köhlbrandbrücke, Landungsbrücken – oh, die Elbphilharmonie! Die Schlepper drehen die Laura sachte um 180 Grad in den Strom. In Zeitlupe nähert sie sich ihrem Liegeplatz am Athabaskakai. Noch zwei Meter, noch einen halben …

Klonk. Leinen fest.

Es ist gut, auf eine so seltsame Weise heimzukehren. Nicht am Flughafen zu landen oder in den Bahnhof einzufahren, wo ich Hunderte Male abgereist und angekommen bin, sondern in der fremden Welt des Containerterminals, mitten in der Nacht. Nach Feierabend, durch den Lieferanteneingang. Hier hat keiner Zutritt, hier kann kein Empfangskomitee mit Plakat und Blumen stehen. Ich kann mich heimlich in meine Stadt schleichen.

Meine? Immer noch?

Weiß ich nicht. Werde ich sehen. Hier drüben im Hafen ist mir Hamburg so neu, als wäre es ein dreizehntes Ziel.

Meine beste Freundin Katharina hat es natürlich trotzdem geschafft, sich zum Kai durchzuschlagen. Sie entert mit einer Flasche Champagner das Schiff, wir liegen uns kreischend in den Armen, während die polnischen Offiziere amüsiert um uns herumstehen.

Wir müssen noch eine knappe Stunde auf die Hafenbehörde warten, die mich offiziell einreisen lässt; der Kapitän hatte während der Passage meinen Pass in Verwahrung. Stempel, Händedruck, »willkommen in Hamburg«.

Nachts um halb drei sitzen Katharina und ich am Küchentisch, es gibt deutsches Abendbrot mit Käse und Wurst, es ist vertraut und zugleich unglaublich fremd. Es ist mein Küchentisch, das weiß ich, es sind meine Teller und Messer, und doch … Sollte ich mich nicht wohler fühlen? Entspannter? Hat der Stuhl immer schon so gequietscht?

Der erste Tag ist ein Samstag. Ich mache dasselbe, was ich zwölfmal getan habe: ich laufe Kreise um meine Bleibe, nehme Witterung auf. Auch hier: alles neu. Der Hansaplatz, an dem ich wohne, eine ewige Baustelle im Rotlichtviertel unweit des Hauptbahnhofs, ist inzwischen fertig, ein zweieinhalb Millionen teures Gentrifizierungsprojekt. Hat sich echt gelohnt: Die rumänischen Prostituierten stehen jetzt auf deutlich hübscherem Pflaster als früher. Auch sonst ist die Zivilisation nicht aufzuhalten: Man kann hier jetzt laktosefreie Schafmilchschokolade kaufen, im Supermarkt ziehen die Leute mittlerweile die Einkaufskörbe wie Hackenporsches hinter sich her.

Ich packe einigermaßen lustlos meine Lieblingsjoghurts und meinen Lieblingskäse in den Korb. Mag ich das überhaupt noch? Aber irgendwo muss ich ja anfangen.

Wieder zuhause, mache ich mich an die Post. Anfangs öffne ich noch jeden Umschlag, nach einer Stunde werfe ich alles, was nach Werbung oder Katalog aussieht, ungeöffnet weg. Es geht schneller als gedacht, das Häufchen ist kleiner als vermutet. Nichts verpasst. Wer wirklich was von mir wollte im letzten Jahr, hat mich auch so erreicht.

Die Pakete machen mehr Spaß. Darunter zwei, die ich an mich selbst geschickt habe, eins aus Honolulu, eins aus San Francisco. Ich bin gespannt, denn ich kann mich nicht mehr erinnern, was so wichtig war, dass ich es mir schicken musste. Es ist wie Weihnachten – und die Geschenke kommen von einer Tante, die es zwar gut mit mir meint, aber leicht danebenliegt: ein Schal aus Indien, ein Papierdrache aus Shanghai, ein Fächer, ein paar Bücher, eine Strickjacke, die ich anscheinend nicht einfach entsorgen wollte. Ratlos starre ich die Sachen an: Nichts davon finde ich sonderlich unverzichtbar. Wieso habe ich vor einem halben Jahr einhundert Dollar Porto dafür lockergemacht?

Noch ein Paket: weich, mit dänischen Briefmarken. Ich habe mir nichts aus Kopenhagen geschickt, ich erkenne auch nicht die Handschrift. Ich öffne es, und zum ersten Mal hüpft mein Herz: das Kreuzstichkissen mit Teetassenmotiv, das ich in London begonnen und in Kopenhagen fertiggestickt habe. Ich hatte es im August dort in ein Handarbeitsgeschäft getragen und meine Kreditkartendaten hinterlassen.

»Ja natürlich, wir nähen Ihnen ein Kissen daraus und schicken es nach Hamburg, kein Problem.«

Damals hatte ich ins Blog geschrieben: »Nächstes Jahr werde ich darauf sonntags auf dem Sofa einschlafen und von der Welt träumen.«

Und hier ist es. Und morgen ist Sonntag.

Die erste Woche

Nach fünf Tagen habe ich dann doch mal den Koffer ausgepackt.

So lange stand er ungeöffnet im Flur, ich bin jeden Tag ein paarmal an ihm vorbeigegangen, habe ihn angesehen, habe ihn stehen lassen. Das soll ein anderer analysieren, warum ich ihn nicht anfassen mochte.

Aber tatsächlich brauche ich derzeit nichts daraus. Meine Reisegarderobe war für zwölf Monate Mehr-oder-weniger-Sommer ausgelegt, hier, im Mehr-oder-weniger-Winter, bediene ich mich aus meinem Kleiderschrank. Und wieder dieses seltsame Gefühl: mein Kleiderschrank? Die Sachen darin scheinen einer entfernten Bekannten zu gehören, *somebody that I used to know,* einer mit einer kleineren Kleidergröße als ich und einem teureren Geschmack (und wozu hat sie so viele High Heels?). Wann immer ich mir einen Pullover aus dem Schrank nehme, fühle ich mich, als ob ich ihn mir ausleihe.

Auch sonst gehe ich durch meine Wohnung wie ein Hausgast auf Wochenendbesuch. Tolle Wohnung, wirklich. Wunderschön. Aber viel zu groß für mich und gleichzeitig viel zu eng, zu voll mit Zeug. Ich fühle mich wie in einem Theaterfundus, umzingelt von Requisiten längst abgesetzter Aufführungen. Einiges erkenne ich wieder, anderes nicht. Und alles finde ich überflüssig. Wer hat nur diesen ganzen Krempel angehäuft?

Schon am ersten Abend habe ich den ersten von vielen Plastiksäcken mit Klamotten für das Rote Kreuz gefüllt.

Stundenlang laufe ich durch die kalte graue Stadt, um die Alster, die Elbe entlang – und hole mir dabei an der rechten Ferse die größte Blase meines Lebens. Es war fast unvermeidlich: Zum ersten Mal seit einem Jahr in Flipflops und Chucks trage ich wieder feste Winterstiefel, und schon … Ich scheuere mich an meinem alten Leben auf.

Ich kaufe mir ein Paar dicke Stoppersocken für zuhause und lache mich dafür aus. Stoppersocken, na toll. Wie symbolisch.

Ich treffe Freunde, die Wiedersehensfreude ist groß, das Gespräch ist meist anstrengend. Sie wollen wissen, wie es war. Ich sage: »Ihr habt doch das Blog gelesen.«

»Ja, aber wie war es denn wirklich?«

Ich will lieber hören, wie es bei ihnen war. Sie wissen alles von mir, ich viel zu wenig von ihnen. Die meisten zucken mit den Schultern.

»Wie immer eben.«

Nach den Treffen bin ich erschöpft. Man kann ein Jahr nicht einfach über zwei Gläsern Wein nachholen, so viel ist klar.

Am spannendsten für mich: Viele, die ich nicht regelmäßig treffe, haben gar nicht registriert, dass ich ein ganzes Jahr fort war. Meine Käsefrau sagt: »Sie habe ich ja länger nicht gesehen, waren Sie im Urlaub?«

Ich hatte diese Erfahrung schon früher gemacht, als ich im Zweiwochen-Rhythmus zwischen Hamburg und München pendelte: Man kann bequem ein Doppelleben führen, die Welt nimmt kaum Notiz, wenn man mal verschwindet. Jeder wohnt auf seinem eigenen kleinen Planeten – und mit engen Freunden lebt man ohnehin in einer Art Daueranwesenheit per Mail und Skype.

Ich habe erste offizielle Termine, es geht um Jobs, Projekte, Aufträge. Ich sitze an Konferenztischen, bei Treffen in Cafés und beobachte mich, wie ich wieder meine professionelle Funktioniermaske aufsetze. Äußerlich wirke ich engagiert und interessiert, innerlich verdrehe ich oft die Augen. *Das* ist euer Problem? *Das* findet ihr wichtig? Immer noch? Es kommt mir alles so unbeweglich vor, so stecken geblieben. Es wird mühsamer als gedacht, sich wieder in die Strukturen einzusortieren.

In der Ethnologie gibt es den Begriff Liminalität: den Schwellenzustand zwischen zwei Entwicklungsstadien, die Phase zwischen »nicht mehr« und »noch nicht«. Ziemlich genau dort befinde ich mich gerade. Nicht mehr weg, noch nicht hier. Begleiterscheinung der Liminalphase ist oft, dass man schon Verhaltensweisen des Zielzustands imitiert im Versuch, sich schneller zu integrieren. Sagt der Ethnologe. Mit anderen Worten: *Fake it till you make it.*

Das dürfte noch lustig werden die nächsten Wochen.

Der erste Monat

»Na, bist du schon angekommen?«, fragen mich alle.

Ich sage dann immer: »Physisch ja. Der Rest kommt nach«, und dann nicken sie, als wüssten sie, was ich meine.

Aber es gibt nur wenige, die das wirklich wissen, und deren Nähe suche ich gerade. Leute, die schon mal länger weg waren, die jahrelang im Ausland gelebt haben oder selbst eine Weltreise gemacht haben. Ich kenne gar nicht so wenige, wie ich jetzt verblüfft feststelle, und alle sagen dasselbe: Es ist schlimm am Anfang. Eine amerikanische Freundin schreibt: »Don't cry because it's over, smile because it happened.«

Ein Kollege, der mehrfach auf Weltreisen unterwegs war, sagt, er sei hinterher immer monatelang schlecht gelaunt. Wobei die schlechte Laune abnehme. »Früher war es ein Jahr Wegsein, ein Jahr schlechte Laune. Dann ein Jahr Wegsein, ein dreiviertel Jahr schlechte Laune. Jetzt nur noch ein halbes. Es wird also besser.«

Es ist toll, wieder hier zu sein, lüge ich allen vor. Was soll ich auch sonst sagen? Was soll ich vor allem mir selbst sonst sagen? Das holprige Heimkommen ist vermutlich unvermeidlich, das ist der Preis, den man fürs lange Wegsein zahlt. Die dicke Birne nach dem großen Rausch. »Kein Kater, keine Party«, kommentiert mein Computer-Guru Jacob ungerührt. Aber die Unbehaustheit, das Fehl-am-Platz-Sein hätte ich eigentlich eher da draußen als hier in der Heimat erwartet.

Meine Freunde sind enttäuscht, dass ich nicht angemessen glücklich bin, wieder zuhause zu sein. Ja, es ist schön. Aber ich weiß jetzt, dass es auch woanders schön ist. Und dass ich mich dort ebenfalls wohlfühle. Warum sollte ich, wie könnte ich diesen einen Ort, Hamburg, für den ausschließlichen halten? Er ist nur eine Möglichkeit. Für die ich mich irgendwann mal entschieden habe und vorerst auch weiter entscheide. Aber das muss nicht für immer sein. Nach diesem Jahr ist alles möglich. Das ist großartig und schrecklich zugleich.

Trotzdem tue ich alles, um mich wieder heimisch zu fühlen. Vielleicht muss ich mein Nest neu bauen? Ich stelle die Möbel um, lasse die verschlissenen Esszimmerstühle beziehen, ersteigere einen gebrauchten Teppich, eine Tischlampe aus den Siebzigern. Der eBay-Händler schreibt mir, sie habe früher der Frau des Bürgermeisters von Uelzen gehört, was mich vollkommen entzückt. Ich merke, dass ich die Geschichten hinter den Sachen interessanter finde als die Sachen selbst.

Ansonsten tue ich das, was unterwegs so befriedigend war: Ich lasse systematisch Neues in mein Leben. Wie gehabt systematisch erratisch, zufallsgetrieben. In einem Museumsshop kaufe ich mir ein Origami-Set und bringe mir bei, Tulpen und Lilien aus Papier zu falten. In einem Seminar lerne ich, wie man die Erkenntnisse der Quantenmechanik auf das Denken anwenden kann. Ich gehe in Restaurants, in denen ich noch nie war, ich kaufe portugiesisches Bier und andere Dinge, die ich sonst nie kaufe. Meine Laune wird besser.

Das Fremdeln macht aber auch aufmerksamer: Viele Dinge in meiner Wohnung sehe ich zum ersten Mal richtig an. Ich habe zum Beispiel seit Jahren ein großes gerahmtes Foto eines unbe-

kannten Mädchens. Es war eine Einsendung für den Fotowettbe-
werb einer Frauenzeitschrift, für die ich damals gearbeitet habe
und die es längst nicht mehr gibt. Das Bild zeigt ein seltsam aus
der Zeit und aus der Welt gefallenes blasses Mädchen, gleichzeitig
ätherisch und robust, wie ein Renaissance-Porträt.

Ich liebte das Foto vom ersten Moment an. Es gewann damals
den fünften Platz, lange hing es im Gang neben meinem Büro.
Als man uns eines Tages sagte, dass die ganze Redaktion entlas-
sen sei, habe ich es abends von der Wand abgehängt, einfach mit
nach Hause genommen und nie wieder hergegeben.

Jetzt forsche ich dem Bild zum ersten Mal nach. Auf der Rückseite klebt ein alter handschriftlicher Zettel mit einem Namen und
einer Essener Adresse (bezaubernderweise heißt die Straße »Eigene Scholle«). Die Absenderin ist schnell gefunden: Ina Senft-
leben, vor zwölf Jahren noch Schülerin der Folkwang-Schule, ist
inzwischen eine international renommierte Fotografin. Ich maile
sie an, sie antwortet aus Hongkong.

Ja, sie erinnere sich an das Foto, das sei Claudia, eine Kommi-
litonin, von der habe sie damals mehrere Fotos gemacht. Sie läuft
Menschen mit besonderen Gesichtern, »in die ich visuell verliebt
bin«, oft stundenlang hinterher, bevor sie sich traut, sie anzuspre-
chen – so entstehen ihre Porträts.

Ein Zufall, dass auch sie eine Nomadin ist? Sie hat in Amster-
dam gelebt, zwei Jahre in New York, jetzt in Hongkong.

»Reisen hat für mich immer mit loslassen zu tun, sich aus seinen festgefahrenen Ritualen befreien und sie mit Abstand betrachten … und dann wieder neue finden«, schreibt sie und wünscht
»gutes Gelingen beim Wiedereinleben (ich weiß aus eigener Erfahrung, wie schwierig das ist …)«.

So mache ich das derzeit mit vielen Dingen: Ich gehe auf Expedition in mein eigenes Leben, ich lege archäologische Grabungen
in meinem Wohnzimmer an.

»Man sollte immer versuchen, alle Sachen, auch die gewöhnlichsten, die ganz selbstverständlich da zu sein scheinen, mit neuen, erstaunten Augen, wie zum ersten Mal, zu sehen«, sagt der Hochstapler Felix Krull bei Thomas Mann. »Dadurch gewinnen sie ihre Erstaunlichkeit zurück, die im Selbstverständlichen eingeschlafen war, und die Welt bleibt frisch; sonst aber schläft alles ein, Leben, Freude und Staunen.«

So ist es. Und es funktioniert: Ich komme in Hamburg an, indem ich meine Umgebung mit fremdem Blick betrachte und interessanten Fährten folge wie zu meiner Reisezeit. Dazu muss ich nicht mal das Haus verlassen: Mein Nachbar Franz von unten, Neurologe und gelernter Kirchenorganist, spielt auf seinem Flügel eine Jazzversion von »Some day my prince will come« aus dem Disney-Zeichentrickfilm »Schneewittchen und die sieben Zwerge« von 1937. Zart und beschwingt dringt es durch die Decke, ich liege auf meinem Sofa und lausche gerührt, google nebenbei, wer es komponiert hat – und stoße auf die unglaubliche Geschichte, dass diese Version zum ersten Mal 1943 im KZ Theresienstadt gespielt wurde, von der Lagerband *Ghetto Swingers*.

Nein, es ist kein bisschen langweilig hier zuhause – solange man sich weiter auf Reisen begibt.

Das erste Jahr

Die Reise ragt weiter in mein Leben. Carl Djerassi, mein Vermieter aus San Francisco und London, kommt nach Hamburg, sitzt an meinem Küchentisch und verewigt sich an meiner Küchentapete. Shirley aus Shanghai besucht mich, wir gehen aus und auch hier schmeißen sie uns aus dem Restaurant, weil wir mal wieder die letzten sind. Guido, der Verleger aus Buenos Aires, schickt mir eine Audiodatei mit dem Lachen und Weinen seiner frischgeborenen Tochter América, am Ende der Aufnahme ist seine beruhigend-tröstende Bärenstimme zu hören: »Oooooh, mi amor ...« Guido hat ein Baby! Meine Güte, damals beim Asado war Constanza noch nicht mal schwanger – ja, es ist tatsächlich ein Jahr vergangen.

Einige Saaten sind inzwischen aufgegangen: Von Barcelona aus hatte ich spontan 2500 Euro für ein Filmprojekt der jungen Berlinerin Alexa Karolinski gespendet und auch in meinem Blog dazu angeregt, sich an dem Crowdfunding per Kickstarter zu beteiligen. Inzwischen ist »Oma & Bella«, das warmherzige Porträt zweier alter jüdischer Damen in Berlin, tatsächlich in den Kinos und erntet begeisterte Rezensionen.

Es freut mich so, anderen Projekten einen ebenso hilfreichen Schubs zu geben, wie mein eigenes Leben einen bekommen hat durch den Glücksfall des Gewinns. Es ist bestens investiertes Geld, guten Ideen voranzuhelfen, etwas weiterzugeben. Das möchte ich auch weiterhin machen, im Kleinen und im Großen. Zumal ich die Erfahrung gemacht habe: Liebesmühen sind niemals verloren, im Gegenteil. Das Weblog, das ich während der Reise geschrieben habe, wird zu meiner Überraschung für den Grimme Online Award nominiert und bei den Lead Awards ausgezeichnet. Eine gute Lektion: Alles, was man leichten Herzens und aus Freude tut, wird belohnt.

Auch die Zufälle, an denen das Jahr so reich war, setzen sich fort. Die Radiojournalistin Anne, die ich in San Francisco kennengelernt habe, empfiehlt einem befreundeten Kameramann und seiner Frau mein Weblog, weil die beiden nach Barcelona reisen wollen und nach Tipps suchen. Stellt sich heraus: Sie war Kamerafrau in der *Wer wird Millionär?*-Sendung, sie hatte an jenem Abend die ganze Zeit die Kamera auf mein Gesicht gerichtet. Solche Koinzidenzen erlebe ich zuhauf, die Welt spinnt auch zuhause ein schönes dichtes Beziehungsgeflecht, das mich hält und trägt.

Menschen, die ich bislang nur virtuell kannte, sehe ich erstmals im wahren Leben. Jule, eine der engagiertesten Kommentatorinnen meines Blogs, kommt aus Berlin, bringt selbst gebackene Kekse mit und ist auch sonst ganz wunderbar. Aimée treffe ich zum Tee, wir stellen erleichtert fest, dass unser Chat sich nahtlos und mühelos fortsetzt. Sie nimmt mich zu einem Poloturnier und zu einem HSV-Spiel mit; sie singt laut und textsicher bei Lotto King Karls »Hamburg, meine Perle« mit und erstaunt mich damit ein weiteres und bestimmt nicht letztes Mal.

Und trotzdem: Ich bin immer noch rastlos. Nach drei Monaten Hamburg flüchte ich für vier Wochen in meine winzige Münchner Zweitwohnung, die bis dahin untervermietet war. Und stelle sofort fest, dass ich mich in einer reduzierten Umgebung mit einem Bett, einem Tisch, zwei Tellern und zwei Gläsern deutlich wohler fühle als in meinem feudalen Hamburger Zuhause. Einen weiteren Monat hüte ich ein Haus an der Ostsee für eine Freundin ein. Auch das gefällt mir: eine neue Umgebung mit neuen Aufgaben – zum ersten Mal in meinem Leben mähe ich einen Rasen. Nichts fällt mir leichter, als für einen Monat Abwesenheit zu packen: In meinen Koffer wandert praktisch dasselbe, was sich schon während der Reise bewährt hat. Mein Kleiderschrank hat sich ohnehin in den letzten Monaten enorm geleert. Ich werfe Ballast ab.

Zwischendurch fahre ich für ein Wochenende nach Kopenhagen, um das Fahrrad abzuholen, das ich mir habe bauen lassen. Es ist die erste Rückkehr in eine meiner zwölf Städte, und als der Zug in den Bahnhof einfährt, ist mir, so beschämend ich das auch finde, noch sentimentaler zumute als bei der Heimkehr nach Hamburg. Aussteigen, sich gleich zurechtfinden in den vertrauten Straßen – und sofort ist wieder dieses Prickeln da. Das Gift der Freiheit kreist noch in meinen Adern.

Das spüre ich bei jeder Gelegenheit. Aus einem Zeitschriftenprojekt steige ich nach einigen Sitzungen wieder aus, als ich feststelle, dass ich ihm nichts hinzuzufügen habe und das Projekt mir erst recht nichts. Das Jahr hat mich ungeduldiger gemacht, wenn es um die Kategorien *geht nicht/gibt's nicht/haben wir noch nie so gemacht/könnte ja jeder kommen* geht. Was alles geht und was es alles gibt, davon habe ich eine kleine Ahnung bekommen. Dass die Welt voller Möglichkeiten steckt, die Dinge anders zu sehen und anders zu machen, das kriege ich hoffentlich nicht mehr aus meinem System.

Gleichzeitig merke ich, dass diese unruhige Energie noch nicht weiß, wohin mit sich. Ich treffe meine Freundin Barbara zum Frühstück, erzähle von Ideen, Plänen, Sehnsüchten. Sprudelnd, unsortiert, richtungslos. Dass ich gerade nach einer Einzimmerwohnung suche, am liebsten in einem Hochhaus, weil mir mein Altbaupalast einfach hartnäckig zu groß ist nach einem Jahr Leben aus dem Koffer. Ich will es kleiner, übersichtlicher – am liebsten möchte ich *in* einem Koffer leben. Dass ich andererseits gerade in meiner Riesenwohnung ein Essen für Wildfremde veranstaltet habe, dass es einer der besten Abende dieses Jahres war und dass die Wohnung plötzlich doch einen Sinn hatte. Dass ich gleich nach Abgabe des Buchmanuskripts wieder losreisen werde. Dass ich aber auch wahnsinnig gern einen Garten und einen Hund hätte, vielleicht einen Irish Terrier? Einen Australian Shepherd?

Ich kreisele durch all die Optionen wie ein aufgezogenes Blechspielzeug, das sich ratternd an einer Wand totläuft. Barbara guckt mich besorgt an und sagt erst nichts. Dann doch: »Du bist manisch«, sehr freundlich und sachlich. »Getrieben. Du bist gerade ganz woanders.«

Sie hat recht. Die Liminalphase dauert vielleicht doch ein bisschen länger als gedacht. Und vielleicht habe ich die wahre Reise gerade erst angetreten.

Es ist was in Bewegung geraten. Ich bin auf dem Weg irgendwohin und werde es voraussichtlich noch einige Zeit sein – und das finde ich eigentlich am spannendsten an der Sache. Denn natürlich ist eine Weltreise alles andere als ein etwas verlängerter Urlaub vom Alltag. Sie ist ein Experiment mit ungewissem Ausgang. Sich selbst mit allen Stärken und Schwächen in ganz anderen Kontexten zu erleben, es mal ein Jahr lang auszuhalten, dass einem keiner sagt, was zu tun ist und was richtig ist, und sich dabei die eine oder andere grundsätzliche Frage stellen zu dürfen, das war das größte Geschenk, das mir je gemacht wurde. Wie erhellend es war, mich in lauter verschiedenen Aggregatzuständen zu erleben! Entspannt oder entflammt, genervt oder genießerisch, übermütig oder überfordert, sortiert oder sediert, entschlossen oder verschlossen, großzügig oder kleinmütig – ich mochte alle meine Versionen, ich habe mich in meiner Gesellschaft gut aufgehoben und gut unterhalten gefühlt.

Aber noch besser aufgehoben war ich in der Welt da draußen. Sie ist für mich zugleich kleiner und größer geworden, mir näher und mich erweiternder. Indien, China und Israel haben jetzt ein Gesicht für mich bekommen. Ich habe den ersten und bestimmt nicht letzten Schritt nach Südamerika getan. Ich habe mich von Hawaii bezirzen und von Äthiopien umhauen lassen, ich habe mich als Deutsche und Europäerin und Weltbewohnerin gefühlt, ohne eins davon unangenehm zu finden. Ich habe ein bisschen Spanisch, ein bisschen Ukulele, ein bisschen Tauchen gelernt und damit drei neue Leidenschaften entdeckt. Immer wieder und immer noch blitzen Situationen, Gefühle, Gerüche, Gesprächspassagen als kleine Erinnerungsflashs in mir auf, oft sind es Momente, die ich während der Reise selbst gar nicht registriert habe. »Auf Reisen gleichen wir einem Film, der belichtet wird«, schreibt Max Frisch. »Entwickeln wird ihn die Erinnerung.«

Wovor ich komischerweise überhaupt keine Angst habe: dass dieses Jahr der Höhepunkt meines Lebens sein könnte. Dass danach nichts mehr kommt. Fast im Gegenteil: Die Reise hat mir den Blick geweitet für all die Optionen, die ich habe. Wenn man sein Leben durch zwölf verschiedene Objektive betrachtet, werden ein paar Dinge von verschwommen auf scharf gestellt. Ich habe festgestellt, dass ich beinahe überall leben kann, dass ich mich in ganz unterschiedlichen Kulturen wohlfühle. Ich habe unterwegs viele Menschen kennengelernt, die mitten im Leben ganz neue Karrieren begonnen haben, die was gewagt und viel gewonnen haben. Ich sage nicht, dass ich es auch tue, aber das Wissen, dass ich es könnte, macht mich froh und frei.

Eine der Erkenntnisse der Reise war für mich, dass ich ganz widersprüchliche Bedürfnisse habe: Sehnsucht nach Zugehörigkeit, Sehnsucht nach Freiheit. Zwischen diesen Polen werde ich immer pendeln. Lasse ich mich ganz auf das eine ein, werde ich mich nach dem anderen verzehren. Ich muss für beides sorgen – mit einem entschiedenen *Sowohl/als auch*, wie mir das so viele im letzten Jahr vorgelebt haben.

2013 docke ich also für ein halbes Jahr wieder fest in einer Redaktion an und tanke Nestwärme in einer Arbeitsfamilie, danach werfe ich die Leinen los und segle wieder ins Blaue. Neue Projekte, möglicherweise ein neues Blog, bestimmt ein paar neue Heimaten auf Zeit. Endlich Tokyo nachholen? Montreal? Melbourne? Diesmal vielleicht für zwei oder drei Monate? Das Beste an meinem Leben ist, dass ich nicht die geringste Ahnung habe, was ich in einem Jahr mache. Ich weiß es nicht und ich will es auch gar nicht wissen. Ich werde es ja erleben.

Hat mich die Reise also verändert? Ich glaube nicht. Sie hat nur das aus mir herausgeholt, was immer schon da war. Nicht ich habe die Reise gemacht, die Reise hat mich gemacht.

10 Dinge, die ich zukünftigen Weltreisenden empfehlen möchte

1. Weltreiseführer missachten

Alle Bücher zum Thema bläuen einem ein: Jede Reise, die länger dauert als drei Monate, muss man mindestens ein halbes Jahr vorbereiten. Nee, muss man nicht. Muss man nur, wenn man sich verrückt machen und bei Reiseantritt so erschöpft und genervt sein will von der ganzen Planerei, dass man gar keine Lust mehr hat.

Ich bin ungefähr zwei Monate vor Abreise in ein Reisebüro marschiert, das mir ein Kollege empfohlen hatte (und das ich nur weiterempfehlen kann: Reisefieber in Hamburg), habe den Zettel mit meinen Städten auf den Tisch gelegt und meinen neuen besten Freund Heinrich Voss, den Inhaber des Ladens, einfach machen lassen. Er hat mir eine wahnsinnig elegante Kombination von billigen Round-the-world-Tickets und Einzelflügen zusammengebastelt, die ich selbst in einer Woche Internetrecherche nicht allein hinbekommen hätte, billiger sowieso nicht. Gebucht wurde zunächst nur für die erste Hälfte des Jahres, alle Tickets mit Umbuchungsmöglichkeit – was sich auszahlte, als ich wegen Fukushima meinen Reiseplan über den Haufen warf. Also: erste und wichtigste Lektion – delegieren. Immer gut, ein Houston im Rücken zu wissen, wenn man die Erde umrundet. Trotzdem ist es natürlich sinnvoll, vorher über das eine oder andere nachzudenken, bevor man ein Jahr oder auch nur drei Monate abhaut. Beste Basisinformationen liefert das Weltreiseforum (www.weltreiseforum.de).

2. Das Leben zuhause auf Eis legen

Wer das Glück hat, in einer Großstadt zu wohnen, wird seine
Wohnung in Nullkommanix per Mitwohnzentrale untervermie-
ten können – bei mir hat es nur einen halben Tag gedauert. Das
Auto kann man abmelden (ich hab meins einer Freundin geliehen), Abos kündigen, Rentenversicherungen aussetzen – es ist
relativ leicht, die zuhause laufenden Kosten herunterzudimmen.
Und man merkt schnell: Gar nicht sooo kompliziert, sein Leben für ein Jahr auf dem Seitenstreifen zu parken.

3. Die Sache mit dem Geld vereinfachen

Daueraufträge, Einzugsermächtigungen, Onlinebanking: sowieso klar, oder? Damit hat man das Wichtigste im Griff, das zuhause anliegt. Für die Reisekasse selbst habe ich ein VISA-Kon-
to bei der DKB eingerichtet und dort 80 000 Euro eingezahlt.
Üppige 5000 Euro Budget für jeden Monat – Unterkunft, Rei-
sekosten, Verpflegung, Ukulele-Unterricht –, zusätzliche 20 000
für unvorhergesehene Ausgaben. (Eine Anzahlung auf ein
Strandhaus in Hawaii? Eine antike Statue aus China? Ein Maß-
anzug von der Savile Row? Man weiß ja nie.)
Zur Sicherheit habe ich eine EC- und eine weitere Kreditkarte eingepackt, die ich aber nie benutzt habe. Einmal habe ich die
DKB-Karte in einem Geldautomaten in Shanghai stecken lassen – am nächsten Tag bekam ich sie umstandslos in der dazuge-
hörigen Filiale wieder ausgehändigt. Man sollte vor Abreise den
ausstellenden Banken mitteilen, dass man längere Zeit im Ausland unterwegs ist, damit sie die Karten nicht vorsorglich bei ungewöhnlichen Zahlungsbewegungen sperren.
Das Unschlagbare an der DKB-VISA-Card ist, dass man gebüh-
renfrei (!) an jedem beliebigen Geldautomaten der Welt (!) Geld

abheben kann. Großartig auch, dass das eingezahlte Geld Zinsen abwirft. Zum Zeitpunkt meiner Reise waren es 2,05 Prozent, derzeit 1,55 Prozent. Kann man nicht meckern. Zurückgekehrt bin ich übrigens mit 40 000 Euro auf dem Konto. Da kann man auch nicht meckern.

4. Reisedokumente trottelsicher machen

Für die meisten Länder muss der Pass noch sechs Monate nach Abreise gültig sein. Das war bei mir nicht der Fall, also habe ich einen neuen beantragt – sogar gleich zwei neue. Dazu ist jedes Einwohnermeldeamt bereit, wenn man Länder wie Israel bereist, deren Passstempel Probleme bei der Einreise in arabische Länder bereiten würden. In meinem Fall hatte es zusätzlich den Vorteil, dass ich einen Pass zunächst in die Hände des freundlichen Herrn Voss (s. o.) werfen konnte, der mir Visa für Indien und China besorgte, während ich mit dem anderen Pass längst über alle Berge war. Er hat ihn mir per Einschreiben nach Buenos Aires nachgeschickt.

Es empfiehlt sich, alle Dokumente – dazu gehören auch Impfpass und Auslandskrankenversicherung – einzuscannen und sich selbst als E-Mail zu schicken. Oder sie gleich in der Wolke zu deponieren, siehe Punkt 9.

5. Bleiben zum Bleiben finden

Ich habe mir, mit wenigen Ausnahmen, in jeder Stadt eine möblierte Wohnung gemietet, um ein möglichst alltägliches Leben zu führen. Die findet man leicht über Plattformen wie www.airbnb.com (hier ist eine Vermittlungsgebühr fällig) oder www.sabbaticalhomes.com (hier nicht). Suchkriterien in meinem Fall:

zentral, WLAN. Über airbnb lassen sich auch WG-Zimmer finden, aber ich habe mir den Luxus der eigenen vier Wände gegönnt. Nach meinem Empfinden macht es einen gewaltigen Unterschied zum Hotelleben, sich mal was kochen zu können und überhaupt den Kühlschrank mit den leckersten Sachen des Landes zu füllen – es ist gleich ein ganz anderes Leben.

6. Richtig packen

Ich bin mit einem mittelgroßen Eagle-Creek-Koffer gereist, Modell Tarmac 28 (»perfekt für 2–4-wöchige Fernreisen, Städtereisen und internationale Geschäftsreisen«). 92 Liter Volumen, die ich bis zum letzten Milliliter ausgenutzt habe, weil ich meine Klamotten in Vakuumtüten gepackt habe. Durch Aufrollen werden sie per Luftentzug auf ein Minimum komprimiert. Auch sonst hat sich bewährt, alles, was zusammengehört, in eigene Ziploc-Bags zu packen. Kabel / Stecker / Adapter. Unterwäsche. Sportzeug. Ich habe am Ende fast blind packen können, jedes Ding hatte seinen festen Platz im Koffer.

7. Das Richtige packen

Der Trick ist natürlich, so wenig wie möglich mitzunehmen und das Wenige so multifunktional wie möglich auszusuchen. Ich hatte im Jahr vor der Reise in einem anderen Zusammenhang einen kleinen spaßigen Selbstversuch gestartet: Halte ich es aus, 365 Tage lang immer das gleiche Kleid zu tragen? Das Ergebnis (ja) ist auf www.daskleineblaue.de dokumentiert und lieferte die Grundlage für meine Reisegarderobe.

Die Designerin des Kleinen Blauen, Katharina Hovman, hat mir neun Basics geschneidert: zwei Röcke und zwei Hosen (eine weit, eine schmal), ein Kleid und eine Jacke aus einer stretchigen, schnell trocknenden, knitterfreien Sport-Funktionsfaser; dazu zwei lange Hemden und eine kurzärmelige Bluse aus leichtem Techno-Taft. Alles in Dunkelblau und Petrol, alles miteinander kombinierbar. Und alles so klassisch und neutral, dass es in jeder Umgebung und jeder Situation von Stadtbummel bis Konzertbesuch passt. Ich wollte nicht aussehen wie eine Touristin, sondern wie jemand, der in der betreffenden Stadt wohnt. Dazu kamen noch eine abgeschraddelte alte Lieblingsjacke, die zu Hosen und Röcken funktioniert, ein Paar Ballerinas, ein Paar blaue Chucks und ein Paar Joggingschuhe. Tanktops, T-Shirts, Shorts, Flipflops wurden je nach Bedarf dazu gekauft und wieder abgestoßen. Die eiserne Regel: für jedes neue Teil fliegt ein altes raus.

In Indien bin ich auf *salwar kameez* umgestiegen, den Anzug aus schmaler Hose und knielangem Hemd, der erstens hitzetauglich und zweitens schicklich ist. Nackte Beine kommen in Indien nicht so gut, habe ich schnell gemerkt. Die Ausgaben hielten sich im Rahmen: pro Outfit nicht mehr als 10, 15 Euro.

Sich auf eine Farbe zu beschränken hält die Reisegarderobe in Schach und gibt einem eine gewisse Kontinuität, die auch psychologisch nicht zu verachten ist. Blau wurde das Leitmotiv meiner Reise, ich habe am Ende eine veritable Blau-Obsession entwickelt, die übrigens bis heute anhält.

Sonst noch im Gepäck: Dinge, die mir unterwegs zugelaufen sind und meine kleine ambulante Heimat wurden. Eine Teekanne aus Buenos Aires, ein Morgenmantel aus Indien und Bambusschlappen aus Shanghai, ein Milchkännchen aus Kopenhagen, die Ukulele aus Hawaii (die natürlich im Handgepäck mitreiste).

In Reiseführern wird unverheirateten Frauen oft geraten, einen falschen Ehering zu tragen. Ich fand's albern und habe es gelassen. Ging auch so.

8. Schlaue Technik mitnehmen

Ich habe von unterwegs weiter gearbeitet und gebloggt, aber auch sonst hätte ich auf jeden Fall ein Netbook mitgenommen, ein kleines handliches Laptop (in meinem Fall ein Apple Macbook Air 11 Inch). Die Vorteile, gerade bei einer Langzeitreise, sind unbezahlbar. Man findet inzwischen überall auf der Welt, sogar im Hinterland von Äthiopien, ein WLAN-Netz, was die Kommunikation mit zuhause, die Reiseplanung und die Recherche vor Ort massiv vereinfacht. Digitalfotos können von der Speicherkarte der Kamera sofort kopiert und online gespeichert werden, auch das entspannt enorm.

Mein Laptop war aber auch Kommunikationszentrale für E-Mails, Facebook-Nachrichten und vor allem Skype. Die kostenlose Videotelefonie (und die geringen Telefongebühren, wenn man über Skype irgendwo anruft, ob in Deutschland oder am jeweiligen Aufenthaltsort), die Möglichkeit, die Lieben zuhause zwischendurch mal zu sehen und zu sprechen – Gold wert. Außerdem in meinem Gerätepark: ein iPhone, für das ich in jedem Land Prepaid-SIM-Cards gekauft habe. Eine davon, vom Provider truphone, funktionierte in Australien, den USA und England gleichermaßen. Das iPhone war nicht mal so sehr für Telefonate wichtig, sondern als Stadtplan, Wettervorhersage, Wecker, Notizzettel, Ersatzfotoapparat, Musikbox und für tausend Dinge mehr, die auf Reisen essentiell sind. Busfahrpläne in fremden Städten muss man sich nicht merken, die kann man schnell fotografieren. Auch unverzichtbar, zumindest für mich: die App des Online-Hörbuchhändlers Audible. Ich habe ein Abo dort, neue Hörbücher können sofort auf das iPhone geladen werden und sind auf Langstreckenflügen und an Stränden großartig.

Dann ein E-Book-Reader, in meinem Fall ein Kindle – der wurde mir zwar kurz vor Schluss in Äthiopien geklaut, die Bücher konnte ich aber weiterhin per App auf dem iPhone und auf meinem Laptop lesen. Nichts ist auf Reisen befriedigender, als jederzeit und an jedem Ort jedes beliebige Buch kaufen zu können. Mein schönster Moment in dieser Hinsicht war, als ich in einem Straßencafé in Jerusalem in der Nähe des Damaskustors saß, ein eiskaltes palästinensisches Taybeh-Bier trank und nebenbei über das offene WLAN des Handyladens nebenan die an jenem Tag erschienene Steve-Jobs-Biographie auf den Reader lud.

Und schließlich noch eine Digitalkamera im Pocketformat, eine Ricoh CX 4, dauereingestellt auf Automatik. Auch hier: bloß nichts Wertvolles, bloß nichts Kompliziertes – bloß keinen Stress.

Ein Luxusgegenstand, der nicht unbedingt nötig ist, aber das Leben erleichtert: ein geräuschschluckender Kopfhörer von Bose, QuietComfort 3. Teuer, aber herrlich auf Flügen, denn er unterdrückt nicht nur Kindergebrüll und Nachbars Schnarchen, sondern auch das Motorengedröhn, das einen so mürbe macht.

9. Alles Wichtige in die Wolke schiessen

Ich hatte schon vorher einen Dropbox-Account, eine kostenlose Online-Datensicherung (www.dropbox.com). Darin kann ich Dateien, Texte, Fotos sichern, auf die ich von jedem beliebigen Rechner (mit passwortgeschützten Zugangsdaten natürlich) Zugriff habe. Der Vorteil: eine Sorge weniger. Selbst wenn mir mein Laptop unterwegs abhandengekommen wäre, hätte ich weder die Fotos noch die Texte verloren. Wahnsinnig angenehm, so unrockbar zu reisen. Weiterer Vorteil: Einige Ordner auf dem Account sind öffentlich, ich kann also Fotos und Dokumente mit anderen teilen.

10. Leuten vertrauen

Das Freunde-von-Freunden-Netzwerk. Facebook-Empfeh-
lungen. Ratschläge von Bloglesern. Leute am Cafétisch nebenan, mit denen man ins Gespräch kommt – Alleinreisen heißt
nicht, dass man allein reist, ganz im Gegenteil. Ich glaube, ich
habe noch nie so viele Menschen kennengelernt wie in diesem Jahr. Weitere Möglichkeiten zur Kontaktanbahnung: In-
ternations (www.internations.com) ist ein soziales Netzwerk
von Expatriates, die regelmäßige Treffen in den entsprechen-
den Städten abhalten. Besucher werden gern unter die Fittiche genommen. Das Thorn-Tree-Forum auf der Lonely-Planet-Web-
site (www.lonelyplanet.com / thorntree) ist ebenfalls eine gute
Kontaktbörse und hilft auch bei anderen Problemen und Fragen weiter.

11. Und das Allerwichtigste zum Schluss:

Sich nicht vorher verrückt machen, nicht zu viel planen, dem
Zufall eine Chance geben. Nicht lang schnacken, Koffer packen.
Es passieren die wunderbarsten Dinge, wenn man sie nur lässt.

Alle Fotos mit freundlicher Genehmigung der Autorin.

Verlagsgruppe Random House FSC® N001967
Das für dieses Buch verwendete FSC®-zertifizierte
Papier *Lux Cream* liefert Stora Enso, Finnland.

6. Auflage
Genehmigte Taschenbuchausgabe August 2014,
btb Verlag in der Verlagsgruppe Random House GmbH, München
Copyright der Originalausgabe © 2013 beim Albrecht Knaus
Verlag, München, in der Verlagsgruppe Random House GmbH
Bildteile und Karte: Julia Hoffmann
Illustrationen: bürosüd°, München
Umschlaggestaltung und -motiv: bürosüd°, München
Autorenfoto: Urban Zintel
Druck und Einband: CPI books GmbH, Leck
LW · Herstellung: sc
Printed in Germany
ISBN 978-3-442-74805-1

www.btb-verlag.de
www.facebook.com / btbverlag
Besuchen sie auch unseren LiteraturBlog www.transatlantik.de

Sylvain Tesson
In den Wäldern Sibiriens
Tagebuch aus der Einsamkeit

Die Einladung, ein anderes Leben zu führen

„Fünf Tagesmärsche vom nächsten Dorf entfernt, inmitten einer unendlich weiten Natur, habe ich mich sechs Monate lang bemüht, glücklich zu sein. Zwei Hunde, ein Holzofen, ein Fenster mit Blick auf den See genügen."

Sylvain Tessons Aufzeichnungen handeln vom Versuch, durch Weltabgeschiedenheit und Einsamkeit frei über die eigene Zeit verfügen zu können.

„Wie Thoreau auf Smirnoff"
L'Express

„Ein Buch von magnetischer Anziehungskraft"
Le Monde Des Livres

Sylvain Tesson
In den Wäldern Sibiriens
Knaus Verlag
272 Seiten
978-3-8135-0564-1

Françoise Héritier
Das ist das Leben!

Eine Hommage an die großen und kleinen Dinge des Alltags

Françoise Héritier begeistert ihre Leser mit einer ebenso kurzen wie unvergess-
lichen Erzählung über die schlichte Frage,
was eigentlich unser Leben ausmacht.

Eine Feier des Glücks der kleinen Dinge, ein Zeugnis von der Schönheit
des Lebens. Ein unvergessliches Buch.

„Was Héritier über das Leben zu sagen hat, ist derart wertvoll und schön, man
möchte die ganze Welt daran teilhaben lassen." *Marie Claire*

Françoise Héritier
Das ist das Leben!
Knaus Verlag
112 Seiten
978-3-8135-0527-6